孙子兵法新诠

吴琼 著

清華大學出版社
北京

图书在版编目（CIP）数据

孙子兵法新诠/吴琼著．—北京：清华大学出版社，2020.9（2023.2重印）
ISBN 978-7-302-56045-6

Ⅰ.①孙…　Ⅱ.①吴…　Ⅲ.①兵法－中国－春秋时代 ②《孙子兵法》－研究　Ⅳ.①E892.25

中国版本图书馆 CIP 数据核字(2020)第 132852 号

责任编辑：马庆洲
封面设计：曲晓华
责任校对：王淑云
责任印制：杨　艳

出版发行：清华大学出版社
网　　址：http://www.tup.com.cn，　http://www.wqbook.com
地　　址：北京清华大学学研大厦 A 座　　**邮　　编**：100084
社 总 机：010-83470000　　**邮　　购**：010-62786544
投稿与读者服务：010-62776969，c-service@tup.tsinghua.edu.cn
质量反馈：010-62772015，zhiliang@tup.tsinghua.edu.cn
印 装 者：北京九州迅驰传媒文化有限公司
经　　销：全国新华书店
开　　本：155mm×230mm　**印　张**：15　**字　数**：196 千字
版　　次：2020 年 10 月第 1 版　**印　次**：2023 年 2 月第 4 次印刷
定　　价：69.00 元

产品编号：089570-01

前　言

《孙子兵法》是中国古代兵家和兵学的代表作，也是中国优秀传统文化的重要组成部分。如果用一句话来概括它的学术地位，可以说，它不仅是中国历史上，也是世界历史上一部产生最早、整体质量最好、地位最高的战争和战略理论经典著作。

《孙子兵法》产生于中国从奴隶制社会向封建社会大变革的春秋末期至战国初期，其作者孙子原名孙武，是春秋末期人，他生活的时代大约与儒家学派的创始人孔子相当。据司马迁《史记》记载，公元前512年，孙子经伍子胥的引见，见到吴国的国君阖闾，吴王阖闾见到孙子所说的第一句话就是："子之十三篇，吾已尽观之矣。"当时，孔子约40岁，而孙子约30岁。在孙子以前，中国只存在一些内容零零星星的军典和兵法片段，而《孙子兵法》则是中国历史上最早产生的一部内容丰富、思想深刻、成理论体系的兵法专著。

自《孙子兵法》产生以后，两千多年来，因为战争连绵不断，中国又涌现出几千种兵书，而所有新出现的兵书的整体质量都没有超过《孙子兵法》，兵学家们都把《孙子兵法》视为中国兵学的鼻祖。例如，《四库全书总目》称："武书为百代谈兵之祖。"而从在中国历史上所起到的实际作用看，从春秋战国起，一直到近现代，《孙子兵法》对中国历代的战争指导、对军事思想和战略思想的流传和发展，甚至对中国人特有的一些思维方法、行为方式和价值观，都产生了重要的影响和一定的积极作用。

例如，在春秋末期，吴王阖闾拜孙子为将军，孙子就凭借他在《孙子兵法》里阐述的战争和战略理论，曾经辅佐吴王在中国称霸，“西破强楚，入郢，北威齐晋，显名诸侯。孙子与有力焉”。后来，吴国发生内乱，吴国换了国君，夫差登上王位，孙子不得志，退隐了。《孙子兵法》也被吴王夫差锁入金匮石室里，秘藏起来。但是，到了战国时期，《孙子兵法》又冲出金匮石室，在中国得到广泛流传，在通过兼并战争统一中国的过程中发挥出重大的作用。以后，西汉王朝曾经对《孙子兵法》进行了三次大规模的整理；三国时期的曹操亲自整理《孙子兵法》十三篇，给其加序、加注；到了宋代，从宋神宗开始，在全国兴办武学，以《武经七书》试士，《孙子兵法》被列于《武经七书》之首，《武经七书》取得了与儒家“四书五经”同等重要的地位。一直到中国的近现代，为了抗击帝国主义列强的侵略，我国许多文人志士试图从《孙子兵法》中寻找救国图强的良策……众所周知，在中国革命战争和抗日战争中，毛泽东在他一些著名的战争和战略著作中，也多次赞扬过《孙子兵法》。

长期以来，学术界所公认的世界战争和战略理论名著有三部：第一部是产生于中国奴隶制社会向封建社会变革时期的《孙子兵法》；第二部是产生于欧洲由封建社会向资本主义社会转变时期的德国近代军事学家克劳塞维茨撰写的《战争论》；第三部是产生于两次世界大战结束后，英国战略学家利德尔·哈特撰写的《战略论》。把《孙子兵法》同《战争论》《战略论》相比较，《孙子兵法》也是整体质量最好、学术地位最高的。

美国的战略学家约翰·柯林斯在《大战略》一书中说：“孙子是古代第一个形成战略思想的伟大人物。他……写成了最早的名著《孙子兵法》。孙子十三篇可与历代名著包括二千二百年后克劳塞维茨的著作媲美。今天没有一个人对战略的相互关系，应考虑的问题和所受到的限制比他有更深刻的认识。他的大部分观点在我们的当前环境中仍然具有和当时同样重大的意义。”[①]

美国前国务卿亨利·基辛格在《论中国》中评论《孙子兵法》说：“中国是实力政策的出色实践者，其战略思想与西方流行的战略与外交政策截然不同……西方传统推崇决战决胜，强调英雄壮举，而中国的理念强调巧用计谋及迂回策略，耐心积累相对优势”，“孙子与西方战略学家的根本区别在于，孙子强调心理和政治因素，而不是只谈军事”，“最理想的情况是指挥官拥有绝对优势，从而完全可以避免交战。其次是深思熟虑，并在后勤、外交和心理上做了充分准备后，给敌人致命一击”。“即使在今天，《孙子兵法》一书读起来依然没有丝毫过时感，令人颇感孙子思想之深邃。孙子为此跻身世界最杰出的战略思想家行列。”[②]

我国当代战略学家熊光楷在《国际形势与安全战略》一书中，更加具体地分析了《孙子兵法》的战略思想与《战争论》《战略论》的区别，他说：

“世界上最早对综合国家安全战略进行全面阐述者，全世界公认是两千四百多年前中国著名战略思想家孙子。《孙子兵法》固然主要论及军事战略问题，但其内容远远超出了这一范围，可以说是世界最古老的国家安全战略。《孙子兵法》开篇就写道：‘兵者，国之大事也。死生之地，存亡之道，不可不察也。’从一定意义上讲，这个‘兵’字就是国家安全战略概念。《孙子兵法》还提出：‘故上兵伐谋，其次伐交，其次伐兵，其下攻城。’‘故善用兵者，屈人之兵而非战也。’《孙子兵法》出现后两千多年，西方所推崇的克劳塞维茨的《战争论》才问世。《战争论》主

① (美)约翰·柯林斯著，中国人民解放军军事科学院译：《大战略》，第8页，北京，中国人民解放军军事科学院，1978。

② (美)亨利·基辛格著，胡利平等译：《论中国》，第18～23页，北京，中信出版社，2012。

要涉及军事战略问题，其范围比《孙子兵法》要窄。……现代国家安全战略概念是西方国家最早提出并取得了较快的发展。1929 年，英国人利德尔·哈特提出了‘大战略’(Grand Strategy)。‘大战略’已经超出了军事战略的范畴，扩展到了政治和经济等诸多方面，使现代国家安全战略思想具有了更新和更加丰富的内容。”①

在具体研读《孙子兵法》的内容之前，读者有必要首先了解一下《孙子兵法》的整体特点。

由于《孙子兵法》在历史上产生的年代很早，又受到中国古代传统文化和华夏民族特有的思维方式的影响，它有三个方面突出的特点：

第一，《孙子兵法》“文略而意深”“舍事而言理”，是一部战略哲学和军事哲学著作。

从语言文字的表达形式和思想内容的关系看，《孙子兵法》的特点是“少而精”，或者说，它有“言简意赅”“言简意丰”的特点。我国宋代《孙子兵法》的研究者梅尧臣在《孙子兵法注》中说，《孙子兵法》“其文略而意深”。《孙子兵法》全书虽然文字少，只有 6000 字左右，篇幅也不长，只有十三篇，但是，它所包含的内容却很丰富，理论很深刻，涉及很多有关战争和战略的基本问题。例如，战争的本质、规律、指导规律；战争的目的、手段、方法、战略和策略；“大战争”“大战略”“军事战略”“作战战略”“战术”；战争与国家经济、政治、民生的关系；战争所特有的矛盾和运动形式“进攻”及“防御”；指导整个战争的国君和在战争时期战场上指挥军队作战的统兵之将的关系；统兵之将应该具备的政治、军事素质和思想方法修养；战争的认识论和方法

① 熊光楷：《国际形势与安全战略》，第 43～44 页，北京，清华大学出版社，2006。

论;在战争中既要发挥人的主观能动性,又要尊重客观规律;用“文”“武”两手治理军队;行军、驻军、在战争中观察敌情的方法;在不同地形条件下应该使用的不同作战方法;在本国国内、在国外、进入敌国之后的不同作战方法和注意事项;在战斗、战役中使用火器进攻敌军的方法;使用间谍、特别是使用“国家战略”大间谍,全面掌握敌情的方法,等等。

总而言之,《孙子兵法》是一部把非常丰富而深刻的战争和战略理论高度地“浓缩”起来的战争哲学和军事哲学著作。这部著作的内容可谓包罗万象,几乎囊括了有关战争和战略的方方面面问题,可是,文字又不多,篇幅不长,而哲理性很强,理论思维相当深刻,而且,《孙子兵法》还有“舍事而言理”的特点,它在论述战争和战略问题时,只讲理论,并不涉及具体的战史、战例。

第二,《孙子兵法》的另一个特点是重“方法”而轻“本体”,这部中国古代兵书实际上是由一系列大大小小的战争指导规律组成的。

从战争和战略理论的侧重点和性质上看,《孙子兵法》实际上是由一系列大大小小的战争指导规律组成的,这些战争指导规律很便于在战争中实际应用。整个一部《孙子兵法》并不是侧重讲“什么是战争?”“什么是战略?”“什么是战术?”,即不是侧重回答“What?”,也就是什么是战争和战略的“本体论”问题;而是侧重讲“How?”,即“怎么进行战争?”“怎样制定战略和实施战略?”“如何使用战术?”的战争和战略、作战的方法论问题。我国民国时期《孙子兵法》的研究者金典戎说得很对,他说:孙子“十三篇,是一部如何应用原则的书,所以对原理的部分,非常简略。”[①]民国时期另一位《孙子兵法》的研究者林夏说得也很对,他说:“外国的兵学是以探究兵学乃至兵术的学理为重心,

① 金典戎:《孙子的价值思想与西洋兵法》,见李浴日编:《东西兵学代表作之研究》,第3页,桂林,世界兵学编译社,1943。

其应用是适切于一般学理的理解;我国兵学是以应用为主,指示若干的原则或方法以教示其应用的极致。外国的兵学是以论理的推论以达到条理的结论,我国兵学是以直观立刻把握住事实的本体。两者一般的差别,完全是由于东西两洋哲学的不同点而起的现象。总之,我国兵学是求应用之妙,而不拘形式的推理。这点是我国兵学独有的特色。"①

总之,《孙子兵法》是对中国古代战争和战略经验的直接概括和总结,又由于受到中国古代传统文化和哲学思维方式的影响,其基本内容是许多战争指导规律和方法论的集合,便于在战争中实际运用。

第三,《孙子兵法》既重视战争和战略的整体联系,其思维方式和理论又欠分析,缺少严格的逻辑推理,有一定的理论模糊性,整个一部《孙子兵法》大体上是由"国家战略""军事战略"和"战术"三大部分理论组成的。

从哲学和思维方式的角度考察,《孙子兵法》还处于朴素的唯物主义和原始的辩证法阶段,其中许多概念、范畴和原理既有重视构成战争和战略的整体性、综合性、联系性、辩证性、开放性的优点,同时,又有理论欠分析、缺少严格的逻辑推理、模糊性、混沌性、比喻性、猜测性,有"象数推理"的缺点——这是因为,《孙子兵法》中的战略哲学和军事哲学还处于直观的唯物主义认识论阶段,也和中国古人讲究"天人合一",重视事物的整体联系的思维方法有关。

例如,《孙子兵法》中的"兵"字,就是一个含义模糊、混沌、有整体性、多义性、开放性的大范畴、大概念。"兵"在《孙子兵法》里可以指兵器、武器、武装(weapon),又可以指士兵、军人、军队、军事(soldier, soldiery, military affairs),既可以指战争

① 林夏:《孙子兵法的特色及价值》,见李浴日编:《东西兵学代表作之研究》,第15页。

(war)甚至大战争(grand war),还可以指“兵法”即西方人所说的“战争艺术”(art of war)和“大战略”(grand strategy)……像《孙子兵法》中第一篇《计》里所说的“兵者,国之大事”的“兵”,指的就是“战争”;可是,在同一篇里所说的“兵者,诡道”的“兵”,指的就是“兵法”,也就是西方人所说的“战争艺术”。《孙子兵法》中这种关键性的概念、范畴和原理比较模糊、混沌,具有整体性、多义性的情形,给研究《孙子兵法》的人造成了不少困难,也是使历代《孙子兵法》的研究者产生种种学术上意见分歧的重要原因之一。

再者,与一些概念、范畴和原理具有整体性、模糊性的特点有关系,《孙子兵法》由于产生的年代很早,在当时的历史条件下,它对一些战争原理和战争指导规律还无法作出科学的解释和说明,所以,只能借助一些自然现象做比喻,进行所谓的“象数推理”。例如,孙子在《孙子兵法》的第六篇《虚实》里说“夫兵形象水。水之形,避高而趋下;兵之形,避实而击虚”;他还在第五篇《势》中说“任势者,其转木石”,等等。在这两段话里,孙子的本意是想用“虚”“实”,说明统兵之将在同敌人作战时,必须集中兵力,以自己一方强大的“实有”兵力,去攻击敌人的“虚弱”兵力,而不可以在自己兵力“虚弱”的情况下去攻击敌人,就像“水”总是“避高而趋下”那样;同时,孙子又用“任势”,来说明统兵之将必须把自己已有的兵力,与发挥自己的主观能动性结合起来,像“转木石”那样主动而灵活地对付敌人,最后战胜敌人。可是,因为在孙子所处的那个历史时代,军事学术界还没有形成“集中兵力”和“发挥主观能动性”这样的科学概念,所以,孙子只能借助“水之形,避高而趋下”和“转木石”作类比,用“象数推理”来表述有关的作战方法和战争指导规律。

以上这种既有整体性、关联性、辩证性,同时又有模糊性、混沌性、比喻性的现象,不但表现在《孙子兵法》里的一些重要的概念、范畴和原理之中，例如“兵”“战”“形势”“奇正”“虚实”等，而且，也表现在《孙子兵法》全书的理论体系之中。几千年来，学术界对于《孙子兵法》中究竟存在不存在有一个理论体系，以及有一个什么样的理论体系问题一直有争议，有很大的意见分歧，这是一个重大的研究课题，这个课题实际上关系到能不能够洞察到《孙子兵法》本身的战争和战略理论的真相。我本人经过多年的研究、考虑，认为在《孙子兵法》中，确实存在有一个理论体系，那就是沿着从战争的“全局”到“局部”，从战略的较高层次到较低的层次，从抽象到具体，在《孙子兵法》中，大体上可以划分出“国家战略”“军事战略”和“战术”这样的三大部分内容（我在下面还要具体论述），可是，我认为这种划分也仅仅是“大体上”而已，这种划分并不是绝对严格的，因为在这三部分内容之间还有一定的内容和逻辑方面的交叉和重复。

而且，就是在《孙子兵法》十三篇中的每一篇里，一些概念、原理也有整体性、关联性，同时又有模糊性、开放性的特点。换言之，《孙子兵法》十三篇中的每一篇都有一个主题和中心思想，但是，我们可以发现，每一篇所论述的内容，并不完全受这一篇的主题和中心思想的限制，有时，在这一篇里往往会出现另一篇的主题里所要论述的内容。例如，孙子在《孙子兵法》的第三篇《谋攻》中，本来论述的主题是用智谋进行“进攻”，特别是必须对敌国进行“国家战略”性质的“全争”问题，可是，他在这一篇《谋攻》中的最后一段话里，又论述了“知彼知己者，百战不殆”的问题——这种情形，就像在一章交响乐中，突然之间又出现了另一章交响乐的内容，出现了一支“插曲”，似乎与这一章交响乐的主题无关；然而，我们如果能够静下心来，反复地琢磨一番，就可以省悟到，这支“插曲”又不仅仅是一支纯粹的“插曲”，而是在整体上和这一章交响乐所要表达的主题和中心思想有内在的联系。

总之，既有“整体性”“关联性”同时又有理论“模糊性”“混沌性”的特点，不仅表现在《孙子兵法》的一些重要的概念、范畴、原理里，也表现在《孙子兵法》十三篇的全书之中和每一篇之中。《孙子兵法》是一个重整体联系，又有一定的理论模糊性，有机的、有血有肉的战争和战略理论体系。

《孙子兵法》在中国传统文化和世界战争和战略理论发展史上的显赫、重要地位，以及它的“文略而意深”、重方法而轻本体、具有整体性又具有理论模糊性的特点，要求我们在阅读这部中国古代著名的兵书时，既要非常仔细、认真，切不可以漫不经心、粗心大意、囫囵吞枣，而要多动脑筋，深入、准确地思考孙子在每一篇、每一段话中所阐述的深刻内容，同时，在阅读时，又要注意《孙子兵法》十三篇篇与篇之间在内容上的逻辑联系，要在阅读时，时时考虑到《孙子兵法》的内容整体，进行综合分析，全面地把握住《孙子兵法》的精神实质。

为有助于读者全面、深入而准确地了解这部兵书的战争和战略理论的真相，我撰写的这本《孙子兵法新诠》所引用的《孙子兵法》十三篇的原文，均以曹操等人注、杨丙安校理、中华书局 2012 年出版的《十一家注孙子》为底本；把整部《孙子兵法》的内容从逻辑上划分为“国家战略”“军事战略”和“战术”三大部分。我讲解《孙子兵法》的具体方法是，从《孙子兵法》的第一篇到第十三篇，每一篇首先分段引述《孙子兵法》中的“原文”——然后，加以“述评”——最后，再归纳每一篇的“内容提要”。

希望读者阅读了这本《孙子兵法新诠》之后，能够对《孙子兵法》有一个全新的认识和更加深刻的理解。

吴 琼

2019 年 12 月写于北京胜古家园

目　　录

第一章 《孙子兵法》前四篇

——国家战略：国君的"大战争"指导艺术

在具体讲解《孙子兵法》十三篇的内容之前，有必要首先向读者介绍一下**《孙子兵法》全书的叙述方法和理论体系。**

众所周知，《孙子兵法》共由十三篇内容组成。宋代文学家欧阳修曾经在《孙子后序》中说，《孙子兵法》十三篇在内容安排上"甚有次序"。[①] 那么，这十三篇在内容安排上有怎样的一种次序，亦即逻辑上的先后关系呢？

总的来说，孙子在《孙子兵法》十三篇中所讲的都是战争观和方法论，也就是他对战争和指导战争问题的全部看法和观点，可是，因为战争是人类社会中的一种非常复杂的事物和人的实践活动，是由许多要素、部分和环节组成的整体；人类从事和指导战争的方法，即"战略""战术"也是多种多样、有层次的，涉及国家领导人（古代的国君）、统兵之将、各级指挥官和士兵们等不同的战争主体，所以，世界上任何一个有造诣的军事理论家和战略学家在论述战争和指导战争的方法时，都很讲究叙述方法和逻辑次序。西方军事学家克劳塞维茨在《战争论》的第一篇第一章第一节"引言"中，就首先这样地论述他的叙述方法和逻辑次序：

"我们想首先研究战争的各个要素，其次研究它的各个部

---

① （宋）欧阳修：《孙子后序》，见《十一家注孙子》，第 282 页，北京，中华书局，2012。

分或环节，最后就其内在联系研究整体，也就是先研究简单的再研究复杂的。”①

马克思曾经把这种“先研究简单的再研究复杂的”方法，叫作“从抽象到具体”的方法。② **而孙子在《孙子兵法》中使用的方法，其实也是“先研究简单的再研究复杂的”方法，也就是“从抽象到具体”的方法**；可是，虽然孙子在《孙子兵法》中，克劳塞维茨在《战争论》中使用的都是“从抽象到具体”的方法，但是，两个人又有一点不同，那就是与克劳塞维茨在《战争论》中“首先研究战争的各个要素，其次研究它的各个部分或环节，最后就其内在联系研究整体”的**逻辑起点**恰恰相反，**孙子在《孙子兵法》中，却分明是首先研究战争的“整体”，然后，再研究构成战争的各个“要素”“部分”或“环节”**——这一点根本的不同，从《孙子兵法》和《战争论》的篇章逻辑结构就可以一目了然：《战争论》的第一篇是《论战争的性质》，第二篇是《论战争理论》，第三篇是《战略概论》，以下依次是第四篇《战斗》，第五篇《军队》，第六篇《防御》，第七篇《进攻（草稿）》，第八篇即最后一篇才是《战争计划（草稿）》；然而，《孙子兵法》十三篇的第一篇就是《计》，讲的就是与制定战争计划有关的战争全局性、整体性问题，就是一国之君带领文武百官进行所谓“庙算”的大问题，即“国家战略”的高层次的战争和战略问题，然后，孙子在《孙子兵法》以后的其余十二篇里，才陆陆续续地讲“作战”“谋攻”“形”“势”“虚实”“军争”“九变”，以及“行军”“地形”“九地”“火攻”和“用间”，才讲构成战争的各个要素、部分或环节。

如果更具体地说，孙子在《孙子兵法》的十三篇中，大体上

---

① （德）克劳塞维茨：《战争论》，中国人民解放军军事科学院译，第23页，北京，商务印书馆，1978。

② （德）马克思：《〈政治经济学批判〉序言》，见《马克思恩格斯选集》，第二卷，第214～222页，北京，人民出版社，1966。

是按照从“大”到“小”、从“高”到“低”，也就是从战争的“全局”到“局部”，从一国之君怎样带领文武百官们谋划战争、制定战争计划，即从战争全局上、整体上指导战争，之后到统兵之将在战争时期和战场上怎样指导战争，之后再到将士们在战场上怎样作战这样的一种先后逻辑次序，论述他的战争观和方法论的。换句话说，**《孙子兵法》论述战争观和方法论的逻辑顺序，乃是从“国家战略”到“军事战略”，再到“战术”**；其中，“国家战略”即“国君的‘大战争’指导艺术”问题，是孙子在《孙子兵法》的前四篇《计》《作战》《谋攻》《形》中论述的；“军事战略”即“统兵之将的作战指导艺术”问题，是孙子在《孙子兵法》的中间四篇《势》《虚实》《军争》《九变》中论述的；而孙子在《孙子兵法》的后五篇《行军》《地形》《九变》《火攻》《用间》中所论述的，则是“战术专题：行军、驻军、治军、作战和侦察敌情的方法”。这也就是说：**《孙子兵法》这部中国古代著名兵书的理论体系和逻辑结构，实际上是由：①前四篇“国家战略：国君的‘大战争’指导艺术”，②中四篇“军事战略：统兵之将的作战指导艺术”，③后五篇“战术专题：行军、驻军、治军、作战和侦察敌情的方法”这样的三大部分组成的**，亦即《孙子兵法》的全部内容，有一个从战争和战略的“整体”到“部分”，再到“要素”的逻辑顺序。

而且，值得注意的是，由于孙子在《孙子兵法》中使用的是“从简单到复杂”也就是“从抽象到具体”的方法，而《孙子兵法》中的一些重要的概念和范畴，又是具有“整体性”“联系性”“模糊性”“多义性”等特点的“大范畴”“大概念”，所以，像“兵”“战”“形”“势”等这些概念和范畴，在《孙子兵法》的前几篇刚刚出现的时候，它们的内容还是比较简单、抽象、内容贫乏的，但是，这些概念和范畴越是到了《孙子兵法》的后几篇，其内容就越来越复杂、越来越具体、越来越丰富。**因此，读者在研读《孙子兵法》的过程中，切记不可以抓住孙子在《孙子兵法》中的某一篇对其**

中某一个概念或范畴所作的论述，就误以为是他对这个概念或范畴的全部看法；换言之，我们只有研读完了全部《孙子兵法》，了解了孙子在《孙子兵法》各篇中对“兵”“战”“形”“势”等这些概念和范畴的全部论述，才能够掌握住这些概念和范畴的全部外延和内涵，进而对这些概念和范畴的内容及其间的真实关系融会贯通，才能够真正地做到了解孙子战争观和方法论的精神实质，以及《孙子兵法》的全部战争和战略理论的真相。

在本书的第一章，我就开始按照《孙子兵法》原有的叙述方法和逻辑次序，逐篇逐段地论述《孙子兵法》前四篇的内容，也就是向读者介绍孙子所论述的“国家战略：国君的‘大战争’指导艺术”——但是在介绍、论述《孙子兵法》前四篇的内容之前，我还想首先强调以下三点，请读者务必注意：

第一，《孙子兵法》前四篇是《孙子兵法》全书里非常重要的内容。

《孙子兵法》的前四篇包括《计》《作战》《谋攻》《形》。这四篇是《孙子兵法》十三篇中非常重要、也是值得我们特别注意研读的内容。因为研读完全部《孙子兵法》我们可以发现，在孙子看来，战争不仅是一个国家的军事部门的事情，而且是整个国家的事情；战争并不仅是从事军事活动的将帅和士兵们的事情，还是包括国家最高领导人（古代的国君）在内的一个国家最高行政当局所从事的日常行政工作的一部分；战争也不仅是发生在战争时期和战场上的军事活动，“战争”从和平时期就已经开始了。在孙子的心目中，所谓“战争”既包括和平时期，又包括战争时期，既囊括战场之内的军事活动，又囊括战场之外的所有非军事和军事的社会活动。总之，孙子在《孙子兵法》所说的“战争”，并不是仅仅发生在战争时期、战场上的那种暴力的、流血的“狭义的战争”，而是一种包括战争时期、战场上的那种暴力的、流血的“狭义的战争”在内，以及国家的和平时期其他种种非军事和军事活动也在内的“广义的战争”。孙子在《孙子兵法》的第三篇《谋攻》里，便把这种“广义的战争”非常明确地叫作“全争”，并且明确地主张对付敌国必须“上兵伐谋，其次伐交，其次伐兵，其下攻城”，也就是他认为战争从和平时期就已经开始了，对付敌国必须要综合地使用“伐谋”“伐交”“伐兵”“攻城”等等各种手段，既包括和平时期的非暴力的政治、经济、外交、军事手段，又要包括战争时期“伐兵”“攻城”的军事、暴力手段。孙子在《谋攻》篇中说得很清楚，他说：“必以全争于天下，故兵不顿而利可全。此谋攻之法也。”这样一来，孙子在《孙子兵法》中所说的“战争”的概念就很大了！这种“战争”既包括和平时期，又包括战争时期；既包括和平时期对敌国采取的“伐谋”“伐交”“伐兵”的政治、经济、外交、军事等非暴力的手段和种种活动，又包括战争时期所采取的“伐兵”“攻城”等军事暴力的手段和种种活动。因此，我们可以发现，**孙子在《孙子兵法》中所说的“战争”，也就是他所说的“全争”，实际上也就是两千多年后，近现代西方军事学家克劳塞维茨和利德尔·哈特在《战争论》及《战略论》中所说的“大战争”；孙子在《孙子兵法》中所说的“谋攻之法”，实际上也就是两千多年后，利德尔·哈特在《战略论》中所说的“大战略”。**

也正因为孙子认为战争是“全争”，是个“大战争”，这种“大战争”既包括和平时期，又包括战争时期；既包括战场之外，又包括战场之内；既要使用“伐谋”“伐交”等非军事暴力的手段，又要使用“伐兵”“攻城”等军事暴力的手段，要从事“全争”即“大战争”。所以，他在《孙子兵法》第一篇《计》中所讲的第一句话就是“兵者，国之大事”，也就是说，战争是一种国家行为，战争本质上是国家的大事，战争首先是一国之君、国家最高领导人的事情。如果用我们今天的准确的战略科学语言来表达，那就是：一国之君即国家领导人所操持的“国家战略”，才是指导战争的“全局”，而统兵之将所操作的“军事战略”，只不过是指导战争的“局部”，考虑战争问题，首先必须从“国家战略”这个最大的“全局”着眼、着手，然后，才能在“国家战略”这个“全局”的指导下，再考虑“军事战略”和“战术”这些战争中的低层次的局部性问题。

论述战争和战略问题时，能够站在国家整体的立场上，首先从战争的“全局”开始、从指导战争的最高战略层次“国家战略”开始，从国君的“大战争”指导艺术开始，而不是从战争的“局部”，从构成战争的某一个要素、部分或者环节开始，这正是孙子战争和战略理论的最大特点！

自从人类社会在近现代经历了拿破仑战争和两次世界大战以后，国际政治界、战略界和军事界人士已经达成了一种共识，那就是战争的胜负，首先并且主要地取决于国家领导人所制定和操持的“国家战略”的正确与否，其次，战争的胜败才取决于“军事战略”“作战战略”“战术”的好坏，即取决于统兵之将指导战争艺术的高低，以及将士们在战争时期和战场上的作战努力。

这是因为，战争和战略的“全局”总是制约着它的各个“局部”，“局部”总要受到“全局”的制约。古希腊哲学家亚里士多德有一句名言“整体大于各部分之和”，这句话也适用于战争和战略问题，适用于“国家战略”“军事战略”和“战术”的关系。而孙子在《孙子兵法》前四篇所论述的，主要是“国家战略”方面的内容，是国君的“大战争指导艺术”，因此，《孙子兵法》前四篇的内容非常重要、值得我们特别注意，是需要我们花大力气仔细研究的。

第二，《孙子兵法》前四篇所论述的“国家战略”内容相当丰富、系统而且深刻。

必须注意，关于战争的“全局”决定“局部”，关于“国家战略”制约“军事战略”和“战术”，关于“国家战略”对于指导战争来说特别重要的思想，并非仅仅是《孙子兵法》所独有的思想，而是中国古代兵学家们和中国传统兵学共同具有的优良传统思想，例如，**中国古代另一部兵学名著《尉缭子》就这样说过："兵胜于朝廷"，"智在于治大"**①。《孙子兵法》前四篇所讲的，就是和《尉缭子》讲的同样的道理。但是，《孙子兵法》在讲“国家战略：国君的‘大战争’指导艺术”时，比《尉缭子》等兵书讲的内容更丰富、更系统，也更深刻，颇开人心智，振聋发聩。三国时期的曹操曾经称赞“孙子所著深矣……审计重举，明画深图，不可相诬”(《孙子略解》)，诸葛亮也曾经说“战非孙武之谋，无以出其远”(《便宜十六策》)，曹操和诸葛亮所肯定的，也正是孙子在《孙子兵法》前四篇里阐述的内容。

第三，《孙子兵法》前四篇在内容上贯穿有一种内在联系。

任何作者在著述一部书时，都要考虑好接受这部书的对象即读者是谁，两千五百年前的孙子也是这样。孙子在著述《孙子兵法》十三篇时，最初是献给春秋末期不大了解战争和战略的吴王阖闾看的，所论述的对象首先是国君，《孙子兵法》前四篇所论述的“国家战略：国君的‘大战争’指导艺术”，也是一国之君首先应该了解掌握的兵法内容。那么《孙子兵法》前四篇在内容上的内在联系是什么呢？

第一篇《计》，孙子讲的主要是“什么是战争？”，战争大体上是由哪些要素、部分或环节组成的，国君和统兵之将在战争中是什么关系，等等。孙子在这一篇中重点论述的是：为了掌握主动权、赢得战争胜利，国君必须首先从敌我两国的实际情况出发，制定好战争计划。

第二篇《作战》，孙子主要是讲准备战争和开始进行战争的问题，讲的是战争与国家经济、政治、民生的关系；他认为战争

---

① 见《武经七书》，第198、229页，北京，中华书局，2007。

对国家可能有利，但也可能有弊，一个国家决不能长期地处于战争状态。

第三篇《谋攻》，孙子主要是讲对敌“进攻”的问题，可是，我们要注意，孙子在《谋攻》中所说的“进攻”，不仅仅是那种在战争时期和战场上发生的军事暴力的进攻，而是包括和平时期和战争时期在内的、非军事暴力手段和暴力手段在内的一种“大进攻”。孙子便把这种“大进攻”叫作“全争”。孙子认为，指导这种“全争”的人，当然是一国之君，即国家的最高领导人。

第四篇《形》，在这一篇里，孙子实际上论述的是“防御”和“进攻”这两种战争特有的运动形式，讲的是“积极防御”，特别是讲在和平时期发展和壮大国家综合国力的重要性。因为，只有在和平时期发展、壮大了国家实力，才能在战争时期具有比敌国军队更强大的军事作战实力，统兵之将因而才能在战场上战胜敌军。而要想在和平时期发展、壮大本国的实力，孙子认为只能从政治上着手进行，采取“修道而保法”的政治革新手段。

当然，在《孙子兵法》的前四篇中，孙子除了论述以上所说的四个方面的问题以外，还论述了其他一些也很重要的问题，例如“兵者，诡道也”的问题，“知彼知己者，百战不殆”的问题等。但是，他在前四篇里论述的内容，主要是国君应该了解、考虑、掌握的有关战争的“全局”性和“长远”性的问题，也就是关于“国家战略：国君的‘大战争’指导艺术”的问题。

下面，我就分四小节，一篇一篇地讲解《孙子兵法》前四篇的内容。

第一篇《计》　孙子的战争观和“国家战略”观

《孙子兵法》的第一篇是《计》。在《计》篇中，孙子首先从整体上论述了他的战争观和“国家战略”观，表达了他“重战”（重视战争）、“重智”（重视在战争中使用智慧）和“重计”（重视制定战争计划）的思想。

我首先解释一下《计》篇的篇名含义。

【篇名】

什么是“计”？《说文解字》对“计”的解释是：“计，会也，算也”；而对“算”的解释是：“算，数［音 shǔ，动词］也。”①所以，“计”有“计算”“计较”和“做计划”等意思。

“计”在《孙子兵法》第一篇中的具体含义，就是孙子在《计》篇最后一段话中所说的“庙算”。在中国古代社会，国家如果遇到战争等大事，国君往往要把朝廷中的重臣、文武百官们召集到祖宗庙里或者庙堂廊下，一起分析敌我两国的全部情况和所面临的形势，研究怎样处理的一系列措施，拿出解决问题的计划、方案来，并且，要按照战争计划采取相应的行动。所谓“计”，指的就是通过这种“庙算”而制定战争计划。孙子在《计》篇中强调，一个国家要想在战争中取得胜利，国君要想取得战争的主动权，必须首先进行“庙算”，必须集中起朝廷重臣和文武百官的正确意见，制定好战争计划。制定战争计划是战略指导的核心内容，是战略决策的最高表现。

孙子在《计》篇中，还先后论述了什么是战争；战争大体上是由哪些要素、部分或环节组成的；国君与统兵之将在战争中的关系；统兵之将在战争中要担负的军事总任务以及在战争中使用的策略即“诡道”等问题。因为这些问题都和制定战争计划、实施战争计划有关，都是国君和统兵之将等人在进行“庙算”时，必须认真加以考虑的问题。

读者在研读《计》篇时，必须注意有这样的一个问题，那就是孙子在《计》篇中所说的“计”即战争计划，指的并不是单纯的“军事计划”或者战争时期、战场上的“作战计划”，而是包括“军

① 按，引文中方括号内文字为本文作者所加，下同。

事计划”和“作战计划”在内的，具有“全局”性的“国家战略”性质的战争计划。这种“国家战略”性质的战争计划，不仅涉及军事、作战，而且涉及一个国家的经济、政治、外交等社会各个领域、各条战线要承担的任务。否则，国君就没有必要召集起国家重臣和文武百官们一起进行商议了，而且，通常情况下，这种“国家战略”性质的战争计划的制定，最后要由国君一手拍板确定，并且要由国君组织领导实施。

《计》篇中一共有六段话，一段一层意思。我把这六段话分为六个小专题，分别加以讲解。

一、孙子的战争观

【原文】 **孙子曰：兵者，国之大事，死生之地①，存亡之道②，不可不察也。**

【注解】 ①地：指战场。②道：指门道，必经之路。

【述评】 这段话的意思是，孙子说：战争是一个国家的大事，因为战场上的胜负决定着将士们的生死，一场战争的胜败往往关系到一个国家的存亡，所以，对于战争问题不可以不进行认真的考察、研究。

——以上这段话就是孙子的战争观，孙子回答了“什么是战争？”的问题，说明了战争和一个国家、民族、军队之生死存亡的利害关系，从而，表达了高度重视战争问题的思想。

“重战”（重视战争问题）是中华民族的优良传统。在记载中国春秋时期历史的史书《左传·成公十三年》中，有这样的话：“国之大事，在祀与戎”，说的是国家有两件大事，一是祭祀祖宗，二是对付战争；因为这两件大事都关系到种族的延续、国家的存亡。司马迁在《史记·太史公自序》中也说过：“春秋之中弑君三十六，亡国五十二，诸侯奔走不得保其社稷者，不可胜数。察其所以，皆失其本也。”在春秋时期，许多的诸侯国和种族在战争中丢失了立足生存之地，社稷不保。由此可见，孙子说“兵者，国之大事，死生之地，存亡之道，不可不察也”，正是对活生生的历史经验教训的一种概括和总结。孙子的战争观是唯物主义性质的，它来自历史经验事实。

孙子战争观的显著特点是从国家的整体着眼。民国时期《孙子兵法》的研究者钱基博先生在他撰写的《孙子章句训义》里说：“《计》篇开首，不曰‘兵者，大事’，而曰‘兵者，国之大事’；‘国’字须着眼，此为十三篇命脉所寄。”①钱基博的这种说法是很有见地的。因为《孙子兵法》从第一篇一开始论述战争和战略问题，就不是从战争本身论述战争，不是从单纯的军事或单纯的作战角度论述战争，而是从关系到一个国家、民族、军队生死存亡的战争全局角度，也就是站在国家的立场上，用“国家战略”的眼光看待战争，这是值得充分肯定的，而且，还要看到，孙子还把这种“国家战略”的眼光和立场贯彻到了《孙子兵法》十三篇的自始至终，我以后还要详加评述。

二、孙子论构成战争的敌我双方五大战略要素，以及预测战争胜负的计算方法——五事七计

【原文】 **故经①之以五事，校②之以计，而索其情③：一曰道，二曰天，三曰地，四曰将，五曰法。道者，令民与上同意也，故可以与之死，可以与之生，而不畏危。天者，阴阳、寒暑，时制④也。地者，远近、险易、广狭、死生也。将者，智、信、仁、勇、严也。法者，曲制、官道、主用⑤也。凡此五者，将莫不闻，知之者胜，不知者不胜。故校之以计，而索其情，曰：主孰有道？将孰有能？天地孰得？法令孰行？兵众孰强？士卒孰练？赏罚孰明？吾以此知胜负矣。**

【注解】 ①经：度量，指分析研究。②校：比较。③索其情：探索战争胜负的情形、规律。④时制：指一年中的春、夏、秋、冬四季。⑤曲制：指军队的组织编制；官道：指将吏的职责区分；主用：指军事后

---

① 见谢祥皓等辑：《孙子集成》，第228页，济南，齐鲁书社，1991。

勤、物资管理。

【述评】 孙子在《计》篇的第一段话中表述了他的战争观以后，紧接着，就在第二段话中，论述了构成战争敌我双方的五大战略要素，以及预测战争胜负的计算方法。三国时期的曹操曾经把这五大战略要素和孙子预测战争的计算方法，称为“五事七计”。

所谓“战略要素”，指的是国君和文武百官们在制定战争计划时，必须进行计算、考量的那些构成战争全局和全过程的所有因素和力量。孙子认为，这些要素大体上包括有五个方面，即“道”“天”“地”“将”“法”，不仅如此，由于战争总是由敌我双方的一组对立面组成的，所以，在制定战争计划时，还要比较和度量敌我双方这五个方面的具体实际情况，才能找到战争的胜败规律（“故经之以五事，较之以计而索其情”）。然后，孙子就开始具体地论述“五事七计”。

1．“五事”之中“一曰道”。什么是“道”？孙子在这里说的“道”，指的并不是“道路”“门道”或者“规律”，而是一个政治概念，指的是“政治”即“人和”，亦即一个国家从事的战争是否与民众的利益要求有关系。中国古代儒家的代表人物孟子在《孟子·公孙丑下》中说过“天时不如地利，地利不如人和。”一国之君所从事的战争活动只有符合民众的政治利益要求，得到民众和军队的支持，才容易赢得胜利，“人和”比“天时”“地利”更加重要。所以，孙子明确指出，只有使民众与国君的战争意愿即“利益”一致，民众和军队在战争中才能不怕危险，与国君同生死、共患难，战争才容易获得胜利。孙子把“道”即“政治”——一个国家从事的战争是否与民众的利益要求有关系——看成是构成战争的首要的战略要素，这种观点是很深刻的！在《孙子兵法》产生两千多年后，西方近代军事理论家克劳塞维茨在《战争论》中，提出了“战争无非是政治通过另一种手段的继续”之科学的论断，克劳塞维茨在这个论断中所说的“政治”，指的也正是“利益”或者“国家利益”……

2．“五事”之中“二曰天”。孙子所说的“天”指的并不是神秘的“天命”或“上帝”，而是指“自然之天”，也就是打仗时所遇到的天时、气象条件，作战时遇到的是白天还是夜晚、天气寒冷还是炎热、是春夏还是秋冬（“天者，阴阳、寒暑、时制也”）。中国古代的兵学著作《司马法》中有“冬夏不兴师”的说法，认为冬天太冷，而夏天太热，都对作战不利，很早就得出了天时、气象条件对战争起制约作用的结论。孙子也认为“天”是国君、统兵之将在制定战争计划时要考虑的一个重要的战略要素。以后，在《孙子兵法》的第十二篇《火攻》中，孙子更具体地论述了天时、气象条件能够在“战斗”特别是在大规模的“火攻”型战斗、战役中起到重要的作用。

3. “三曰地”，“地”指军队在行军中路途的远近，地形、地势的高低起伏、险易程度、宽窄等，是否有利于驻军、通行、生活、作战、取得作战胜利。国内外的地理条件，也是国君、统兵之将在制定战争计划时，不得不认真考虑的重要战略要素。以后，在《孙子兵法》的第九篇《行军》、第十篇《地形》、第十一篇《九地》中，孙子相当系统地论述了地理条件对战争胜负起到的重要作用。

4. “四曰将”，孙子认为合格的统兵之将必须具备有“五德”：其一为“智”，必须足智多谋；其二为“信”，管理军队要赏罚有信；其三要“仁”，仁爱下属、士兵；其四要“勇”，要勇敢坚毅；其五要“严”，要严明军纪。（需要注意的是，孙子在《计》篇中讲的是制定战争计划的重要性，讲的是构成战争计划应当考虑的五大战略要素，他是把“将”视为构成战争的五大战略要素中的一个战略要素——这就说明，孙子在《计》篇中所说的战争计划，不仅仅是统兵之将所制定的单纯的“军事计划”和战争时期、战场上的“作战计划”，而是包括“军事计划”和“作战计划”在内的、国君和文武百官所制定的“国家战略”性质的，最大战争“全局”的战争计划。这，就是孙子在《计》篇中所说的“战争计划”乃是“国家战略”计划的所谓“内证”。）

5. “五曰法”，“法”在《孙子兵法》中也有多重含义，在这里，“法”指的是军队的组织编制（即《孙子兵法》第五篇《势》中所说的“分数”）、各级军官的职务分工和军队的后勤保障制度。

孙子还认为，以上五种战略要素都是一般带兵打仗的统兵之将所知道的，通晓这些军事常识的人，就容易在战争中取得胜利；不了解这种战略要素的人，就不容易在战争中取得胜利。换句话说，就是没有亲自带兵打仗经验的国君，才不了解这些军事常识——这是《孙子兵法》前四篇论述的对象主要是国君，主要是讲给国君听的所谓“内证”。

还不仅如此。孙子认为，因为战争总是由敌我双方一组对立面组成的，所以，在制定战争计划时，还要进一步把敌我双方各自的五大战略要素联系起来，作一番全面的比较、计算、量化、综合分析，才能找到战争胜负的规律（“故较之以计而索其情”）。那就是要问一问：一、敌我两国指导战争的国君，哪一个更仁义贤明？二、哪一方的统兵之将更有才能？三、哪一方更能得到天时、地利？四、哪一方的军纪法令更能得到有效的贯彻执行？五、哪一方的军事实力更强大？六、哪一方的士卒在和平时期的训练更加有素？七、哪一方军队的军纪更加赏罚严明？孙子认为，只要从这七个方面比较、估算一番，就可以大体上预测到敌我两国最后谁胜谁负了。

——“战略要素”这个科学的战略学概念，是西方近代军事家克劳塞维茨在《战争论》中首先提出来的。但是，在《战争论》产生的两千多年前，孙子在《孙子兵法》中，已经用“五事”来说明构成战争的五大战略要素。孙子的战略要素观有三个特点：第一，他非常明确地把“道”即战争的政治性质“令民与上同意”放在第一位，这种思想是很深刻的；第二，他在《孙子兵法》的第一篇《计》里，虽然还没有把国家的经济、财政列入构成战争的战略要素，可是，他在《孙子兵法》第二篇《作战》中，非常强调一个国家的经济、财政能够在战争中起到重大的基础作用，这种思想也是很深刻，是符合战争实际情况的；第三，孙子在论述“将”这个五大战略要素之一的时候，能够把“智”列为统兵之将的“五德”（“智、信、仁、勇、严”）之首，高度重视“智谋”在战争中的作用，这与西方近代战争理论片面地重“勇”、重“力”不同，是中国传统兵学“重智”的表现。

三、国君和统兵之将(“国家战略”与“军事战略”)之间的关系

【原文】 **将[①]听吾[②]计，用之必胜，留之；将不听吾计，用之必败，去之。**

【注解】 ①将，这里的将指的是统兵之将。②吾：是指最后决定战争计划的国君。

【述评】 在“庙算”、制定战争计划时，还有一个为了完成战争计划、赢得战争胜利的人事分工问题，而首先要解决的就是国君和统兵之将的工作分工。在我国的春秋时期，国君通常都不负责直接指挥作战，而把指挥作战的任务委托给一个熟悉军事工作、善于打仗的统兵之将处理，于是，在君将分工中，就会遇到一个在战争中谁服从谁的问题。孙子认为，总的来说，在制定战争计划并且实施战争计划时，应当是统兵之将服从国君，而不是国君服从统兵之将，实际上，也就是统兵之将所操作的“军事战略”必须要服从国君所操持的“国家战略”，即不是“国家战略”要服从“军事战略”。所以，孙子在《计》篇中所论述的国君和统兵之将之间的关系，本质上论述的也就是“国家战略”与“军事战略”的关系。

在以上所引《计》篇的第三段话中，“将”指的就是统兵之将，“吾”指的是国君。孙子这段话的意思是说：当国君带领文武百官进行“庙算”，制定了有利于国家的战争计划以后，如果统兵之将同意所制定的计划，能够按照国君最后拍板确定的计划在战争中贯彻实施，战争一般有胜利的必然性，那么，“吾”国君就使用这个统兵之将；反之，如果统兵之将不同意贯彻实施这个计划，那么，使用这个统兵之将就会有失败的必然性，“吾”国君就不必任用他。古今中外战史上这样的例子很多，如在中华人民共和国刚刚成立不久的抗美援朝战争中，毛泽东起初想任命林彪为中国人民志愿军司令员，可是，林彪由于种种原因，

不同意打这场战争，于是毛泽东便起用彭德怀指挥志愿军去作战。又如，同样是在当时的朝鲜战争中，以美国为首的所谓“联合国军”的司令官是“二战”时著名的美军将领麦克阿瑟，麦克阿瑟一度不同意当时的美国总统杜鲁门的战略指导，那么好，杜鲁门很快就把麦克阿瑟撤职，命令另一个美军将领李奇微充任“联合国军”司令。

君将分工在战争人事分工中是最重要的人事分工，这种分工实际上就是一个国家的国君所操持的“国家战略”与统兵之将所操作的“军事战略”之间的关系，也就是指导战争“全局”与指导战争“局部”的关系。在一般的情况下，总是应该由国君领导统兵之将即由“国家战略”制约“军事战略”，这也就是事物的“全局”总要制约“局部”，“局部”要被“全局”所制约的道理。而在君将关系的问题上，《孙子兵法》的可贵之处在于，孙子还能够辩证地看问题，他不仅在《计》篇中论述了统兵之将在总体上必须服从国君，“军事战略”必须受“国家战略”的制约，而且认为，“国家战略”与“军事战略”以及“作战战略”又不可以混淆，不可以相互代替，所以，国君不可以过分干预统兵之将所操作的军事作战任务。孙子是在《孙子兵法》的第三篇《谋攻》篇里讲“国家战略”与“军事战略”的辩证关系的，我将在讲解《谋攻》篇时，再具体地评述这个问题。

四、统兵之将在战争中所要担负的军事总任务

【原文】 **计利以听，乃为之势①，以佐②其外。势者，因利③而制权④也。**

【注解】 ①势：统兵之将凭借国君授给的军权，在战场上创造的强大军事力量。②佐：辅佐。③利：这里指在战场上敌我两军的利害关系。④权：指统兵之将手中掌握的军权。

【述评】 这段话的意思是，孙子认为：当国君带领文武百官制定了有利的战争计划、统兵之将也同意贯彻实施这个战争计划

以后（“计利以听”），统兵之将在战争中所要承担的军事总任务，就是率领军队造“势”，以便在外（战场上）辅佐国君在国内操持“国家战略”全局。所谓“势”，就是统兵之将要根据战场上敌我两军利害关系的发展变化，灵活地使用自己手中的军权。

——在上面引用的这段话中，孙子不但说明了统兵之将在战争中所要担负的军事总任务（“为之势”），完成军事总任务的方法（“势者，因利而制权也”），暗示了统兵之将的“军事战略”必须服从国君的“国家战略”（“以佐其外”），而且，还进一步把敌我两国所有的战略要素对比提高到了“利”“害”高度加以看待。所谓“利”也就是“胜利”的意思，孙子认为，战争所追求的目标就是“胜利”，但是，“胜利”又是有区别、有层次的：国君所操持的“国家战略”追求的目的是“国家利益”（“计利”），而统兵之将在战争中所操作的“军事战略”的目标是战场上的作战“胜利”（“因利而制权”）。

关于“形”和“势”、“利”和“害”这两对概念及其关系，孙子是在《孙子兵法》的第四篇《形》和第五篇《势》中展开论述的，我以后会在讲解《形》篇和《势》篇时，再详加述评。

在这里，还需指出，“形”和“势”、“利”和“害”、“制权”等，都是中国古代传统兵学中特有的概念、范畴，这些概念、范畴都既有整体性、高度的抽象性，概括面很大，又有不同的层次性，适用于“国家战略”“军事战略”和“作战战略”等不同的战略层次。列宁在著名的《哲学笔记》中说过：“物质的抽象，自然规律的抽象，价值的抽象及其他等等，一句话，那一切科学的（正确的，郑重的，不是荒唐的）抽象，都更深刻、更正确、更完全地反映自然。”①而《孙子兵法》中的“形”和“势”、“利”和“害”、“制权”等等，就是孙子和中国古代兵学家们从各个不同的角度，对战争和战略的本质、规律、价值所作出的朴素而正确的抽象。这些概念、范畴至今还被我们中国人使用。

① （俄）列宁：《列宁全集》，第38卷，第181页，北京，人民出版社，1974。

五、统兵之将的作战策略——“诡道十二法”

【原文】 **兵者，诡道[①]也。故能而示之不能，用而示之不用，近而示之远，远而示之近。利而诱之，乱而取之，实而备之，强而避之。怒而挠[②]之，卑而骄之，佚而劳之，亲而离之。攻其不备，出其不意。此兵家之胜，不可先传也。**

【注解】 ①诡道：即诡诈，用兵的间接路线。②挠：挑逗，给一个人的身体挠痒痒。

【述评】 既然对本国有利的战争计划制定以后，统兵之将在战场上担负的军事总任务，就是造“势”，那么，怎样才能够创造出一种强大的军事实力，以便战胜敌人呢？孙子认为，统兵之将必须讲究作战的方法和策略。**他在《计》篇第五段话中所说的“兵者，诡道也”，意思就是说，同敌人打仗不能直来直去，硬碰硬，走所谓“直接路线”，而是要讲究作战策略，走一条“间接路线”。**

在世界军事理论发展史上，孙子不但最早发现在作战时对敌人行“诡道”是作战中的一种客观规律，凡是讲究策略的人，就容易在战争中赢得胜利，而不讲究策略的人，就容易失败，而且，他还系统地总结出了在作战中实施“诡道”的十二种方法。中国的兵家们以后就把这十二种方法，习惯地叫作“诡道十二法”。

以下，我就把“诡道十二法”分为三组，分析一下“诡道十二法”的内在机制，看一看在战争中行使“诡道”为什么容易取得胜利的奥秘：

1. 第一组“**能而示之不能，用而示之不用，近而示之远，远而示之近**”——这是“诡道”的前四法，是典型的“诡诈”、欺骗、作战的“间接路线”。

所谓“示之”，就是“示形于敌”的意思，就是搞“诡道”的统兵之将，要善于把自己作战的真实意图和真相隐蔽起来，搞欺骗，故意给敌人制造我军的假象，不让敌人知道我军的真实意图和真相。那么，把我军的真实意图和真相隐蔽起来，而给敌人以我军的假象，又对我军有什么好处呢？其好处就在于“先见弱于敌而后战也”①，即在我军还没有与敌人发生正面的暴力冲突之前，就可以使用“诡道”、欺骗，首先削弱敌人的一部分实力；待削弱敌人的一部分实力之后，再同敌人发生正面的暴力冲突，就容易获得战斗胜利了。

例如“诡道十二法”中的第一法“能而示之不能”。此法的意思是：我军的真实意图本来是要进攻敌人，而且，我军也具备进攻敌人取得胜利的强大实力，可是，我军却设法把进攻敌人的真实意图和真实实力隐蔽起来，欺骗敌人，制造我军不想进攻敌人，也缺乏进攻敌人的强大实力而能够赢得胜利的假象。那么，这样欺骗敌人，搞诡诈又对我军有什么好处呢？其好处在于：第一，敌人必然会被我军示给敌人的假象所蒙蔽，错以为我军不想进攻敌人，于是，敌人首先在精神上放松了警惕，削弱了积极防御的思想意识；第二，敌人还错以为我军缺乏进攻敌人、赢得战斗胜利的能力和军事实力，所以，敌人在物质准备等各方面，也必然不会再采取积极防御的一系列措施了——然而，就在敌人精神和物质两方面都不再做积极防御的条件下，我军向敌人突然发起进攻，同时，在战场上展现出我军具备敌人意料不到的强大的进攻实力！因此，这样的对敌进攻，便很容易取得进攻战的胜利，敌人也很容易因为我军对敌人行“诡道”而导致作战失败……这就叫作在战争中行“诡道”，走一条“间接路线”“先见弱于敌而后战”，先走“间接路线”而后走“直接路线”，也就是对敌人采取“能而示之不能”的策略，给我军带来的好处。

又如，“诡道十二法”中的第二法“用而示之不用”。此法的意思是：带领我军作战的，本来是一个比敌军将领更有作战能力、更高明的统兵之将，可是，我军却向敌人散布假消息，声称带领我军作战的并不是一个比敌军将领更有能力的统兵之将，示敌以假象，麻痹敌人，让敌军上当受骗。用这种“用而示之不用”的

① 《六韬·龙韬·奇兵》，见《武经七书》，第429页，北京，中华书局，2007。

欺诈方法,也很容易在两军交战之前就起到削弱敌军精神力量和物质的效果,让敌军在交战时措手不及,容易导致战斗失败。

"近而示之远,远而示之近",也就是我国明清之际总结出来的《三十六计》一书中所讲的"声东击西"。典型的战例发生在公元前 206 年,大将韩信统率军队要渡过黄河,进攻魏王豹的军队。韩信的真实意图是想在距魏王豹的位置较远的"夏阳"(现在陕西省的韩城以南)抢渡黄河,但却故意制造假象,在距魏王豹较近的"临晋"征集渡河的器材。魏王豹上当受骗,将自己的主力部队集中到"临晋",而在"夏阳"一带放松了警惕。于是,韩信部队在"夏阳"抢渡黄河成功,进而大胜魏王豹的军队。国外"声东击西"的典型战例是"二战"时的诺曼底登陆。盟军司令艾森豪威尔的本意,是想把法国的诺曼底作为盟军越过英吉利海峡、登陆法国的地点,但故意向希特勒的德军散布假情报,宣传盟军要在离英国较近的法国加莱地区登陆,同时,在加莱地区实施飞机重点轰炸,假装频繁地往加莱地区调动兵力,于是,希特勒上当受骗,把德军的防御主力部队集中到了加莱地区。结果,盟军于 1944 年 6 月 6 日在法国的诺曼底登陆,获得登陆成功。

2. 第二组**"利而诱之,乱而取之,实而备之,强而避之"**——这是"诡道十法"中的中间四法,其精神实质也是打仗不能硬碰硬,不能只走"直接路线";因为打仗归根结底打的是敌我双方的实力,必须根据双方实力对比大小的不同而采用不同的作战方法,讲究策略。

"利而诱之",是指当敌人的作战实力比我方强大时,我方先不要进攻敌人,而要用战场上的利害关系引诱敌人把兵力分散开来,等敌人的兵力分散开来,分散在各个地点上的兵力变得弱小以后,我方再用强大的兵力,逐次在敌人的各个地点上进攻敌人而取胜。

"乱而取之",是指如果敌军纪律严明、队伍整齐、团结一致,战斗力强,不好对付,我方要想方设法(例如让打入敌军内部的我军奸细)首先把敌国的内部搞乱,削弱敌军的战斗力;待削弱了敌军的战斗力之后，再采取有效的战斗措施，夺取敌人的目标。

“实而备之”，是说如果敌军的战斗力充实、强大，我军必须做好认真的战斗防御准备，决不可掉以轻心，导致战斗失败。

“强而避之”，是说当军事实力上敌强我弱时，我军并不是非要用弱小的兵力同敌人硬拼不可，而是可以暂时避开敌人对我军进攻的锋芒，与敌人周旋一番，待我军的实力变得强大，或者对我军有利的作战条件具备的时候，再同敌人展开战斗。

要想顺利地做到“利而诱之，乱而取之，实而备之，强而避之”，必须有一个重要的前提条件，那就是统兵之将要使用好间谍，首先把敌人那方面的情况侦察、了解清楚。孙子在《孙子兵法》的第六篇《虚实》和第十三篇《用间》中，系统地论述了与此有关的问题。

3. 第三组“**怒而挠之，卑而骄之，佚而劳之，亲而离之**”——“诡道十二法”中最后的这四法，是针对敌军及其将领而言的。因为敌军及其将领是构成敌人战斗力的最重要的因素，在敌军及其将领的身上作文章，也可以达到削弱敌人的战斗力，进而赢得战争胜利的目的。

所谓“怒而挠之”，是说如果敌军的将领智勇双全，不好对付，而我军通过侦察，了解到他有脾气暴躁、爱发火的性格特点，那么便可以针对他的这种性格特点，不断地在战争中挑逗他发火，让他丧失理智，产生指挥错误。

所谓“卑而骄之”，是说如果敌人的统兵之将性格稳重、冷静，指挥作战有谨慎、小心的特点，我方早已了解清楚，那么，我军也可以利用他的这种性格、作战特点，在战争中想办法让他骄傲自满起来，得意忘形，轻举妄动，发生指挥错误。

“佚而劳之”是针对敌人的军队而言的，意思是，我军如果经过侦察，了解到前来准备进攻我军的敌人，已经经过修整、有充沛的战斗力，就可以先不同敌人展开战斗，而采取各种措施使敌军劳累不堪，削弱敌军的力量，然后，再同敌人展开战斗。

“亲而离之”也是针对敌人的军队而言的，意思是，我军如果经过侦察，发现即将同我军作战的敌军上上下下团结一致、亲密无间、战斗力强，那么，就让我方潜伏在敌军内部的奸细，破坏敌军的团结，离间敌人，削弱敌人的战斗力。以后，孙子在《孙子兵法》的第十一篇《九地》中，比较详细地说明了用“亲而离之”的方法，可以把敌军的团结破坏到何等地步，孙子说：“所谓古之善于用兵者，能使敌人前后不相及，众寡不相持，贵贱不相救，上下不相收，卒离而不集，兵合而不齐。”显然，如果把敌军搞成这样一种一盘散沙的状态，敌军也就无法正常地作战了。

至于**“攻其无备，出其不意”**，则是孙子对“诡道十二法”之精神实质作的一个总结、概括。

所谓“攻其无备”，是说我军只要进攻，就要进攻敌人的精神力量和物质力量准备不足、力量虚弱的地方、地点，因为这样进攻容易赢得战斗胜利。用现代英国战略学家利德尔·哈特在《战略论》中的话来说，“攻其不备”就是要想让进攻战取得胜利，必须“沿着一条抵抗力最小的路线采取行动”。①

所谓“出其不意”，主要是针对敌人的精神状态而言的，即我军采取的军事行动，必须令敌人始料不及，有突然性和隐蔽性，让敌人无法对付。只有这样的军事行动，才能达到预期的理想结果。如果还是用利德尔·哈特在《战略论》中的话来说，“出其不意”就是，我军的军事行动和作战要想奏效，必须“选择一条敌人期待性最小的行动路线”。②

孙子在《孙子兵法》第一篇《计》里所说的“攻其不备，出其不意”，也就是他在第六篇《虚实》里所说的“出其所不趋，趋其所不意”，这两种说法本质上是一个意思，都是就进攻战而言的。因此，可以看到，孙子“诡道十二法”总的精神实质，并不是侧重于“防御”，而是侧重于“进攻”；即便进行“实而备之，强而避之”的防御，防御的最后目的还是为了进攻敌人。换句话说，整个一部《孙子兵法》有重“进攻”而轻“军事防御”的弱点或缺点——这是我们在研读“诡道十二法”和整部《孙子兵法》时要

①② (英)利德尔·哈特：《战略论》，第468页，中国人民解放军军事科学院译，北京，战士出版社，1981。

注意的一个大问题，我在后面还要详加论述。

孙子在《计》篇第五段话中所说的**“此兵家之胜，不可先传也”**，其意思是说，虽然打仗时不能硬碰硬，不能只是走“直接路线”，而是要行“诡道”、走“间接路线”，讲究策略，而且，现有“诡道十二法”可供人们参考和选择——然而，一个统兵之将在作战时究竟应该怎样具体地行“诡道”，采用“诡道十二法”中的哪一种方法对付敌人，并没有一定之规，而必须根据战争中的具体实际情况，根据不同的天时地形条件，根据敌军及其将领的不同特点，灵活、机动地使用；否则，如果呆板地、程序化地使用“诡道十二法”，则是我们今天所说的“机械主义”“教条主义”，不会达到理想的作战目的。战国时期的大哲学家荀况在《荀子·议兵》中说过：“权不可以预设，变不可以先图，与时俱迁，随物变化”，荀况讲的就是作战方法和策略必须根据战争中不同的具体情况而随时、随地、随着战争的发展变化，而创造性地、灵活地使用的道理。而有关创造性地、灵活地在战争中使用战略、战术和策略的问题，孙子是在《孙子兵法》的第五篇《势》中详加论述的，这个问题也就是他所说的“奇”“正”问题。我以后再详加述评。

在讲解完“兵者，诡道也”这段话的内容之后，请读者注意以下三点：

第一，孙子是在《孙子兵法》的第一篇《计》里讲“诡道”的，是在论述如何制定战争计划和实施战争计划的大前提下讲“诡道十二法”的。在这里必须指出，“战略”的核心内容和本质内容就是制定战争计划并且实施战争计划；制定战争计划并且实施战争计划同按照战争的客观规律指导战争有关，也同统兵之将及其军队在战争中发挥自觉的能动性有关。毛泽东曾经说过：“计划性……是为了争取主动权”；“战略计划，是基于战争双方总的情况而来的”，为了制定好战争计划，必须“研究带全局性的战争指导规律，是战略学的任务。”①而孙子在《孙子兵

① 毛泽东：《中国革命战争的战略问题》、《论持久战》，见《毛泽东选集》，合订一卷本，第455，463，159页，北京，人民出版社，1968。

法》中所说的“诡道十二法”，只是包含在“战略”中的一部分内容，只是“战略”在实施过程中的使用“策略”问题。“策略”要服从“战略”，而不能代替“战略”，不能够代替在研究敌我两国全部战略要素的基础上制定战争计划，也不能够代替按照战争的客观规律实施战争计划。换句话说，打仗，赢得战争的胜利决不能抛开“战略”，抛开制定战争计划和实施战争计划而只依靠“诡道”策略和“诡道十二法”。可是，现在学术界里却有人，把整个一部《孙子兵法》的精神实质归结成行“诡道”，实际上是企图以“策略”取代“战略”，片面地宣传“兵不厌诈”和“兵以诈立”，这是对中国古籍《孙子兵法》和中国传统兵学精神实质的严重歪曲。

第二，现在还有些人对《孙子兵法》中“兵以诈立”的说法作不适当的宣传，在互联网和讲台上随意夸大“诡道”和“三十六计”的作用，甚至提出“商者，诡道也”的错误口号，把欺骗企业同行和客户看作企业发展的成功之路。这更是无稽之谈，与企业的发展壮大必须讲诚信的客观规律相冲突，这是一条歪道、邪路。

第三，现在学术界还有人以中国古代道家的老子讲过“以正守国，以奇治兵”的话为根据，声称搞政治是不讲“诡道”，不讲欺骗的。这种说法显然不符合国内外政治界的实际情况。其实，古今中外有不少人在政治上并不正派，搞了许多欺骗人的“诡道”名堂，例子不胜枚举，只不过，凡是在政治上搞“诡道”，搞欺诈的政客，大多数人终究会垮台、身败名裂罢了。

六、“庙算”——认真制定“国家战略”计划的重要性

【原文】 **夫未战而庙算胜者，得算多也；未战而庙算不胜者，得算少也。多算胜，少算不胜，而况于无算乎？吾以此观之，胜负见矣。**

【述评】 孙子在《计》篇中论述了他的战争观、战略要素观、君将关系、统兵之将在战争中的军事总任务以及“兵者，诡道也”

之后，便开始论述“庙算”即制定战争计划的重要性了。《计》篇中的最后一段话非常重要，乃是这一篇的“压轴戏”。

前面已述，在中国古代社会，“庙算”就是一个国家如果遇到战争等国家大事，国君往往要把朝中的重臣、文武百官们召集到祖宗庙里或者庙廊之下，一起分析敌我两国的全部情况，讨论、研究怎样对付，最后，拿出如何处理的意见即战争计划来。克劳塞维茨在《战争论》中曾经明确地指出，**所谓“战略”就是制定战争计划并且实施战争计划；**①**实际上，制定战争计划就是寻找战争规律的过程，而实施战争计划就是按照战争的客观规律而采取战争行动的过程**，要想在战争中赢得胜利，一个国家及其军队的认识和行动必须符合战争的客观规律。

读者在研读《计》篇的最后一段话时，要注意以下三点：

其一，古代国君和文武百官在“庙算”时讨论和制定的战争计划，并不仅仅是“军事计划”和“作战计划”，而是整个一个国家的“国家战略”计划，其中，既包括“军事计划”“作战计划”，也包括政治、经济、外交的“子计划”，还包括在战争中君臣之间的人事分工，甚至具体的作战方针和策略计划。因为战争绝不仅仅是一个国家军事部门的事情，赢得战争胜利，涉及一个国家的政治、经济、外交、军事等各个社会领域、各条战线的努力和配合。总之，制定战争计划是“国家战略”的重要组成部分，是一个系统工程，制定好战争计划并不容易。

其二，孙子在《计》篇的最后一段话中，所强调的重点，不仅是为了取得战争的胜利必须“庙算”，必须制定战争计划，以便取得战争的主动权，而且是在“庙算”时，必须“多算”而不能“少算”。他认为从一个国家在进行“庙算”时究竟是“多算”还是“少算”的情形，就可以大体上预测到一个国家在战争中的胜败结局了；如果不进行“庙算”，不下大功夫认真地进行“庙算”或者“少算”，这个国家在战争中肯定会失败无疑。

其三，从孙子对“庙算”问题的全部论述看，他认为战争并

---

① 见克劳塞维茨《战争论》的第三篇第一章《战略》，《战争论》，第175页。

不是人类社会中的一个怪物，战争并不神秘，战争无论就其本质还是就其胜负结局来说都不是不可知的，战争的胜负结局是可以预测到的。显然，孙子在《计》篇中论述的“庙算”论，是朴素的唯物主义可知论，而不是唯心主义的不可知论；他所论述的战争观和“国家战略”观，也都是朴素而正确的唯物主义战争观和战略理论。

【《计》篇内容提要】

总而言之，孙子在《计》篇中先后论述了六个问题：①“什么是战争?”，即孙子的战争观；②构成战争的敌我双方五大战略要素，以及预测战争胜负的计算方法，即“五事七计”；③国君和统兵之将的关系，亦即“国家战略”与“军事战略”之间的关系；④统兵之将在战争中的军事总任务，即造“势”；⑤统兵之将的作战策略，即“兵者，诡道也”；⑥认真制定“国家战略”计划，即“庙算”的重要性。

上述六个方面可以归结为一句话，即它们论述的都是孙子的战争观和方法论，所表达的是孙子“重战”“重智”“重计”的思想。这六个方面问题孙子在《计》篇中，还讲得比较简单、抽象，但是，他在《孙子兵法》以后的篇章里，还会进一步展开论述，会论述得越来越复杂、越来越具体。由此可见，孙子在《孙子兵法》中，确实使用的是从简单到复杂，从抽象到具体，从全局到局部的思路和方法。

我想用下面的话来概括《孙子兵法》第一篇《计》的内容：

“本篇立足于‘国家战略’的高度，论述了国君带领文武百官，使用智谋，从敌我两国的全面情况出发，谋划战争和制定战争计划的重要性；论述了构成战争的敌我双方五大战略要素和预测战争胜负的方法；论述了君将关系，统兵之将在战争中的军事总任务以及作战策略；强调了在战前进行‘庙算’和‘多算’的重要性。

“孙子在本篇中，实际上提出了自己朴素的唯物主义战争观和方法论，表达了‘重战’‘重智’‘重计’的思想。

“本篇列于《孙子兵法》十三篇之首，在《孙子兵法》全书中，起到了纲举目张的作用。”

第二篇《作战》 孙子论战争与国家经济、政治、民生的关系

《孙子兵法》的第二篇是《作战》。在这一篇中，孙子进一步论述，并且深化了他的战争观和方法论，论述了战争与国家经济、政治、民生的关系，而且提出了“兵贵胜，不贵久”的“国家战略”方针，以及“取用于国，因粮于敌”等战争中的军事后勤原则。

下面，在具体讲解这一篇的内容之前，我还是首先解释这一篇的篇名，概述一下这一篇的主题和中心思想。

【篇名】

什么是“作战”？《说文解字》对“作”的解释是“作，起也”，对“起”的解释是“起，能立也”。民国时期的学者陈启天对“作”的解释是：“作，有兴起造作之意。”①而“战”，指的就是“战争”。所以，“作战”二字联用，就是“准备战争”“开始进行战争”的意思。

那么，什么又是“准备战争”“开始进行战争”呢？

原来，按照科学的战争理论分类，“战争”可以划分成“战争准备的活动”和“战争本身的活动”两大部分。所谓“战争准备的活动”，就是一个国家在战争暴力还没有发生之前，为了发动战争或者应付战争而征募兵员、装备军队、训练军队的活动，这

① 见钱基博：《孙子章句训义》之“作战篇第二”，《孙子集成》，第341页，济南，齐鲁书社，1993。

些活动涉及一个国家的政治、经济、外交、军事、文化等社会生活的各个领域，克劳塞维茨把在和平时期一个国家怎样征募兵员、装备军队、训练军队等准备战争的方法，叫作“铸剑术”①；所谓“战争本身的活动”，就是在战争时期和战场上，统兵之将带领军队用暴力手段从事的“作战活动”，克劳塞维茨把统兵之将带领军队在战争时期和战场上怎样作战的方法，叫作“击剑术”②。而孙子在《孙子兵法》第二篇《作战》中所论述的内容，实际上就是和平时期一个国家“准备战争的活动”对于战争时期“战争本身的活动”的影响和制约关系，其中所讲的主要内容，又是一个国家的经济财政对于战争的制约关系。

具体地说，在《作战》篇中，孙子认为，一个贤明的国君和一个优秀的统兵之将，从一个国家的和平时期准备战争、开始进行战争时起，就必须清醒地认识到，战争并不是一个单纯的军事作战问题；因为，军事作战与国家的经济、政治、民生有紧密的联系，打仗，归根结底打的是金钱和国家的财政、物质经济资源之消耗，而如果长期地进行战争，过度地消耗金钱和国家的经济财政，必然会危及到军事上的战争胜负、国家的政治稳定和人民生活的切身利益，所以，一个国家决不能长期地处于战争状态。如果国家长期地处于战争状态、战争搞得旷日持久，必然会导致国家的综合国力耗尽，经济财政资源枯竭，百姓生活贫困，甚至社稷不保的严重后果。

正是在揭示了战争与国家经济、政治、民生四者之利害关系密切相关的基础上，孙子提出了“兵贵胜，不贵久”的“国家战略”方针，以及为了节省国家经济财政开支而“因粮于敌”等军事后勤原则。所以，应该说孙子在《作战》篇中所论述的内容，是对他在《孙子兵法》第一篇中论述的战争观和方法论作的深

---

①② （德）克劳塞维茨：《战争论》，第111页。

化和补充。《作战》篇和《计》篇一样，孙子也是主要讲给国君听的，是国君带领文武百官在进行“庙算”、制定“国家战略”计划时，需要认真考虑的一些重要问题。

《作战》篇内共有七段话，一段一层意思，以下分七个小专题加以述评。

一、孙子论战争与国家经济的关系——打仗打的实际上是金钱和物质经济资源的消耗

【原文】 **孙子曰：凡用兵之法，驰车千驷①，革车千乘②，带甲③十万，千里馈粮，则内外之费，宾客④之用，胶漆之材⑤，车甲之奉，日费千金，然后十万之师举矣。**

【注解】 ①驰车千驷：一千辆四匹马拉的轻便、快速的战车。②革车千乘：一千辆运送作战物资的车辆。③带甲：穿戴好军装的军人。④宾客：与外国打交道的本国使节（即间谍）。⑤胶漆之材：维修作战器材、器械的物资。

【述评】 以上这段话的意思是，孙子说：要想准备战争，开始进行战争，需要一千辆四匹马拉的轻便、快速战车，需要一千辆运载军备、粮秣的辎重车辆，需要由十万个穿戴好军装、武装好的军人组成的军队，供给军队吃的粮食要从千里之外运到战场上；这样一来，一个国家在战争时期的金钱物资消耗、国内外的开销、外交使节往来的开支、作战器械的费用、修理武器和车辆的花销，每一天都要达到一千金之巨，然后，十万大军才能出动，开始投入战争。

——在《作战》篇的第一段话中，孙子讲的就是战争和经济财政的关系，就是打仗打的实际上是金钱和物质经济资源的消耗。当然，在中国古代社会，在春秋时期，每打一场战争不一定总是像孙子所说的那样，需要“驰车千驷，革车千乘，带甲十万，千里馈粮……日费千金”，但是，一场战争要是真的打起来，长

期地进行下去，金钱和国家物质资源的消耗毕竟是相当惊人的！与孙子处于同一历史时期的管子在《管子·参患》篇中就说过："一期之师，十年之蓄积殚；一战之费，累代之功尽。"墨子在《墨子·七患》中也说过："食无备粟，不可以待凶饥；库无备兵，虽有义，不能征无义。"孙子、管子、墨子说的都是战争与国家经济的关系，是打仗打的实际上是国家财政、物质经济资源消耗的大道理。

在《作战》篇的第一段话中，孙子讲的不仅是战争与国家经济财政的关系，而且，还是"战争准备的活动"对"战争本身的活动"的影响和制约关系；如果一个国家在和平时期的经济建设搞得好，兵员充足、武器装备先进、军队训练有素，一旦发生战争，显然，就容易打败另一个国家的经济建设搞得不好，兵员不足、武器装备落后、军事训练差的军队。恩格斯在《反杜林论》中说过："暴力的胜利是以武器的生产为基础的，而武器的生产又是以整个生产为基础，因而是以'经济情况'，以暴力所拥有的物质资料为基础的"；"没有什么东西比陆军和海军更依赖经济前提。装备、编成、编制、战术和战略，首先依赖于当时的生产水平和交通状况。"①

孙子早在两千五百年以前就能认识到打仗归根结底打的是金钱，是物质经济资源的消耗，认识到和平时期"战争准备的活动"对战争时期"战争本身的活动"有制约作用，认识到国民经济搞得好坏，对战场上军队的胜负能够起到基础作用，这是很深刻的思想，是非常了不起的！我国台湾《孙子兵法》的研究者钮先钟先生对孙子的有关论述评价很高，他说："孙子可能是全世界上第一位注意到战争与经济有密切关系存在的思想家。"②

---

① （德）恩格斯：《反杜林论》，见《马克思恩格斯选集》，第三卷，第277～278页。

② 钮先钟：《孙子三论》，第20页，桂林，广西师范大学出版社，2003。

二、孙子论战争与国家经济、政治三者之间的关系——一个国家不可以长期地处于战争状态

【原文】 **其用战也胜，久则钝兵挫锐①，攻城则力屈②，久暴师则国力不足。夫钝兵挫锐，屈力殚货③，则诸侯乘其弊④而起，虽有智者，不能善其后矣。故兵闻拙速⑤，未睹巧之久也。夫兵久而国利者，未之有也。故不尽知用兵之害者，则不能尽知用兵之利也。**

【注解】 ①钝兵挫锐：指军队疲惫，锐兵被挫伤。②力屈：指军力被耗尽。③殚货：国家的经济财政枯竭。④弊：发生危机。⑤拙速：不灵巧而迅速。

【述评】 在《作战》篇的第一段话中，孙子是站在“国家战略”的高度，论述战争与国家经济财政的关系，是告诉国君，打仗打的是金钱、物质经济资源的消耗；而在《作战》篇的第二段话中，他同样是站在“国家战略”的高度，告诉国君必须注意以下三个问题：其一，战争不仅与国家的经济财政有密切的关系，而且与国家政治也有密切的联系；其二，一个国家如果长期地处于战争状态，不断地打仗，在经济上就会导致国力不足，进而在军事上就会引起军事实力不足，在战场上受到挫折，发生政治危机；其三，所以，一个国家不可以长期地处于战争状态，打仗有利也有弊，不能只看其利，不看其弊。

孙子在论述上述三个问题时，使用的是中国古代朴素的逻辑推理，逻辑推理步步深入，有很强的说服力。他是这样进行逻辑推理的：第一，（既然打仗打的是金钱、国家物质经济资源的消耗，一个国家就不可以长期地处于战争状态，因为）打仗的目的是为了赢得战争的胜利，如果国家长期地陷入战争、打仗，物质经济资源不断地消耗下去，就会影响到军队的军事实力、挫伤军队的锐气，在“攻城”的暴力战斗中把战斗力耗尽。第二，既然长期地处于战争状态会导致国力不足，在军事上受到挫折，那么，周围的其他国家就会利用我国出现的经济、军事危机，纷纷

起而对我国发起进攻，到了那时，我国即使有再高明睿智的贤君良将，也难以挽救国家陷入的政治危机了。第三，所以，我孙子只听说过用不灵巧而迅速的作战手段和方法，取得战争胜利的，没有见过总是用要花样子的方法能够长期把仗打下去的。那种长期地打仗而又对国家有利的事，是从来没有过的。因此，不完全了解战争对国家有害的人，也就不可能完全了解战争对国家有利。

——在中国古代社会，孙子不但能够发现战争与国家经济财政有密切的联系，而且，能够发现战争与国家政治也有密切的联系，他的这种经济、政治、军事三者息息相关，能够发生相互影响的论述，包含有构成一个国家中的种种战略要素有关联性、整体性的辩证思维，也包含有朴素的经济基础决定政治的上层建筑和军事的历史唯物主义的合理猜测，是非常可贵，值得我们肯定，继续进行研究的。

此外，孙子作出的“兵闻拙速，未睹巧之久也”的著名论断，应当说也是基本正确的。我国有《孙子兵法》的研究者把孙子说的这句话，理解成孙子只是主张在军事上打“速决战”而反对打“持久战”，我认为这样理解孙子的话，并不符合孙子的本意。因为孙子是站在“国家战略”的高度论述战争与国家经济、政治、军事三者之间关系问题的，也是站在“国家战略”的立场上，提出“兵闻拙速，未睹巧之久也”这个论断的，换句话说，孙子在提出“兵闻拙速，未睹巧之久也”这个论断时，讲的是“国家战略”而不是“军事战略”，更不是“作战战略”问题，我们不应当只是用单纯的“军事”观点，更不应当用单纯的“作战”观点主观、片面地理解孙子的“国家战略”理论。

三、国君和统兵之将必须掌握的军事后勤原则

【原文】 **善用兵者，役不再籍①，粮不三载②。取用于国，因粮于敌，故军食可足也。**

【注解】 ①籍：征集兵员和让老百姓服劳役。②载：运送，运输。

【述评】 孙子认为，既然战争与国家的经济、政治有密切的联

系，打仗打的实际上是金钱、物质经济资源的消耗，那么，指导战争的国君和统兵之将，不但要注意国家不能长期地处于战争状态，以免使得国家出现经济危机、军事危机、政治危机，而且，还要注意在战争开始以后，必须要掌握这样几个军事后勤原则：一是从老百姓那里征募兵员、服劳役的活动，只能搞一次，而不能搞两次；二是供给前方军队使用的粮食运输活动也只能搞两次，而不能搞三次；三是战争中的物质资源需要，主要靠本国供给，但粮草的日常消耗，还要设法在敌国就地解决而不能全部依靠本国国内，只有这样处理，军队的后勤物资供应需要才能得到满足。

显然，孙子在这里提出的三条军事后勤原则，都和国家经济有关，其精神实质，都是在进行战争时，要设法减轻国家的经济负担。这些军事后勤原则，既是国君带领文武百官在进行“庙算”、制定战争计划时要掌握的“国家战略”原则，也是统兵之将在实施、贯彻战争计划时，要在战争中注意遵循的“军事战略”原则，这些军事后勤原则已经超出了单纯的“作战战略”范畴。

此外，我们还要注意到孙子在论述“役不再籍，粮不三载。取用于国，因粮于敌”的军事后勤原则时，所说的大前提是“善用兵者”，所以，孙子在这里所说的“善用兵者”中的“兵”字，指的就不只是战争时期、战场上的“作战活动”，而是包括“战争准备的活动”和“战争本身的活动”的一个“广义的战争”即“大战争”；而他所说的“善用兵”，不是仅仅指战争时期、战场上的“作战方法”即“狭义的战争艺术”，而是一种包括和平时期和战争时期两个时期在内的“广义的战争艺术”即“大战略”。

四、孙子论战争与国家经济、政治、民生四者之间的关系——战争旷日持久地进行下去，还会造成“百姓贫”和“国之贫”的严重后果

【原文】 **国之贫于师者远输，远输则百姓贫。近于师者贵卖，贵卖则百姓财竭，财竭则急于丘役①。力屈、财殚，中原②内虚于**

家。百姓之费，十去其七；公家之费，破车罢马[3]，甲胄矢弩[4]，戟楯蔽橹[5]，丘牛大车[6]，十去其六。

【注解】 ①丘役：赋税徭役。②中原：国内。③破车罢马：战车被损坏，战马疲劳生病。④甲胄矢弩：护身的铠甲，头盔，箭，发箭的弓。⑤戟楯蔽橹：指古代各种进攻和防御的兵器。⑥丘牛大车：指辎重车辆。

【述评】 孙子认为，战争不仅与国家的经济、政治有密切的联系，而且，还与民众的生活、老百姓的切身利益有紧密的联系，他实际上认为战争与国家经济、政治、民生这四者之间会发生相互影响、相互作用。他的结论是：如果战争旷日持久地进行下去，必然会造成民生凋敝、老百姓的日常生活陷入困境，进而引起国家的经济财政发生危机等一系列严重后果。

在论述战争与经济、政治、民生四者之间的关系时，孙子使用的也是中国古代朴素的逻辑推理，推理步步深入，有很强的说服力。在《作战》篇的第四段话中，他是这样进行逻辑推论的：首先，长期地进行战争之所以会使一个国家陷于经济财政贫困的局面，远道运输前方战斗部队所需要的物资是一个重要的原因（因为远道运输这些物资，要征集众多的老百姓参与，这些老百姓都脱离了正常的生产劳动），所以，必然会导致老百姓的生活陷于贫困。其次，再加上靠近军队活动的地区物价飞涨，使得民众的财富枯竭，可是老百姓的财富越枯竭，国家为了把战争继续进行下去，却反而不得不加紧向民众增加赋税和增加徭役（如此，便形成了一种恶性循环），国家的财政就会越来越吃紧，军队的战斗力就会越来越疲弱，国库就会变得空虚，国内家家户户也会变得空虚。在战争中，全国百姓的财富会损失十分之七，国家的财富，由于要解决战车的损坏、兵器装备战具的损耗、辎重车辆的损坏等问题，也要损失十分之六。

——不但能够把战争与国家的经济、政治联系起来进行考察，而且，能够把战争与民生问题联系起来进行考察，认为国家的经济财政状况与老百姓的日常生活状况息息相关，民众的经济贫富乃是国家经济贫富的基础，也就是把战争与国家经济、政治、民生四者看作是一个彼此紧密地相互关联、相互影响、相互作用的有机整体，通过综合分析来论说战争不可以持久进行下去的理由，这是孙子战争和战略理论的一个耀眼的亮点，是西方战争和战略理论中所缺乏的内容。

五、统兵之将在战争中必须掌握好的军事后勤原则和军事奖励政策

【原文】 **故智将务食于敌，食敌一钟[①]，当吾二十钟；萁秆[②]一石，当吾二十石。故杀敌者，怒也；取敌之利者，货[③]也。故车战，得车十乘已上，赏其先得者，而更其旌旗，车杂而乘之，卒[④]善养之，是谓胜敌而益强。**

【注解】 ①钟：古代的容量单位，一钟是六十四斗。②萁秆：喂战马和牛吃的饲料。③货：用财货奖励将士。④卒：敌军那方面被俘虏过来的士卒。

【述评】 孙子认为，既然战争与国家经济、政治、民生有相互紧密关联的利害关系，那么，在战争发生以前，在国君带领文武百官制定战争计划时，不仅要注意不能让战争长期地进行下去，以免让国家陷入经济、军事和政治危机，而且，在战争发生以后，带领军队在战争时期和战场上作战的统兵之将，也要注意掌握好有利于国家经济、政治、民生的军事后勤原则和奖励政策。在《作战》篇的第五段话中，孙子便告诫统兵之将：

在战争时期，一定要尽量从敌人那里攫取本国军队所需要的粮食，从敌人那里攫取粮食一钟，相当于从本国运来粮食二十钟，会大大地节省本国运输粮食的成本；从敌人那里获得供给战马和牛食用的饲料一石，相当于从本国运来的饲料二十石。（除了要贯彻这样的军事后勤原则以外，还要实行这样的军事奖励政策）一方面要激发起我军将士对敌人的仇恨，督促他们在战场上勇敢杀敌，另一方面，又要奖励那些攫取敌军物

资装备的军人。凡是在车战中能够缴获敌车十辆以上的人，就要奖赏那个抢先获得者，然后，注意更换车上的战旗（就是把敌车上的战旗，更换成我军的战旗），把更换了战旗的车辆和我军原有的车辆混合编组，为我军使用，还要好好地对待、使用俘虏，以充实我军的实力。只有贯彻、实施好这样的后勤原则和奖励政策，才能叫作战胜敌人又壮大发展自己。

——从孙子在《作战》篇第五段话中论述的内容，我们可以发现，**他并不是从单纯的军事作战角度看待战争问题的，而是从战争与国家经济、政治、民生有紧密的关联之处，亦即从“国家战略”的全局高度看待战争**的——他之所以说“食敌一钟，当吾二十钟；萁秆一石，当吾二十石”，是因为如果在战争中贯彻、实施这样的军事后勤原则，能够大大地减少国家的财政开支和老百姓的负担；他之所以说“车战，得车十乘已上，赏其先得者”，也是因为在战争中如果贯彻、实施这样的军事奖励政策，可以节省武装自己一方军队的经济成本，对国家和民众有利。至于“车杂而乘之，卒善养之，是谓胜敌而益强”，实际上，也就是自《孙子兵法》产生两千多年后，中国革命军队里常常说的“化敌为我”和“以战养战”的一系列对敌斗争的方针政策。这些方针政策都是以《孙子兵法》为代表的中国兵家和兵学的优良传统，在西方战争和战略发展史上，很少见有这样的理论和实践。

值得注意的是，在《作战》篇的第五段话中，孙子还把能够贯彻、实施“务食于敌”原则的统兵之将，称为“智将”，而在《孙子兵法》十三篇中，“智将”这种称呼只在《作战》篇中出现过一次。那么，什么叫作“智将”呢？

据我的理解，孙子虽然在《孙子兵法》的第一篇《计》里，在论述构成战争的五大战略要素即“道”“天”“地”“将”“法”时，认为“将”必须具备有“智”“信”“仁”“勇”“严”所谓“五德”，但是，孙子在《作战》篇第五段话中所说的“智将”，绝不是说统兵之将必须要有“智慧”的意思，而是说，统兵之将必须有“大智慧”，即必须有“政治”头脑，要了解战争与国家经济、政治、民主有密切的联系。孙子实际上认为，只有了解战争与国家经济、政治、民生有紧密联系的统兵之将，才能够在战争中比较自觉地贯彻、实施那些有利于国家、民众的后勤原则和奖励政策。换言之，孙子是把具有“国家战略”眼光、有“政治”头脑的将领，叫作“智将”，“智将”是孙子对有“政治”头脑的统兵之将的一种美称。

六、孙子论“兵贵胜，不贵久”的“国家战略方针”

【原文】 **故兵贵胜，不贵久。**

【述评】 这是孙子在《作战》篇中所作出的第一个重要结论，也是他提出的一条“国家战略”方针。

“贵”在中国古代社会是表示“价值”的概念。孙子认为战争贵在赢得胜利，而不贵在进行得长久，也就是认为战争的方法，必须为赢得打仗的胜利目的服务；如果战争打得旷日持久，必然会影响打仗的胜利目的的初衷，失掉打仗的价值。这是他在《作战》篇中的画龙点睛之笔，是他在总结中国古代战争的丰富经验教训以后，所得出的一条非常重要的战略结论。在制定战争计划和实施战争时能否贯彻这条“国家战略”方针，涉及一个国家的经济、政治、民生各个领域，涉及一个国家的生死命运。

孙子在《作战》篇中提出的“兵贵胜，不贵久”还包含有更深刻的“国家战略”内容，即孙子不仅认识到了战争对一个国家既可能有利，也可能有害，而且，已经认识到了国家经济作为战争的“手段”在战争中具有基础作用；战争假如旷日持久地进行下去，必然会伤及一个国家的经济基础，这样的战争就只有害而没有利可图，失去了打仗的价值。

孙子在《孙子兵法》中提出的“兵贵胜，不贵久”的“国家战略”方针，是值得我们继续进行深入研究的。在《孙子兵法》产生两千多年后，即 20 世纪 80 年代末，针对当时的美国和苏联的军备竞赛愈演愈烈，世界大国创造的经济财富投入军事领域过少，会危害国家的安全，而投入军事领域过多，又会造成经济下滑，同样会危及国家安全之各国政治家、战略家、军事家们的困惑，美国当代战略学家保罗·肯尼迪发表了著名的《大国的兴衰》。他考察了世界近现代500年来众多国家领导人制定和实施“国家战略”的成败得失、经验教训，以及大国兴衰的原因、普遍规律。保罗·肯尼迪认为，近500年来曾经成为世界大国的西班牙、葡萄牙、荷兰、法国、英国、苏联和美国之兴衰的原因和规律是：一方面，大国之兴，兴于这些国家领导人所制定和实施的“国家战略”之正确，兴于这些国家科学技术的发展、政治组织形式的有益变革，以及随之而来的经济发展，综合国力和军事实力的强盛。正是这些强大的实力，决定了这些国家在国际关系中处于领先大国的地位。但另一方面，正当这些国家居于领先大国的地位以后，这些大国的领导人又往往把国家的经济财富“过度”投入军事领域，寻求对外扩张，长期地打仗，于是必然又会使得经济财富发生短缺，综合国力下降，随之，整个国家地位下降而沦为一个弱国，甚至小国。所以，保罗·肯尼迪认为，大国兴衰的关键在于“国家战略”的好坏，在于国家创造的经济财富能否“适度”地投入军事领域。总之，要想避免国家衰落，就必须避免过度地进行对外扩张、长期地打仗。

实际上，两千多年前的孙子在《孙子兵法》的《作战》篇里，早已阐述过与保罗·肯尼迪相类似的战略思想。孙子在《作战》篇中的辩证思维很鲜明：一方面，他强调一个国家在准备战争，开始进行战争时，必须具备强大的经济财政实力，没有强大的经济、军事实力就无法发动或应付战争，就不可能赢得胜利；另一方面，他又强调在战争中必须注意节省使用经济财政开支，掌握好有利于国家的军事后勤原则和奖励政策，特别是注意不要把战争搞得旷日持久，否则，一个国家就会发生经济危机、军事危机、民生危机甚至政治危机，后果将不堪设想。

七、“知兵之将”在国家中的重要地位

【原文】 **故知兵之将，生民之司命①，国家安危之主也。**

【注解】 ①司命：中国古代天文学的星名，这里是指掌握命运的主人。

【述评】 这是孙子在《作战》篇中作出的第二个结论。值得注意的是，孙子在这里所说的，并不是一般的统兵之将，而是“知兵之将”，“知兵之将”在《孙子兵法》中也只是在《作战》篇里出现过一次。那么，什么叫作“知兵之将”呢？孙子决不会无缘无故地在“将”之前再加上“知兵”二字。

据我的理解，所谓“知兵之将”，也就是孙子在《作战》篇第五段话里所说的“智将”，即有“政治”头脑，有“大智慧”，懂得战争与国家经济、政治、民生有联系，既懂军事，又懂政治的统兵之将。这种统兵之将既熟悉军事，会打胜仗，又知道为什么要掌握好有利于节约国家经济开支的军事后勤原则，能够在战争中自觉地贯彻、实施“务食于敌”和“卒善养之”的政策。孙子认为，只有这样的统兵之将，即既有“国家战略”、“政治”头脑，又能打胜仗的统兵之将，才能够成为掌握国家的安危和民众命运的主人。

还值得注意的是，孙子在这段话中所说的“知兵”中的“兵”字，也不是一个小概念、小范畴，而是一个大概念、大范畴；在这里，“兵”不仅包括有“军事”“军队”“战争”“作战”“作战艺术”等含义，更包括有国家经济、政治、外交等内容或成分的“大战争”“大战略”的含义。

【《作战》篇内容提要】

综上所述，孙子在《孙子兵法》的第二篇《作战》中，先后论述了七个方面问题：①打仗打的是金钱和物质资源消耗，即战争与国家经济的关系；②一个国家不可长期地处于战争状态，即战争与国家经济、政治三者之间的关系；③国君和统兵之将必须掌握的军事后勤原则；④战争旷日持久地进行下去，会造成“百姓贫”和“国之贫”的后果，即战争与国家经济、政治、民生四者之间的关系；⑤统兵之将在战争中必须掌握好的军事后勤原则和军事奖励政策；⑥“兵贵胜，不贵久”的“国家战略”方针；⑦“知兵之将”在国家中的重要地位。

我认为，孙子在《作战》篇论述的战争与国家经济、政治、民生关系的内容，也应当属于他的战争观里的重要组成部分。换句话说，在孙子的战争观里，除了他自己所说的构成战争的“道”“天”“地”“将”“法”这五大战略要素之外，“经济”“政治”“民生”也是构成战争的重要战略要素，只不过孙子没有把这些重要的战略要素放在同一篇中讲罢了。也正因为如此，应该说，孙子在《作战》篇中讲的内容，乃是对《孙子兵法》第一篇《计》中所论述的战争观和方法论的深化和补充。

可以用下面的话，来概括《作战》篇的主要内容：

“本篇同样从‘国家战略’的高度，论述了战争对一个国家可能有利，也可能有害；论述了如果战争打得旷日持久，必将导致国家财政枯竭、军事实力耗尽，百姓生活贫困，进而危及国家政治的严重后果。在揭示了国家经济、政治、军事、民生四者关系的基础上，孙子提出了‘兵贵胜，不贵久’的‘国家战略’方针，以及‘因粮于敌’等军事后勤原则和奖励政策，强调了‘知兵之将’在国家和民众生活中的重要地位。

“本篇内容是对《计》篇所论述的战争观和方法论的深化和补充。孙子提出的‘兵贵胜，不贵久’实际上是一条‘国家战略’方针，包含有战争的手段和方法必须服从胜利目的的思想，具有中国传统兵学的特色。”

第三篇《谋攻》　孙子的“大进攻”理论

在《孙子兵法》十三篇中，非常重要、很有战争和战略学理论研究价值的是前四篇；而在前四篇中，内容最奇特而理论深刻，最值得我们仔细研究的，又是其中的后两篇，即《谋攻》和《形》。因为在《孙子兵法》的第三篇《谋攻》和第四篇《形》中，孙子论述了中国古代朴素而深刻的“大战争”（广义的战争）和“大战略”（广义的战争艺术）理论，亦即“大进攻”（广义的进攻）和“大防御”（广义的防御）理论。

孙子在世界战争和战略理论发展史上首创的“大战争”“大战略”理论，比西方现代战略学家、英国的利德尔·哈特在他撰写的《战略论》中提出的“大战争”“大战略”理论，早诞生了两千多年。**在《孙子兵法》产生之后两千多年的1946年，利德尔·哈特在总结了两次世界大战经验教训的基础上，特别是在吸收了中国《孙子兵法》中有关“大战争”和“大战略”的思想资料的基础上，才撰写出了世界名著《战略论》，才使得整个西方的战争和战略理论发生了一种大变化，使得现代“大战争”“大战略”理论成为了以美国为首的西方国家治国安邦的国策。**① 因此，孙子在《孙子兵法》的《谋攻》篇和《形》篇中论述的内容，是需要我们认真、仔细地加以研读的。

在这一节，我便讲解《谋攻》篇，首先解释一下这一篇的篇名。

【篇名】

什么叫“谋攻”呢？《说文解字》对“谋”的解释是“虑难曰谋”，对“虑”的解释是“谋思也”，所以，“谋”是“使用智慧，深入思考”的意思；而《说文解字》对“攻”的解释是“攻，击也”，故“攻”含有“主动进攻”的意思。因此，“谋攻”二字合起来使用，则是“使用智慧，主动进攻”的意思。显然，“使用智慧，主动进攻”所强调的重点，并不是一般的军事作战进攻，而是在进攻时，要动脑筋、多用智慧（“虑难”），必须主动地对敌人发起进攻。我们仅仅从《谋攻》这一篇的篇名，就立刻可以察觉到孙子在《孙子兵法》中所说的“谋攻”，与统兵之将在战争时期、战场上率领军队只用流血的暴力手段进攻敌人不同，是与一般的军事作战进攻有很大区别的。

那么，孙子在《谋攻》篇里所说的“谋攻”又是怎样的一种进攻呢？怎样的进攻才算是使用智慧，主动地进攻敌人呢？

---

① 请参见本书作者的长篇论文《利德尔·哈特‘大战略’理论的实质内容及历史地位》，载于《中国军事科学》杂志2006年第3期。

从孙子在《谋攻》篇中对“谋攻”所作的全部论述看，“谋攻”至少有下述三个方面重要的内容和特点：

第一，“谋攻”的第一个特点是要对敌人主动发起进攻，换句话说，这种进攻战从和平时期就开始了，又贯穿于和平时期和战争时期之两个时期，而且，指导这种全时期进攻战的主角并不是统兵之将，而是一国的国君、国家的最高领导人。

因为从孙子对“谋攻”的全部论述看，所谓“谋攻”，并不是那种仅仅发生在战争时期、战场上的军事进攻，不仅仅是统兵之将带领军队对敌军实施的暴力作战进攻；而是一国之君、国家的最高领导人带领全国的军民对敌对国家实施的全时期、全领域、全手段的全面进攻即总体进攻，这种进攻战要贯穿在和平时期和战争时期两个时期。所以，指导这种总体进攻战的主角并不是统兵之将，而是一国之君。所谓“谋攻”，实际上也就是“国家战略”性质的对敌全局性进攻，应该叫作“大进攻”。

第二，“谋攻”的另一个特点是在全时期全领域的进攻战中要使用各种手段，不但要使用军事暴力手段，而且，要使用非军事暴力手段，要对敌国展开使用各种手段的全面战争、总体战。

孙子在《谋攻》篇中非常明确地把“谋攻之法”称为“全争”。他说：“必以全争于天下，故兵不顿而利可全，此谋攻之法也。”所谓“全争”，实际上也就是在同敌国争天下的过程中，必须使用非军事暴力手段和军事暴力手段在内的各种手段、综合手段、全部手段，这正如孙子在《谋攻》篇中自己所说的那样：“上兵伐谋，其次伐交，其次伐兵，其下攻城”，亦即进攻战不仅要贯穿于和平时期和战争时期两个时期，而且，必须在谋略、外交、军事、暴力等各个斗争领域里全面展开，对敌对国家进行全面的、总体的斗争。所以，孙子所说的“全争”和“谋攻之法”，实际上也就是西方军事学家、战略学家们在《孙子兵法》产生两千多年后所说的“大战争”(广义的战争)和“大战略”(广义的战争艺术)。

第三，“谋攻”还有一个重要的特点，那就是“大进攻”的进攻战一般要分两个阶段进行。

从孙子在《谋攻》篇中所作的全部论述看，他所说的“全争”即“大进攻”的进攻战，一般要分两个阶段进行：第一阶段，一国之君要领导全国军民从和平时期开始，便在谋略、外交、军事等领域，主动地对敌对国家展开斗争和进攻，力图用兵不刃血的非暴力的手段、方法削弱敌国的综合国力，迫使敌国服从我国的意志；用孙子自己的话来说，也就是要力图达到“不战而屈人之兵”的理想结果。第二阶段，如果敌国在自己的综合国力被大大削弱的情况下，仍不屈服，那么，我国再使用以军事暴力为主要手段的方法对敌国实施进一步的进攻。孙子认为，对敌国采用这种分两个阶段进行“大进攻”“全争”的优越性是“兵不顿而利可全”，也就是说，既可以减少我国因为一味地使用单纯的军事暴力手段进攻敌人，从而造成敌我双方大量人力、物力、财力的损失、浪费，又可以达到使敌国屈服，使我国在这种“大战争”“大进攻”中攫取最大利益的目的。

由此可见，孙子在《谋攻》篇中所阐述的“大进攻”理论的总特点，不再是像使用单纯的军事暴力手段进攻敌人那样，只是把赢得战争胜利的希望和重点放在战争时期、战场上，而是使用非军事暴力和军事暴力相结合的综合手段，把赢得战争胜利的希望和重点放在了和平时期；但与此同时，又并不放弃在战争时期、战场上使用军事暴力。至于孙子在《谋攻》篇里所说的“不战而屈人之兵，善之善者也”，只不过是“大进攻”的第一阶段所要争取达到的理想结果。可是，“不战而屈人之兵”的“不战”，只意味着不使用暴力手段，而使用非暴力手段以达到“屈人之兵”的战争目的；如果使用非暴力手段而达不到“屈人之兵”的战争目的，那么，“大战争”便进入了它的第二阶段，在“大战争”的第二阶段，才使用以军事暴力为主要手段的方法进行战争，以达到“百战百胜”，使敌国彻底屈服于我国的战争目的。

实际上，在孙子以前和孙子以后的一些中国兵家的著名著作中，也都表述过与《孙子兵法》中相类似的这种“大战争”和“大战略”思想，其中，有的主张用非军事暴力手段赢得战争的胜利；有的主张用政治手段、军事威胁手段、军事暴力手段或者多种手段结合起来的方法赢得胜利；还有的明确地论述了用暴力手段取胜不如用非暴力手段取胜。例如：

在孙子以前，在《逸周书·柔武》中，就有“善战不斗”的说法。

在孙子以后，《尉缭子》中有这样的话：“凡兵，有以道胜，有以威胜，有以力胜”；“兵有胜于朝廷，有胜于原野，有胜于市井”；“不暴甲而胜者，主胜也；陈[阵]而胜者，将胜也”；“曲胜，非全也”；“曲谋败国”。①《管子·兵法》里有这样的话：“至善不战”。《六韬》里也有这样的话：“上战无与战”；“全胜不斗，大兵无创……无甲兵而胜”；“夫先胜者，先见弱于敌而后战也，故事半而功倍也”。②

在孙子以后，著名的《唐太宗李卫公问对》中也有这样的话：“有国有家者，曷尝不讲攻守也”；“吾谓‘不战而屈人之兵’者，上也；‘百战百胜’者，中也；深沟高垒以自守者，下也，以是较量，孙武著书，三等皆具焉”。③

由此看来，无论是在孙子以前还是在孙子以后，中国的一些著名兵书中，都阐述过与《孙子兵法》中的《谋攻》篇里相类似的“大战争”和“大战略”的思想。这些思想的共同特点，都是认为打仗的手段不能只限于军事暴力手段一种，打仗的时间和空间也不能只限于战争时期和战场上，赢得战争胜利的手段和方法具有多样性和层次性、阶段性，用非暴力的种种手段取胜比

① 见《武经七书》，第198、210、221页，北京，中华书局，2007。

② 见《武经七书》，第597、615页。

③ 见《武经七书》，第390、428、429页。

用单纯的军事暴力手段取胜于敌更有优越性，亦即都有一些“大战争”“大战略”思想，但是，这些著作中的论述都不如孙子在《孙子兵法》的《谋攻》篇里阐述得那样明确、深刻而系统。了解这些兵学著作中的种种说法，很有助于我们正确地理解孙子在《谋攻》篇中所论述的“大进攻”理论。

下面，我就分七个小专题，述评孙子在《谋攻》篇中阐述的内容。

一、只要能够赢得战争胜利，使用非暴力手段和暴力手段都是好的战争方法，但是，使用非暴力手段赢得战争胜利才是最好的战争方法

【原文】 **孙子曰：凡用兵之法：全国为上，破国次之；全军①为上，破军次之；全旅②为上，破旅次之；全卒③为上，破卒次之；全伍④为上，破伍次之。是故百战百胜，非善之善者也；不战而屈人之兵，善之善者也。**

【注解】 ①②③④军、旅、卒、伍是中国古代军队的编制单位。旧说12 500人为军，500人为旅，100人为卒，5人为伍。

【述评】 在以上所引《谋攻》篇的第一段话中，孙子论述的主题是：为了达到战胜敌人或者说使敌人屈服于我方的战争目的，在战争中使用哪一种手段更好？

为了正确地理解这段话的精神实质和全部内容，有两个关键字的字义必须要首先弄清楚。这两个字就是“全”和“破”。《说文解字》对“全”的解释是“完也，纯玉”，即“一块完整的纯粹玉石”；而《说文解字》对“破”的解释是“石碎也”，即“把一块石头打碎”。由此看来，孙子在《谋攻》篇一开始所说的“全国”“全军”“全旅”“全卒”“全伍”，显然，就是不使用暴力手段而完整地拿下敌国、敌军、敌旅、敌卒、敌伍的意思；所说的“破国”“破军”“破旅”“破卒”“破伍”，就是使用暴力手段而打破、打败敌国、敌军、敌

旅、敌卒、敌伍的意思。

所以《谋攻》篇中第一段话之完整的意思就是，孙子说：在所有的战争方法中，都是以不使用暴力手段而完整地拿下敌国为上策，而以使用暴力手段打破、打败敌国为下策；以不使用暴力手段而完整拿下敌军为上策，以使用暴力手段打破、打败敌军为下策；以不使用暴力手段而完整地拿下敌旅为上策，以使用暴力手段打破、打败敌旅为下策；以不使用暴力手段而完整地拿下敌卒为上策，以使用暴力手段打破、打败敌卒为下策；以不使用暴力手段而完整地拿下敌伍为上策，以使用暴力手段打破、打败敌伍为下策。因此，无论是在国家对国家、军队对军队、旅对旅、卒对卒、伍对伍之各个不同等级的战争或者战斗中，通过使用暴力手段而打败敌人的斗争方法，即使赢得胜利达一百次，也不是好中最好的方法啊！只有不使用暴力手段而达到使敌人屈服于我方意志的斗争方法，才是好中最好的方法啊！

——我在本书《前言》中曾经说过，《孙子兵法》有“言简意丰”“文略而意深”的特点。著名哲学家冯友兰先生也说过：中国古代哲学家们的著述言论都很简短，习惯用名言隽语表达丰富而深刻的思想，著述的内容“明晰不足而暗示有余”，就像中国古代诗人创作的诗歌，“诗人想要传达的往往不是诗中直接说了的，而是诗中没有说的。照中国的传统，好诗‘言有尽而意无穷’。所以聪明的读者能读出诗的言外之意”①。冯友兰先生的这些看法，我非常同意。我认为，在《孙子兵法》的《谋攻》篇的第一段话中，也包含有很丰富的思想和“暗示”，有以下三个方面孙子没有直接说出来的“言外之意”，值得我们高度重视：

第一，孙子认为战争有高低大小不同的规模、层次和等级。

因为在《谋攻》篇的第一段话中，孙子按照从高到低，从大到小、从全局到局部的顺序，已经把战争明确地划分为五个不同的规模层次和等级，即“国家”级（“全国为上，破国次之”）、

---

① 冯友兰著，涂又光译：《中国哲学简史》，第10、12页，北京，北京大学出版社，1996。

“军”级（“全军为上，破军次之”）、“旅”级（“全旅为上，破旅次之”）、“卒”级（“全卒为上，破卒次之”）、“伍”级（“全伍为上，破伍次之”）。这五级战争，实际上也就是现代战争和战略学中所划分出的“大战争”“战争”“战役”和大、小“战斗”。只不过，身处中国古代社会的孙子，还没有用今天这样比较科学的战争和战略学语言表达出来。

第二，孙子有朴素但又明显的“大战争”和“大战略”思想。

因为孙子在《谋攻》的第一段话一开始，讲的就是“凡用兵之法”，讲的就是“所有的战争方法”或所有打仗的方法；然后，他紧接着就说：“全国为上”，意思是“以不使用暴力手段而完整地拿下敌国”，使敌国屈服于我方的意志为上策。这种以不使用暴力手段而完整地拿下敌国、迫使敌国屈服于我方意志的情形，按照我们现代人的理解，也就是敌我两国还处于和平时期，暴力战争还没有发生，敌我两国尽管进行了斗争，但是，在斗争中还没有使用暴力手段；可是，孙子却把这种还处于和平时期，敌我双方并没有使用暴力手段，但又迫使敌国屈服，最后把整个敌国拿下的情形，纳入了“用兵之法”即“战争方法”的范畴之中。这就足以说明，在孙子的心目中，“战争”不仅包括有战争时期，还包括有我们今天所说的和平时期；“战争”的手段不仅有军事暴力，而且还包括有非军事暴力。一句话，还在和平时期，不使军事暴力手段而仅仅使用非军事暴力手段，便把敌国拿下，迫使敌国屈服于我国的意志，这种情形也叫作“用兵之法”，也叫作“战争”。孙子所说的这种“战争”，不正是包括有和平时期和战争时期两个时期在内的“大战争”（广义的战争）吗？孙子所说的这种“用兵之法”，不正是使用包括有非军事暴力手段和军事暴力手段各种斗争手段在内的“大战略”（“广义的战争艺术”或者“广义的作战方法”）吗？由此看来，孙子在《孙子兵法》中所说的“战争”概念是很大的，其内涵也是很丰富的，它囊括了我们今天所说的“和平时期”和“战争时期”两个时期，包容了我们今天所说的非军事暴力手段和军事暴力手段的许多手段。而且，孙子认为无论在国对国、军对军、旅对旅，卒对卒、伍对伍之各种不同规模、大小、层次的战争战斗中，斗争的手段和方法都可以是丰富多彩、多样化的……因此，应该看到，孙子有朴素而明显的“大战争”和“大战略”思想。

第三，孙子之“大战争”“大战略”所追求的目的，当然是战争和战略的胜利。

在《谋攻》篇的第一段话中，孙子虽然通过在“大战争”（国家级）、“战争”（军队级）、“战役”（旅级）、大小“战斗”（卒级、伍级）中使用暴力手段而赢得战争胜利，以及不使用暴力手段的比较，从而得出了“百战百胜，非善之善者也；不战而屈人之兵，善之善者也”的结论，但是，他的全部战争和战略理论所追求的，毫无疑问，当然是战争和战略的胜利即“屈人之兵”。然而，我国当代却有一些《孙子兵法》的研究者，否认《孙子兵法》所追求的是战争以及战争和战略的胜利目的。例如，吴如嵩这样说：

“《孙子兵法》虽然是一部兵书，但是他的最高追求却不是战争，不是追求战争的胜利。它说：‘不战而屈人之兵’才是‘善之善者也’。”“孙子最理想的战略追求是‘不战而屈人之兵’”。“孙子关于用兵打仗最根本的指导思想是追求一个‘善’字。”①

我认为，吴如嵩以上这些说法，并非孙子的本意。因为，孙子在《谋攻》篇中所说的“百战百胜，非善之善者也；不战而屈人之兵，善之善者也”，本来包括有两层意思：第一层意思是，无论“百战百胜”还是“不战而屈人之兵”，只要是达到了“胜利”也就是“屈人之兵”的战争目的，都是“善”的，好的，无论是“百战百胜”还是“不战而屈人之兵”，首先都是战争或战斗，它们所追求的目的都是通过进行斗争而取得斗争的“胜利”也就是“屈人之兵”；第二层意思，孙子是在充分肯定无论是“百战百胜”还是“不战而屈人之兵”都是“善”的、好的这个大前提之下，当他在比较在战争中是使用暴力手段还是不使用暴力手段（而使用非暴力的手段）的时候，才认为“百战百胜，非善之善者也；不战而

① 吴如嵩：《〈孙子兵法〉的军事思想及现代价值》，载《光明日报》2007年3月22日，第10—11版。

屈人之兵，善之善者也”。因此，后面，孙子所说的“善”“不善”，好不好，他仅仅是就在战争中所使用的暴力手段和非暴力手段（使用其他手段）而言的。“手段”总要为“目的”服务。至于孙子的全部战争和战略理论的追求，最理想的战略追求或者最高追求，“关于用兵打仗最根本的指导思想”，毫无疑问只有一个，那就是“大战争”“战争”“战役”、大小“战斗”的“胜利”即“屈人之兵”！因此，这位《孙子兵法》的研究者怎么能够说《孙子兵法》的最高追求却不是战争，不是追求战争的胜利呢？这种似是而非的说法，显然，是混淆了孙子在《谋攻》中所说的非暴力“手段”和战争所要达到的“屈人之兵”的战争“目的”，亦即把孙子所说的非暴力的“手段”，看成了孙子战争和战略所追求的最终“目的”。

值得我们特别注意的是，正是因为当代一些《孙子兵法》的研究者严重地误解了孙子关于“不战而屈人之兵，善之善者也”原有的意思，即把“不战”（不打仗，不斗争）歪曲成了孙子所追求的战争和战略达到的“目的”，才一味地鼓吹《孙子兵法》竟然是一部宣扬“人道主义”“和平主义”进而追求实现“和谐世界”之著作，这种言论错误得离谱！

二、在“大战争”“大战略”的进攻战中，有哪些手段可供使用？而使用暴力手段为什么不好？

【原文】 **故上兵伐谋①，其次伐交②，其次伐兵③，其下攻城。攻城之法为不得已，修橹轒辒，具器械④，三月而后成；距闉⑤，又三月而后已。将不胜其忿而蚁附之⑥，杀士三分之一，而城不拔者，此攻之灾也。**

【注解】 ①伐谋：是指用计谋进攻敌人、敌国。②伐交：是指用外交进攻敌人、敌国。③伐兵：是指用军事手段进攻敌人、敌国。④修橹轒辒，具器械：指古代准备攻敌国城市用的、运土填塞城壕的四轮车等器具。⑤距闉：指为攻城而堆出的土山。⑥蚁附之：形容攻城时，将士们像蚂蚁群一样，爬土山和攻城的高梯。

【述评】 孙子在《谋攻》篇的第一段话中，主要论述的内容是在

“大战争”“大战略”的进攻战中，使用非暴力手段比使用暴力手段好。可是，为什么说使用非暴力手段比使用暴力手段好呢？非暴力手段有哪些呢？孙子在《谋攻》篇的第二段话中作了回答。他对在“大进攻”中应该使用的多种手段，按照从最好到最不好的顺序，作了一次系统的价值评估。所以，《谋攻》篇中第二段话的意思就是：

所以（在“大进攻”的进攻战中）用智谋进攻敌人是上策，其次是使用外交手段，再次是动用军队，最不好的进攻手段是使用军事暴力进攻敌国的城市（国都）。用军事暴力手段进攻敌国的城市，是万不得已时才使用的方法，因为要进攻敌人的城市，需要花费三个月的时间修造攻城用的大盾、四轮车，准备好各种攻城的器材；还要再花费三个月的时间在敌人城下构筑攻城用的土山；临到攻城之日，统兵之将见敌人的城市久攻不下，火冒三丈，驱使将士们像蚂蚁群那样爬梯子和土山，蜂拥而上，可是，即使将士们在这样的进攻战中伤亡了三分之一，敌人的城市还不一定能够攻得下来，这样的进攻战简直就是一场灾难啊！

——由此看来，孙子认为在“大战争”“大进攻”中，最好的进攻手段首先是用“智谋”（不动用军队和武力）取胜；其次是“伐交”，用外交手段进攻敌国（也不动用军队和武力）；再其次是“伐兵”，使用军事手段，动用军队（但不一定发生暴力冲突，可以只是用军事手段来威胁敌人）；最坏的方法是使用军事暴力的手段“攻城”，因为在攻打敌人的城市时，敌我双方都要把战争暴力发挥到最大、最激烈的程度。孙子说：“攻城之法为不得已。”西方战略学家利德尔·哈特在《战略论》中也说过：“‘攻城’是最为不利的一种战斗方式。”①那么，为什么说“攻城之法为不得已”“‘攻城’是最为不利的一种战斗方式”呢？那是因为，敌人之城在中国古代一般就是敌国的“国都”“首都”，乃是敌人最大、最后的防御堡垒。敌国的“城市”“国都”一旦被攻取、陷落，则意味着整个敌国、敌人的族群全部要被消灭，所以，

① (英)利德尔·哈特：《战略论》，第49页。

“攻战”也就意味着敌我两国的“大战争”发展到了最后、最高的阶段，战争的暴力冲突已经达到了白热化、你死我活的地步！孙子说：“攻城”有三大问题：一是“攻城”的准备时间耗费长；二是“攻城”时，物质器械的消耗大，双方伤亡的人数多；三是敌人的国都还不一定能够攻得下来，即用极端的暴力手段同敌人斗争，最后的结果还不一定能够取胜（以后，孙子在《孙子兵法》的第十一篇《九地》论述“霸王之兵”的问题时，更明确地作了说明，我以后再具体评述）。所以，孙子把用军事暴力手段“攻城”看成是一场“灾难”，他说：“攻城之法为不得已……”

总之，孙子在《谋攻》篇的第二段话中，不但对“大进攻”的进攻战中的非暴力手段和暴力手段进行了一番系统的价值评估，而且，列举了中国古代进攻战中所使用过的“伐谋”“伐交”“伐兵”“攻城”等多种不同的具体手段和进攻方法。在这些丰富多彩的进攻手段和方法中，他认为以消耗敌我双方人力和物力最小、最少的非暴力手段为最“善”、最好，而以消耗敌我双方人力和物力最大、最多的暴力手段为最坏，后一种进攻战的手段、方法是国君和统兵之将在“不得已”的情况下才可以使用的。那么，孙子在《谋攻》篇中论述的这种“大进攻”理论说明了什么呢？这种“大进攻”理论的背后，隐藏有怎样的一种思想和价值观呢？

显然，孙子所阐述的这种“大进攻”理论，说明孙子有一种可贵的爱人、爱物和珍惜人、珍惜物的思想，有一种爱人、爱物和珍惜人、珍惜物的价值观，**而这种思想和价值观，实际上也就是中国古代儒家的代表人物孔子所说的“仁”、孟子所说的“亲亲而仁民，仁民而爱物”，从而，在战争和战略上表达了中国古代传统文化中的“仁”即“人道主义”的思想精髓**。孙子所提倡的“不战而屈人之兵，善之善者也”，不但是在战略上的一种求“真”（即追求人类社会中战争的客观历史发展规律）的战争哲学理想追求，一种求“善”的战争道德理想追求，同时，也是一种求“美”的战争美学理想追求。我们应该看到，自从孙子在两千五百年前提出这种包含有爱人、爱物和珍惜人、珍惜物思想的“大进攻”理论以来，实际上人类社会在战争与和平的征程道路上，一直在朝着孙子所追求的这种“真”“善”“美”的目标努力前进。同人类社会所经历的欧洲拿破仑战争和两次震惊世界人民的世界大战相比较，现如今世界上虽然战争还没有消亡，可是，大规模的暴力战争越来越少见，战争或者说“大战争”的重点，已经越来越向消耗人力、物力少的非暴力的和平时期转移。我们应该看到人类社会中战争与和平发展的这种有必然性的历史发展趋势。

三、孙子论“全争”（大战争）以及“全争”的优越性

【原文】 **故善用兵者，屈人之兵而非战也，拔人之城而非攻也，毁人之国而非久也。必以全争于天下，故兵不顿而利可全，此谋攻之法也。**

【述评】 这是《谋攻》篇中的第三段话，是孙子对他的“大进攻”理论所作的一个内容小结。这段话的意思是：

所以，善于打仗、讲究进攻方法的人，能够做到不使用暴力手段（非战）而使敌人屈服，能够做到不采取暴力进攻的方法（非攻）而拿下敌人的城市，能够做到不耗费旷日持久的时间（非久）而毁掉敌人的国家。而要想让进攻战达到如此的地步，就必须在与敌国争天下的过程中进行全面的斗争（大战争），只有对敌人进行全面的斗争（大战争），才既能达到使我国、我军的实力在进攻战中不受到大的挫折，同时，又能达到我方的利益得到保全的战争目的。所以，对敌国进行全面的斗争（“全争”即大战争）也就是使用智慧、主动进攻的方法（“谋攻之法”）。

——孙子在《谋攻》篇中所说的这段话，终于揭开了他所说的“谋攻”即“使用智慧，主动进攻”究竟是什么的谜底。那就是，所谓“谋攻”也就是“全争”，即对敌国进行“大战争”“大战略”“大进攻”；而孙子所说的“必以全争于天下，故兵不顿而利可全”，实际上说的是“大战争”“大战略”“大进攻”的优越性，那就是，这种“大进攻”进攻战的优越性在于，一个国家能够以最小、最少的人力、物力、财力的消耗，而赢得最大、最多的国家利

益。如果用利德尔·哈特在《战略论》中的话来讲，那就是：“最聪明的方法是选择和结合使用最有效的手段，以达到最适合、最深入和最经济的目的。换句话说，就是要使获胜的国家能以最小的军事消耗和最低限度的损失，来使敌人屈服，并争取在战后获得好的前途。如果获胜的国家自己也遭到惨重的损失，战后弄得精疲力竭，那么，即使获得最具有决定性的胜利，实际上也是没有任何价值的。”①

一言以蔽之，孙子在《谋攻》篇的前三段话中，所论述的内容实际上就是“大战争”“大战略”“大进攻”的问题。他不仅认为使用非暴力手段而使敌人屈服是最好的打仗方法，而使用极端的军事暴力手段“攻城”是一场灾难，而且认为，一个国家按照“伐谋”“伐交”“伐兵”“攻城”的先后顺序，如果使用非军事暴力手段能够达到“不战而屈人之兵”的战争目的，则最“善”、最好、最美、最理想；否则，如果使用非军事暴力手段达不到“屈人之兵”的目的，敌人不屈服，进入了战争时期的话，由于我国对敌国在和平时期使用了“伐谋”“伐交”“伐兵”等非暴力手段，敌国的综合国力在和平时期已经被削弱，那么，一旦进入战争时期，我国同国力被削弱的敌国进入以军事暴力为主要手段的战争，必然会减少暴力使用的程度，缩短暴力斗争所耗费的时间过程，节省战争双方的人力、物力、财力的消耗、浪费（“兵不顿”），增大、增加我国赢得战争的胜利、使敌对国家屈服的可能性（“利可全”）。

所以，很清楚，“谋攻”和“全争”仍然是战争，仍然属于战争的范畴，只不过是比单纯的、战争时期和战场上那种军事暴力战争的时间更加广泛，斗争的手段更加丰富多彩，谋略的水平更加高超的“广义的战争”即“大战争”和“广义的战略”即“大战略”而已。**这种“大战争”“大战略”“大进攻”的特点**：其一是把战争的时间，从单纯的战争时期扩大到了和平时期；其二是把战争的空间，从单纯的战场上，扩大到了敌我两国社会的各个

① （英）利德尔·哈特：《战略论》，第300页。

领域;其三是把斗争的手段,从军事暴力扩大到了还包括非军事暴力;其四是把操作战争、战略的主体,从统兵之将变成了一国之君、国家的最高领导人;其五是把战争和战略的“直接路线”扩大到了“间接路线”,也就是把用单一的军事暴力手段“消灭敌人军队”以赢得战争“胜利”的手段、目的,变成了“屈人之兵而非战也,拔人之城而非攻也,毁人之国而非久也”的手段、目的——可是,我们必须看到,孙子所说的“谋攻”即“全争”,其最高或最后、最终的目的,毕竟还是追求战争,是寻求“大战争”的胜利,是在政治上和军事上完成统一中国、实现“霸王之兵”的大事业(我以后在评述《孙子兵法》的第十一篇《九地》中会详加述评)。这也就是说,孙子的“谋攻”“全争”理论并不绝对地排斥战争暴力。

因此,总的看来,孙子的“谋攻”即“全争”理论的“**基本内核**”绝对不是像有些研究者所说的那样,是什么“和平主义”“人道主义”,什么只是为了“追求一个‘善’字”、追求建立一个“和谐世界”——但是,在孙子的“谋攻”即“全争”理论中,又确实包含有反对旷日持久地长期进行暴力战争,反对在战争中过度地使用军事暴力手段,反对在战争中造成双方的人力、物力、财力被大量消耗的“善”“仁”或“人道主义”的“合理内核”,而这个“**合理内核**”,则是我们今天应当加以肯定的。

也正因为孙子在《谋攻》篇里所论述的“大战争”“大战略”“大进攻”理论是基本正确的,在这个理论中包含有许多丰富而深刻的内容,在今天仍然有实用价值,所以,这个理论中的不少内容不仅被一些中国传统兵学名著继承下来,而且,受到了西方一些著名战略学家们的高度评价。例如,美国的现代战略学家约翰·柯林斯在《大战略》一书中,不但充分肯定了孙子“大战争”和“大战略”理论的正确性、合理性,而且,揭示了利德尔·哈特“大战略”理论的思想资料来源,正是中国的《孙子兵法》。柯林斯的原话是这样说的:“包括威胁、谈判、经济诈骗和心理战等内容的大战略,否定了自克劳塞维茨以来人们普遍的一种看法,即战争仅仅是‘为了达到战争目的而对战斗的运用’。相反，大战略的含义与利德尔·哈特的如下结论是完全一致的：‘真正的目的与其说是寻求战斗，不如说是寻求一种有利的战略形势。这种战略形势是如此有利，以至于即使它本身不能收到决定性的效果，那么在这个形势的基础上再打一仗，就肯定可以收到这种决定性的效果。’也许有人认为，这不完全是个新观点。孙子早已认识到：‘不战而屈人之兵，善之善者也。’”①

四、孙子论作战方法也有多样性，军事实力的大小决定作战方法

【原文】 **故用兵之法，十则围之，五则攻之，倍则分之，敌①则能战之，少则能逃之，不若则能避之。故小敌之坚，大敌之擒也。**

【注解】 ①敌：这里指兵力与敌人相同。

【述评】 在《谋攻》篇的前三段话中，孙子主要是从“国家战略”的高度，论述了“大战争”和“大战略”手段和方法的多样性，强调一个国家必须从和平时期开始，就要向敌国展开包括非军事暴力和军事暴力手段在内的“大进攻”即“谋攻”“全争”。而在上面所引用的《谋攻》篇的第四段话中，孙子则转而论述在“国家战略”之下的“军事战略”“作战战略”领域中的“作战方法”问题——他强调统兵之将在战争时期、战场上的“作战方法”也必须有多样性和灵活性，他反对在作战时只走军事上的“直接路线”，与敌军只是一味地硬打硬拼，所以，《谋攻》篇第四段话的意思则是：

（因为同敌军作战的方法必须有多样性）所以，打仗的方法是，我军的兵力如果是敌军的十倍，就可以使用围困敌军的包围战（迫使敌人不得不投降）；如果兵力是敌军的五倍，就可以使用进攻战、打败敌人；如果兵力是敌军的两倍，可以想办法首先把敌军的兵力分散开来（然后，集中我军的兵力，分别把敌人的兵力一部分一部分地消灭掉）；如果我军的兵力与敌军相等，

① （美）约翰·柯林斯：《大战略》，第47～48页。

也要设法战胜敌人；如果我军的兵力比敌军少，可以不打，逃走；如果不如敌军那么多，还可以暂时避免与敌人发生冲突，避开敌人（等待以后对我军有利的条件具备时，再同敌人展开战斗）。因为当我军的兵力比敌人弱小时，如果一味地同敌军硬打硬拼，那么，我军必然会成为强大敌军的俘虏。

——在以上这段话中，孙子实际上论述了两个方面互有联系的作战方法问题：一方面，战争中的作战方法并不是由统兵之将主观随意决定的，是统兵之将手中掌握的兵力大小，以及作战双方军事实力的强弱，决定了作战方法；在作战中究竟选择哪一种方法，有不以人的主观意志为转移的强迫性、必然性，如果不顾自己一方兵力弱小的实际情况，违背用兵的规律，同强大的敌军硬打硬拼，只能在战争中导致失败的结局。另一方面，作战的方法有多样性和灵活性，不可以千篇一律。当我军的兵力、军事实力比敌人强大或相同时，可以分别采用“围之”“攻之”“分之”“战之”的作战方法，而当兵力、军事实力比敌军弱小时，“逃之”“避之”也属于“用兵之法”的范畴。“逃之”“避之”的目的是为了保存我军的实力，避免全军覆没，以便以后具备了有利的条件和敌人再战，也就是说，凡是“用兵之法”必须服从最后战胜敌人的作战目的。这种“少则能逃之，不若则能避之”的作战方法，具有中国传统兵学的特色，在西方的著名军事学著作中就很少见有这样的内容和提法。

五、孙子全面论述国君与统兵之将的辩证关系

【原文】 **夫将者，国之辅也，辅周则国必强，辅隙[①]则国必弱。故君之所以患于军者三：不知军之不可以进，而谓之进，不知军之不可以退，而谓之退，谓之縻军[②]。不知三军之事，而同三军之政者，则军士惑矣。不知三军之权[③]，而同三军之任[④]，则军士疑矣。三军既惑且疑，则诸侯之难至矣，是谓乱军引胜[⑤]。**

【注解】 ①隙：有漏洞。②縻军：束缚军队。③权：权谋。④任：指挥。⑤乱军引胜：乱了自己的军队，导致敌军获得胜利。

【述评】 在孙子所论述的“全争”的进攻战中，有一个问题不容回避，那就是对敌国实施的“大进攻”要由一国之君来领导，无论在和平时期和战争时期都是如此，国君是指导“国家战略”进攻的主角。但是，如果在和平时期用非军事暴力手段达不到“不战而屈人之兵”的理想目的，而进入了战争时期，带领军队在战场上作战的统兵之将，会在“大进攻”中起到更加重要的作用，那么，国君与统兵之将的关系在战争时期又应当怎样正确地处理呢？这时，谁应该服从谁呢？

在《孙子兵法》的第一篇《计》中，孙子已经从整体上论述了国君与统兵之将之间应有的基本关系，也就是“国家战略”与“军事战略”的基本关系，他认为，在“大战争”中统兵之将必须服从国君，因为国君所操持的“国家战略”涉及“大战争”的全局，而统兵之将所操作的“军事战略”只涉及“大战争”的局部，统兵之将在战争时期、战场上所担负的军事总任务乃是“为之势”，以赢得作战胜利，而完成这个军事总任务，也是为了配合“大战争”全局的胜利而进行的（“计利以听，乃为之势，以佐其外”）。而在我上面引用的《谋攻》篇的第五段话中，孙子仍然强调在战争时期，总的来说，统兵之将要服从国君，可是，另一方面，他又认为，因为治国的规律与治军、作战的规律不同，各有各的特点，国君不一定懂得治军、作战的规律，因此，国君对于战争时期、战场上统兵之将的治军、作战工作又不应该过多地加以干预，否则，就会给统兵之将完成军事任务带来严重的危害。所以，《谋攻》篇第五段话的意思就是，孙子说：

统兵之将是辅佐国君的，辅佐得周全，国家必然强盛，而辅佐得有纰漏，则必然会导致国家衰落。所以（国君对统兵之将在战争时期、战场上的工作不能过分地加以干涉）国君过分地干涉统兵之将的工作，会给军事作战带来三种危害：一是国君并不了解战场上的实际情况，当军队不应当进攻时，国君却命令军队进攻，当军队不应当后退时，国君却命令军队退却，国君这样做，就叫作束缚了军队的手脚；二是国君并不了解军中的事务，却直接参与、干预军中的军政事务，那么，统兵之将的下属和士兵们就会迷惑、无所适从；三是国君并不掌握全军的军事战略谋划，却直接指挥军事行动，那么，统兵之将的下属和士兵们又会迷惑不解，无所适从。全军将士们都产生迷惑、疑虑（思想、行动得不到统一），那么，其他的国家就会乘机发难，我国的灾难就要降临了，这就叫作国君过分干涉军事事务，只会搞乱自己的军队，而帮助敌人取得胜利。

——国君与统兵之将的关系是战争中最重要的人事关系，即“国家战略”全局与“军事战略”局部的关系。在这个问题上，孙子既强调总的来说，统兵之将必须服从国君，局部性的“军事战略”必须服从全局性的“国家战略”，同时，又强调治国的规律与治军、作战的规律不同，国君对统兵之将的治军、作战不能过分干预，因为治军、作战的工作有一定的特殊性和独立性。所以，孙子在《孙子兵法》中对君将关系的论述是比较全面、辩证而合理的，是应该给予肯定评价的。

六、孙子论“知胜之道”

【原文】 **故知胜有五：知可以战与不可以战者胜；识众寡之用者胜；上下同欲者胜；以虞①待不虞者胜；将能而君不御②者胜。此五者，知胜之道也。故曰：知彼知己者，百战不殆③；不知彼而知己，一胜一负；不知彼，不知己，每战必殆。**

【注解】 ①虞：有准备。②御：驾驭、干预。③殆：失败、危险。

【述评】 孙子是很重视在战争中掌握作战规律的。他认为统兵之将如果在战争中不能认识并且掌握作战规律，就不可能赢得胜利。所谓“知胜之道”，也就是统兵之将在作战中应该认识和掌握的作战规律，在《谋攻》篇的最后一段话中，孙子论述了这个问题，这段话的意思是：

统兵之将在战争中应该了解并掌握的制胜规律有五个：知道在什么情况下可以同敌人作战、什么情况下不可以同敌人作战，容易取得胜利；知道自己手中掌握的兵力比敌人多，还是比敌人少，采用不同的作战方法，容易取得胜利；我军上上下下团结一致、同心协力，容易取得胜利；我军备战充分、周密，而敌人备战不充分，不周密，容易取得胜利；统兵之将的能力强，而又不受国君的过分干预，容易赢得作战胜利。以上五个，就是统兵之将应该了解并且掌握的作战制胜规律。所以说：要想在作战中做到一百次都不失败，就必须做到既了解敌人那方面的情况，又要了解自己这一方面的情况；不了解敌人那方面的情况，只了解自己这方面的情况，可能这次作战能够获得胜利，下次作战却遭到失败；而如果既不了解敌人那方面的情况，又不了解自己这方面的情况，那么，每次作战必然会失败。

任何一个统兵之将作战都是为了达到胜利的目的，但是，赢得胜利不是没有规律，而是有规律的。孙子对于作战胜负的问题持有的是唯物主义可知论。他不仅认为作战胜负有规律可循，总结出了五种具体的规律，而且，进而论述了解和掌握敌我两方面的情况是取得作战胜利的关键问题。这就说明孙子高度重视战争中的认识论和战争实践规律，他在《孙子兵法》中实际上主张“全知”。例如，他在《孙子兵法》的第一篇《计》中，已经论述过“五事七计”的重要性，认为只有全面地了解敌我两国“道”“天”“地”“将”“法”五个方面情况，加以比较，才能制定出正确的战争计划，预测出战争胜负；在《谋攻》篇之后，在第十篇《地形》中，他还论述了“知天知地，胜乃不穷”的问题；在第十三篇《用间》中，他更进一步论述了使用间谍、全面掌握敌情的极端重要性。所有这些论述都说明，孙子不愧为中国古代一位伟大的唯物主义战略学家和军事思想家。

也正因为如此，毛泽东对孙子的“知彼知己，百战不殆”等论断，给予了很高的评价。毛泽东在他撰写的《中国革命战争的战略问题》中说：“军事规律，和其他事物的规律一样，是客观实际对于我们头脑的反映，除了我们的头脑以外，一切都是客观实际的东西。因此，学习和认识的对象，包括敌我两方面，这两方面都应该看成研究的对象，只是我们的头脑（思想）才是研究的主体。有一种人，明于知己，暗于知彼，又有一种人，明于知彼，暗于知己，他们都是不能解决战争规律的学习和使用的问题的。中国古代大军事家孙武子书上‘知彼知己，百战不殆’这句话，是包括学习和使用两个阶段而说的，包括从认识客观实际中的发展规律，并按照这些规律决定自己行动克服当前敌人而说的，我们不要看轻这句话。”①

【《谋攻》篇内容提要】

总而言之，孙子在《孙子兵法》的第三篇《谋攻》中，一共论述了六个方面很重要的问题，即：①只要能够赢得战争胜利，使用非暴力手段和暴力手段都是好的战争方法，但是，使用非暴力手段赢得胜利才是最好的战争方法；②在“大战争”“大战略”的进攻战中，有哪些手段可供使用？而使用暴力手段为什么不好？③孙子论“全争”以及“全争”的优越性；④孙子论作战方法也有多样性，军事实力的大小决定作战方法；⑤孙子全面论述国君与统兵之将的辩证关系；⑥孙子论“知胜之道”。

我想用下面的话概括《谋攻》篇的内容：

“本篇从谋划和实施‘国家战略’进攻的高度，而且联系为了赢得战争胜利使用什么进攻手段好的问题，论述了‘不战而屈人之兵’的理想的战略追求，‘必以全争于天下’的现实战略追求，以及‘十围五攻’等军事作战原则；全面论述了国君与统兵之将的辩证关系；以及‘知彼知己，百战不殆’等‘知兵之道’。

“正是在本篇中，孙子首次在世界战争和战略理论史上表述了‘大战争’‘大战略’‘大进攻’理论，其精神实质是‘兵不顿而利可全’，亦即国君必须从和平时期开始，就要主动地对敌国展开非暴力手段和暴力手段相结合的全面战争，力图用兵不血刃的非暴力手段赢得胜利，不得已时，再同敌人开展暴力交战，目的是既要赢得胜利，又要减少国家因为单纯地使用暴力交战

① 毛泽东：《中国革命的战略问题》，见《毛泽东选集》，合订一卷本，第165～166页。

而造成的人力、物力损失。

“在孙子的‘不战而屈人之兵’的论断中，蕴藏有‘仁’即‘人道主义’的合理内核。”

第四篇《形》 孙子的“大防御”理论

《形》是《孙子兵法》十三篇中非常重要、很有国家战略学的研究价值、值得我们高度重视的一篇。这一篇的内容不但很奇特，而且，其理论思维也相当深刻。三国时期的大政治家和大军事家曹操，曾经在他撰写的《孙子略解》中，夸奖《孙子兵法》“审计重举，明画深图，不可相诬”。① 如果说曹操所说的“审计”“重举”“明画”，分别是指《孙子兵法》的前三篇《计》《作战》《谋攻》的话，那么，曹操所说的“深图”，指的就是孙子在《形》篇中论述的有关内容。

《形》篇的重要性一点儿也不亚于《谋攻》篇。因为孙子在《谋攻》篇中所论述的内容，主要是“进攻”问题，但并不仅是一般的军事作战进攻，而且是“大进攻”，是一国之君领导全国民众和军队对敌国进行的“全争”即“国家战略”性质的“广义的进攻”；而孙子在《形》篇中论述的内容，主要是“防御”问题，但并不仅是一般的军事作战防御，而且是“大防御”，是国君领导全国民众和军队对敌国进行的、包括和平时期和战争时期之两个时期的全面防御，亦即“国家战略”性质的“广义的防御”。这种“大防御”实际上既具有“防御”的性质，又具有“进攻”的色彩和本质内容！当然，无论是“大进攻”和“大防御”，孙子认为都要在国君的指导下进行。

读者还应该注意到，《孙子兵法》中的第三篇《谋攻》和第四

① 曹操：《注孙子序》，见《十一家注孙子》，第 276 页，北京，中华书局，2012。

篇《形》这两篇一前一后，紧密相衔接，恰恰在内容上构成了相辅相成的一对姐妹篇，两篇之间有着深刻的内在逻辑关系和合理性安排——因为，有了《谋攻》篇的“大进攻”理论之后，又有了《形》篇中的“大防御”理论，孙子朴素的“大战争”和“大战略”理论才得以完整，在世界战争和战略理论发展史上，才可以说孙子首创了一个真正完整的“大战争”和“大战略”的理论体系。

当然，虽然《谋攻》和《形》都是阐述“大战争”“大战略”理论的，但是，这两篇阐述的主题又有很大的区别。其区别在于，如果说在《谋攻》里，孙子是紧密联系战争所要达到的制胜目的，着重论述一国之君必须从和平时期开始，就要主动地领导全国民众和军队使用非暴力和暴力相结合的手段，向敌国展开“大进攻”的话，那么，在《形》里，孙子则是紧密联系战争所特有的矛盾和运动形式——“进攻”与“防御”——着重论述一个国家的“综合国力”和“军事实力”的极端重要性，论述国君必须在长期的和平时期就要注意领导全国积极而主动地进行“大防御”。而这种积极的“大防御”的实质性内容，就是不断地发展、壮大本国的“综合国力”和“军事实力”，以便在暴力战争还没有发生的和平时期，便使本国的国力和军力超过敌国，从根本上立于不败之地。而敌我两国一旦进入战争时期，由于本国的国力和军力已经超过敌人，再加上采取各种“积极防御”的措施，便很容易在进攻战中战胜敌人，从而赢得“大战争”的胜利。

尤其值得我们注意的是，孙子在《形》篇里还论述了这样一个问题，那就是由国君领导的“大防御”要想真正获得成功，必须从“政治”上着手进行，必须采用“修道而保法”的政治改革手段，即对内修“仁政”、保“法治”。只有在国内修“仁政”、保“法治”，进行政治改革，才能够切实发展、壮大本国的国力和军力，在和平时期形成我强敌弱的战略态势，从而在战争时期的进攻战中容易战胜敌人。孙子便把一国之君领导全国进行的这种“大防御”的运作过程和运作方法，叫作“胜兵先胜而后求战”，又叫作“善战者，胜于易胜者也”。由此可见，在《形》篇里，孙子虽然是从“防御”和“进攻”这两种战争的运动形式开始论述问题的，但他在这一篇中所论述的实质性内容，原来是在“大战争”中必须优先发展、壮大一个国家的综合国力，是国家领导人的“治国艺术”，是“国家战略”问题，是“国家发展战略”和“国家安全战略”之间关系的大问题！

因此，《孙子兵法》中《形》篇里的内容非常重要。孙子在这一篇里论述的内容不但是“大战争”“大战略”“大防御”的理论，还是治理国家的理论，是治国的艺术，是“富国”才能“强兵”的大道理。“富国强兵”是中国几千年来的优秀战略文化传统。《管子·治国》说“国富则兵强，兵强则战胜”，孙子在《形》篇里讲的是和《管子·治国》同样的道理。我国民国时期的徐世昌，在为《孙子兵法》的研究者蒋百里和刘邦骥撰写的《孙子浅说》一书所作的“序”中，也发现孙子在《形》篇中开了一付“医国之方”。徐世昌的原话是这样说的：“古之善治国而兼善治兵者……皆先求自治，而后用以制敌者也。今观孙子之书，其第一之《计》篇，有曰‘主孰有道’，第四之《形》篇，有曰‘修道而保法’。刘[邦骥]君揭明其为‘主德内政’之纲要。然则孙子虽云兵权谋家，因亦制敌之方，基于自治……不徒诩其制敌之神奇，务求其自治之巩固。医国之方其在是与？”①

下面，我就开始讲解《形》篇，首先讲一下这一篇的篇名。

【篇名】

什么是“形”？我在本书《前言》中已经说过，《孙子兵法》里有一些重要的概念和范畴都是“大概念”“大范畴”，这些概念和

① 徐世昌：《〈孙子浅说〉·序》，见《孙子集成》，第96～98页。

范畴在不同的语言环境中有不同的含义，必须具体问题具体分析。“形”也是这样。孙子在《孙子兵法》的第五篇《势》中说：“强弱、形也”；他在《形》篇中的最后一段话的结尾处，更以高山流水的力量强大，比喻实力强大的军队能够打败力量弱小的军队：“故胜兵若以镒称铢，败兵若以铢称镒。胜者之战民也，若决积于千仞之谿者，形也。”这些都是所谓《孙子兵法》的“内证”，说明孙子在《形》篇中所说的“形”，指的就是“实力”，是“实力”的强弱大小，而且，从孙子在《形》篇所论述的全部内容看，《形》篇中的“形”，不但有“军事实力”的含义，而且，更包含有“国家综合实力”的含义，所以，在《形》篇中，“形”是一个本体论的概念，而不是一个方法论的概念。

《形》篇的特点是，孙子在这一篇中，是紧密地联系“防御”和“进攻”这对战争特有的矛盾和战争的两种运动形式讲“形”、讲“国家综合实力”和“军事实力”的。有些《孙子兵法》的研究者总是有这样的一个疑问：既然“防御”和“进攻”是战争所特有的一对矛盾和战争所特有的两种运动形式，既然孙子把《孙子兵法》的第三篇篇名题名为《谋攻》，那么，孙子为什么不把第四篇的篇名题名为《谋守》呢？——那是因为，无论是“防御”或“防守”，还是“攻”或“进攻”，都只不过是战争所特有的运动形式；而“内容”决定“形式”，战争的运动形式是由“内容”决定的。而战争的内容就是“形”，就是国家实力、军事实力。这也就是说，一个国家、一支军队，在战争中尤其是在战略上究竟是采取“进攻”还是“防御”的斗争形式，是由一个国家的综合国力、一支军队军事实力的大小强弱决定的。一般来说，在战争和战略上，国力、军力强大的一方，在斗争中必然要采取“进攻”的形式，而国力、军力弱小的一方，必然要采用“防御”或“防守”的形式，这是不以人们的主观意志为转移的！例如，孙子在《形》篇中，从一开始论述问题就讲“守”和“攻”，他是从“攻”和“守”这一对战争所特有的矛盾和运动形式而“破题”的，可是，他在继续不断地论述“攻”“守”的矛盾运动过程中，实际上始终没有离开过决定“攻”“守”这两种战争运动形式的“内容”——“形”——即战争双方的实力，“形”即战争的实力，就像一个“幽灵”那样，始终徘徊、游荡在孙子对“攻”和“守”问题的全部论述中。这种情况一直持续到了《形》篇的最后一段话，最后两个字，孙子才把从根本上决定着战略上“攻”“守”这两种战争形式的谜底揭开，他说：“胜者之战民也，若积水于千仞之谿者，形也。”这也就是说，孙子认为决定一个国家、一支军队在战争中是采用“攻”还是“守”的斗争形式、决定战争胜负的关键，乃是这个国家及其军队是否具备强大的实力即“形”；而强大的实力即“形”，又要靠一个国家在和平时期和战争时期进行“大防御”而取得。因此，孙子把《孙子兵法》的第四篇的篇名不是题为《谋守》，而是题为《形》。

《形》篇中的文字不多，可以划分为三个段落。下面，我便分三个小专题讲解这三段话的内容。

一、善于打仗的人，在战争中总是先进行防御，然后等待有利的时机对敌进攻；防御时要善于隐藏自己的实力，进攻时要搞得轰轰烈烈

【原文】 **孙子曰：昔之善战者，先为不可胜，以待敌之可胜。不可胜在己，可胜在敌。故善战者，能为不可胜，不能使敌之可胜。故曰：胜可知，而不可为①。不可胜者，守也；可胜者，攻也。守则不足，攻则有余。善守者，藏于九地②之下；善攻者，动于九天③之上，故能自保而全胜也。**

【注解】 ①胜可知而不可为：虽然知道战胜敌人的原因，但并不一定能够做到战胜敌人。②③九地、九天：地下极深之处，天上极高之处。

【述评】 这段话的意思是，孙子说：过去善于打仗的人，总是首

先使自己一方不被敌人一方战胜，然后，再等待有利的时机去战胜敌人。不被敌人战胜的原因，在于自己的作为；能不能战胜敌人，还要看敌人那方面的情况。所以善于打仗的人，是能够不被敌人战胜的，可是，却不一定能够战胜敌人。所以说：不被敌人战胜的原因是可知的，但战胜敌人却不是我方一定能够做到的。只有做好了防御，才能使自己立于不败之地；只有搞好了进攻，才能战胜敌人。我方之所以进行防御，是因为我方的实力不如敌人强大；我方之所以能够对敌进攻，是因为我方的实力比敌人强大了。善于防守的人，要善于隐藏自己一方的实力，要把自己一方的实力隐藏在地下极深之处；善于进攻的人，进攻敌人时要搞得轰轰烈烈，大张旗鼓地展开，惊天地而泣鬼神。防御和进攻只有搞成这样，才算是防御和进攻都获得了胜利，从而保全了本国的利益。

——在以上这段话中，孙子实际上论述了下述三个方面问题，有很丰富而深刻的含义：

第一，在这段话中，虽然孙子讲的只是打仗要先防御，后进攻的问题①，虽然他在讲从防御转向进攻的条件时，并没有提到“形”即“实力”，没有明确地说从防御转入进攻的根本条件，取决于防御一方的实力要超过敌人②，但是，孙子在这段话中，已经明确地说：“守则不足，攻则有余。”那么，什么叫作“守则不足，攻则有余”呢？

三国时期的曹操在《孙子略解》里诠释说，所谓“守则不足，攻则有余”，实际上就是“守”因“实力”不足，“攻”因“实力”有余

① 先防御、后进攻是打仗的普遍规律。拿破仑有一句名言：“整个战争的艺术，就是先作合理周密的防御，然后再进行快速、大胆的进攻。”见（英）富勒著：《战争指导》，绽旭译，周驰校，第 41 页，北京，解放军出版社，1985。

② 通过积极防御，在防御中积蓄自己的实力，实力强大了才能由防御转入进攻。克劳塞维茨说：“防御无非是一种较强的作战形式，人们想利用这种形式赢得胜利，以便在取得优势后转入进攻”；“由于人们在防御中取得胜利就通常可以造成对自己有利的兵力对比，所以以防御开始而以进攻结束，是战争的自然进程。”见《战争论》，第 477、495 页。

的意思，在战争中，斗争双方究竟是采用“守”还是“攻”的斗争形式，取决于双方的“实力”(即“形”)的大小强弱。曹操的原话是这样说的：“吾所以守者，力不足也；所以攻者，力有余也”①，意思是，我之所以防守，是因为我的“实力”(形)不如敌人强大；我之所以由防守转入进攻，是因为我的“实力”(形)比敌人强大了。

民国时期的《孙子兵法》研究者蒋百里和刘邦骥，在他们撰写的《孙子浅说》里更为一针见血地指出：战争双方在战争中究竟是“守”还是“攻”，并不以战争双方的主观意志为转移，其实是“形”即战争“实力”的强弱大小在背后起决定作用。蒋百里和刘邦骥在诠释孙子的话“先为不可胜，以待敌之可胜”时说，什么叫作“先为不可胜，以待敌之可胜”呢？他们的诠释是：“‘先为不可胜’者，先为敌人不可胜我之‘形’也；‘待敌之可胜’者，待敌人有可胜之‘形’也”②，意思是，要想做到防御战不被敌人所战胜，靠的是防御一方必须具备有一定的“形”即战争实力；而等待战胜敌人的有利时机，实际上等待的是防御一方通过防御而积蓄起强大的“形”即战争实力，形成了可以战胜敌人的实力对比。

总之，孙子在《形》篇的第一段话里所说的主要意思是：“形”即战争双方实力的大小强弱，决定了战争双方战略上的攻守形势；要想从战略防御转入战略进攻，最后在进攻战中战胜敌人，“形”即战争实力必须要比敌人强大。

第二，我在本书《前言》中已经讲过，《孙子兵法》中一些重要的概念、范畴和原理，既有“整体性”“综合性”“关联性”的优点，同时又有“笼统性”“模糊性”，欠逻辑分析的缺点，所以，孙子在《形》篇第一段话中所讲的先防御、后进攻的原理，“先为不可胜，以待敌之可胜”的原理，尽管也适用于一般的军事作战领域，但是，从孙子在《形》篇中所论述的全部内容看，他主要论述

① 见中华书局《十一家注孙子》，第 66 页。

② 见《孙子集成》，第 119 页，齐鲁书社，1993。

的并不是军事作战领域里的防御和进攻，而是更高层次的，一国之君领导下的“国家战略”性质的“大防御”“大进攻”。这是因为，孙子就在《形》篇的第一段话中，说了这样一句内容奇特的话：“善守者，藏于九地之下；善攻者，动于九天之上。”——请问，“善守者”为什么要“藏于九地之下”呢？“善攻者”又为什么要“动于九天之上”呢？孙子在这里所说的“善守者”和“善攻者”指的是谁呢？是在战争时期、战场上的统兵之将及其军队吗？是善于防守的统兵之将及其军队要“藏于九地之下”，善于进攻的统兵之将及其军队要“动于九天之上”吗？我认为，不是。

我认为，孙子在《形》篇的第一段话中所说的“善守者，藏于九地之下”，是指善于打仗的人在进行防御时，要善于把通过积极防御所积蓄起来的本国发展、壮大了的“形”即实力，隐藏得很深很深，让敌国、敌人发现不到；而“善攻者，动于九天之上”，是指善于打仗的人在本国通过积极防御、国力和军力发展壮大了以后，在向敌国发起进攻战时，要善于把积蓄起来的强大国力和军力，统统地一下子释放出来，把进攻战搞得轰轰烈烈，惊天地而泣鬼神。因此，应该说孙子在这里所说的“善守者”和“善攻者”，指的并不是在战争时期、战场上作战的统兵之将及其军队，而是领导一个国家进行“国家战略”防御战和进攻战的一国之君；因为，只有国君指导下的“大防御”和“大进攻”，才具有在“大防御”时把国力、军力“藏于九地之下”，在“大进攻”时，把国力、军力统统一下子释放出来，把进攻战搞得轰轰烈烈的地步。

总之，孙子在《形》篇第一段话中所说的“善守者，藏于九地之下；善攻者，动于九天之上”，指的实际上是一国之君领导的“国家战略”性质的“大防御”和“大进攻”。

第三，孙子在《形》篇讲的第一段话，同时也大体上论述了一个国家从“国家战略”防御开始，通过积极防御而不断地发展、壮大本国的国力、军力，当国力、军力超过敌国以后，再向敌国发动大张旗鼓的进攻战，最后赢得“大战争”胜利的全过程。

二、一个统兵之将在战争时期、战场上取得的进攻战胜利，归根结底，来自国君在和平时期通过积极防御而发展、壮大本国的国力和军力，在“大防御”中取得的胜利；而要想赢得“大防御”“大进攻”的胜利，关键的举措是必须“修道而保法”，从政治上着手解决问题

【原文】 **见胜不过众人之所知，非善之善者也；战胜而天下曰善，非善之善者也。故举秋毫①不为多力，见日月不为明目，闻雷霆不为聪耳。古之所谓善战者，胜于易胜者也。故善战者之胜也，无智名，无勇功。故其战胜不忒②，不忒者，其所措必胜，胜已败者也。故善战者，立于不败之地，而不失敌之败也。是故胜兵先胜而后求战，败兵先战而后求胜。善用兵者，修道而保法③，故能为胜败之政④。**

【注解】 ①秋毫：秋天里野兽或鸟类身上长出的细毛。②不忒：无疑。③保法：国家实行法治。④政：对国家的正确治理。

【述评】 以上这段话是《形》篇里的核心段落，是《形》篇中最重要的一段话，其意极深，战略意境极高，但也是长期以来一些《孙子兵法》的研究者没有全面地理解，诠释得最不清楚、最含糊的一段话。有些研究者对这段话不免进行曲解，又有些研究者索性回避解释这段话中一些关键性的字句。因为这段话实在太重要、太有国家战略学理论价值了，所以，在这里，我再分三个小专题加以述评。

1. 见胜不过众人之所知，非善之善者也；战胜而天下曰善，非善之善者也。故举秋毫不为多力，见日月不为明目，闻雷霆不为聪耳。古之所谓善战者，胜于易胜者也。故善战者之胜也，无智名，无勇功。故其战胜不忒，不忒者，其所措必胜，胜已败者也。

这段话的意思是：那种一般的多数人都知道，看得也听得

清清楚楚的胜利，并不是好中最好的胜利，那种在战争时期、战场上通过军事暴力交战而搞得轰轰烈烈（“动于九天之上”）而天下人都交口称赞为好的胜利，并不是好中最好的胜利。（因为统兵之将在战场上获得的轰轰烈烈的胜利，天下人都看得清清楚楚，听得明明白白）所以这种情形，就像人们用手掌托起一片秋天里野兽或鸟类身上长出的细毛，说不上有多大的力气；能够看到天上的太阳、月亮，说不上眼睛明亮；能够听到雷暴之声，说不上耳朵的听觉就灵敏一样。古时候被称为善于打仗的人，乃是那种在打仗之前已经（在国力、军力即“形”的领域）获得了胜利，从而在打仗时容易赢得在战场上胜利的人。（可是，正因为一般的多数人只看到、听到了那种在战场上通过暴力交战而搞得轰轰烈烈的胜利），却不了解在战场上取得的胜利，是来自在打仗之前那种在国力、军力即“形”的领域里，已经获得的胜利，所以，善于打仗的人在打仗之前，已经获得胜利的功劳，却被埋没了，天下的人并不称赞他有大智、大勇、大功劳——其实，正是那位在两军交战之前已经在实力上获得了胜利，然后在两军交战时很容易赢得作战胜利的人，才能够在战争中取胜无疑；之所以取胜无疑，是因为他所采取的措施有赢得胜利的必然性，是战胜了已经失败了的敌人。

请读者特别注意，**在以上这段话中，孙子所说的“善战者之胜也，无智名，无勇功”，指的并不是在战争时期、战场上指挥军队同敌军作战，取得进攻战胜利的统兵之将**（因为这样的统兵之将的功劳，天下人皆知，他当然不会“无智名、无勇功”，他已经受到了天下人的交口称赞），**而是指领导一个国家进行“大防御”和“大进攻”的一国之君、古代的国家领导人！**孙子这段话的意思是：正是古代善于打仗的国君，在暴力战争还没有发生的和平时期，领导全国进行积极防御而发展、壮大了本国的国力、军力（“形”），在国力、军力上已经赢得了战略全局性胜利，所以，到了两军交战的战争时期，在战场上，统兵之将才容易凭借国君所创造的强大国力、军力，在进攻战中战胜敌人——然而，令人遗憾的是，一般的多数人却只是看到、听到了统兵之将在战场上同敌人作战时，取得的那种轰轰烈烈的进攻战胜利，而没有看到一国之君在和平时期领导全国进行积极防御，不断地发展、壮大本国的“形”即国力、军力，在国力、军力上已经超过敌国、敌军而赢得的那种大胜利。**因此，真正的“善战者”，乃是领导一个国家进行“大防御”和“大进攻”的一国之君，这样的国君才是应当立大功、有大名的大智大勇之人。**由这样的国君领导的“大防御”和“大进攻”无疑会赢得“大战争”“大战略”的胜利，因为，由他领导的“大防御”在本国的军队在战场上战胜敌人以前，已经在国力、军力（“形”）上战胜了敌人。国力、军力（“形”）的强大才是战胜敌人的根本条件。

2. 故善战者，立于不败之地，而不失敌之败也。是故胜兵先胜而后求战，败兵先败而后求胜。

这段话的意思是：所以善于打仗的人，是那种首先能够做到自己不被敌人打败（进行积极防御），而又能够抓住有利的战机（进攻）打败敌人的人。因此，战争中的胜利者总是因为在实力（“形”）上已经战胜了敌人，然后，再同敌人交战；失败者之所以失败，是因为在实力（“形”）上先已失败于敌，却想在交战中侥幸取胜。

——显然，孙子在这里总结出了一条具有普遍意义的战争指导规律，这条战争指导规律既适用于“大战争”，又适用于战争时期、战场上的军事作战领域。这条战争指导规律主要强调的还是“形”，即战争实力的重要性；是战争的实力大小决定了“攻”“守”态势；是没有强大的实力既不能“守”得好，也不能“攻”得好，是没有强大的实力而对敌人发起进攻，只能导致失败的结局。

3. 善用兵者，修道而保法，故能为胜败之政。

这段话的意思是：善于打仗的人，只有在国内行“仁政”而保“法治”，从政治上着手，才能从根本上解决军事上的胜败问题。

——**从“国家战略”的角度来进行观察分析，这是全部《孙子兵法》中最紧要的一段话。**因为孙子在这段话中所说的

“道”，指的并不是“道路”或者“规律”，而是一个政治概念，是孙子在《孙子兵法》第一篇《计》里所说的“道者，令民与上同意也”，也就是后来儒家的代表人物孟子所说的“仁政”；孙子在这段话中所说的“保法”，指的也不是像有些《孙子兵法》的研究者所解释的那样，“指确保必胜的法度”[①]，而是指国君必须在国内实行“法治”，必须实施春秋时期代表新兴地主阶级利益的法家的那一套治国、改革的措施[②]。这种情形，正像战国时期著名的法家代表人物商鞅所说的那样：“凡战法必本于政胜”，也正像民国时期徐世昌所说的，孙子在这段话中说的是“军政与内政之关系”，是“善治国而兼善治兵者”，是一服“医国之方”。总之，我们决不要看轻了孙子说的这段话，不要只是从单纯的军事观点片面地理解孙子这段话的深刻含义。

我在研究《孙子兵法》的过程中，始终认为孙子不但是中国古代兵家的杰出代表人物，也是中国古代的法家先驱之一。中国古代的兵家一般说来也都是法家，而不是不愿意讲“兵旅之事”的儒家。1972 年在山东银雀山出土的竹简《孙子》佚文的《吴问》中，有吴王和孙子的问答。孙子主张国君要对民众使用“亩大”“税轻”的政策；吴王听了孙子这样说以后，说：“善。王者之道……厚爱其民者也。”由此可见，孙子在春秋末期很可能是一个既主张在国内实施政治改革又行“仁政”的法家。

孙子在《形》篇中提出的著名论断“善用兵者，修道而保法，故能为胜败之政”，实际上论述的是一个国家的“政治”与“军事”、“国家战略”与对外战争胜负的关系。在这个问题上，古今中外优秀的战略家、军事家都无一例外地主张只有从“政治”上着手，才能从根本上解决“军事”问题；都认为只有治好“国”，才能治好“兵”；也都认为为了赢得对外战争的胜利，必须在国内

---

① 见中国人民解放军军事科学院注释小组：《孙子兵法新注》，第 28 页，北京，中华书局，2005。

② 在过去对《孙子兵法》的旧注中，对“修道而保法”注解得最准确的是杜牧，“杜牧曰：道者，仁义也；法者，法制也”。见《十一家注孙子》，第 70 页。

搞政治改革，变落后的国家政治制度为先进的国家政治制度。例如，克劳塞维茨在《战争论》中，就曾经系统地阐述了这些观点①。而孙子早在《战争论》产生两千多年前，已经精辟地阐述了同样的见解。从这个角度看，孙子和克劳塞维茨都不愧是他们所处历史时代的理论英雄和思想巨人。

三、孙子论战争的胜负，归根结底取决于国家综合实力的强弱大小

【原文】 **兵法：一曰度①，二曰量②，三曰数③，四曰称④，五曰胜。地生度，度生量，量生数，数生称，称生胜。故胜兵若以镒称铢⑤，败兵若以铢称镒。胜者之战民⑥也，若决积水于千仞⑦之溪⑧者，形也。**

【注解】 ①度：指判断。②量：指容量。③数：指兵力的数量。④称：指敌我双方的军事力量对比。⑤镒、铢：镒和铢是古代中国的重量单位，镒比铢重500多倍。⑥战民：即与敌人作战。⑦千仞：800丈高。⑧溪：溪湖之水。

【述评】 古今中外军事界人士有一个重要的共识，即打仗其实打的是实力，“战争是力量的竞赛”②，“强胜弱败”是战争中的普遍规律。从长期看，军事实力强大的军队，总是能够打败军事实力弱小的军队；一般说来，在战争中，军事实力的强弱大小对于战争的胜负结局是最重要的，而统兵之将在战场上的指挥艺术的高低，对于战争胜负起到的作用是第二位重要的③。可是，一支军事实力强大的军队的军事实力，又是从哪里来的呢？强

---

① 见《战争论》第八篇第六章第二节，第893～902页，《战争是政治的一种工具》。又可参见吴琼：《统帅的艺术：战略》，第266～274页。

② 毛泽东：《论持久战》，见《毛泽东选集》，合订一卷本，第438页。

③ 克劳塞维茨在《战争论》的第三篇第八章“数量上的优势”中，结合欧洲近代许多战例，论述了有关问题，见《战争论》第205～209页，他说：“由此可见，在目前的欧洲，即使最有才能的统帅，也很难战胜拥有一倍优势的敌军”，等等。

大的军事实力，只能来自一个国家的强大的国家综合国力。

孙子在《形》篇的第三段话中，讲的就是上述道理，讲的就是战争的胜负归根结底是由一个国家的综合国力大小决定的，同时，他还提出了一种预测战争胜负的方法。这种方法是：第一，要看一个国家的国土资源有多大多小；第二，要看这个国家综合国力的强弱大小；第三，要看这个国家军队实力的大小；第四，要看在战争中，两军的实力对比；第五，由两军的实力对比的大小，就可以预测到战争的胜负结局了。因为国家的国土资源决定了国家综合实力的大小；国家综合实力的大小决定了军事实力的大小；军事实力的大小，又决定着战场上两军的实力对比；从战场上两军实力对比的情况，就可以预测到战争最后谁获得胜利了。因此（战争的胜负归根结底是由国家综合实力的强弱大小决定的），一个国家、一支军队之所以会赢得战争胜利，是因为在实力上远远地超过敌方，就像用500倍的实力，去对付只有1/500实力的敌人；而失败的敌人之所以失败，是因为在实力上太弱小，就像用一倍的实力，去对付相当于自己实力500倍的对手。要想在战争中赢得胜利，就应该像被围困在800丈高处上的溪湖之水，一旦决堤，一下子倾泻而下那样，关键在于要有强大的实力（“形”）。

——以上，孙子的这种从“大战争”的全局到作战的局部，从分析国土资源、综合国力出发，认为一个国家综合国力的大小决定军事实力的大小，而两国的军事实力对比，又决定了战争最后胜负结局的预测方法，是符合“大战争”本身的胜负内在逻辑和人类认识“大战争”胜负结局的逻辑顺序的。它说明孙子预测战争胜负的方法并不简单、肤浅，其中包含有很深刻而合理的内容。再者，这种预测战争胜负的方法还有一些“言外之意”，即在春秋时期通过“大战争”的手段，不断地兼并他国国土资源的重要性。孙子实际上认为，一个国家只有通过“大战争”多多地兼并他国的国土资源，才能够不断地发展、壮大本国的综合国力，在战争中不断地赢得胜利；而不断地在战争中取得胜利，又可以进一步多多地兼并他国的国土资源，如此，形成一种良性循环，促使一个国家更好地完成“霸王之兵”、统一中国的大业。

能够认识到国家综合实力的极其重要性，能够认识到一个国家的军事实力其实来自国家的综合国力，认识到国家综合实力的大小强弱决定战争的最终胜负结局，这不但需要一个战略家必须具有一种深邃的、能够穿透一个国家和平时期和战争时期的、真正的“大战争”和“大战略”的眼光，而且，还需要一个战略家具备丰富的、直接、间接的战争经验，具有比较广阔的历史视野。正是从这个角度来看，两千多年前的孙子能够认识到国家的综合国力大小最终决定战争的胜负结局，这是非常不容易的。

值得我们进一步研究的是，在中国的《孙子兵法》产生两千多年以后，当代美国的历史学家和战略学家保罗·肯尼迪发表了世界名著《大国的兴衰》，保罗·肯尼迪在该书中总结了自公元 1500 年以来葡萄牙、西班牙、荷兰、法国、英国、美国和苏联等世界大国兴盛和衰落下去的历史经验教训。保罗·肯尼迪一方面强调指出，一个国家要想成为一个真正的世界大国、强国，关键的问题是要搞好“国家战略”，既要搞好“国家发展战略”，又要搞好“国家安全战略”；而在“国家发展战略”和“国家安全战略”中，又要以搞好“国家发展战略”为重点，这也就是说，一个国家要想成为一个真正的大国、强国，必须要有一个“欣欣向荣的经济基础”。而另一方面，保罗·肯尼迪又认为，一个国家要想成为一个真正的大国、强国，还要注意在“国家战略”之下的政治、经济、外交、军事、文化等各种“子战略”之间的关系处理上有个“轻重缓急”之分，也就是必须减少对外进行军事扩张，否则，国家生产力就会因为不断地对外进行军事扩张而下降，从而使一个大国、强国又沦为一个小国、弱国①。实际上，两千多年前的孙子在《孙子兵法》的第四篇《形》中，早已阐述过

① 参见吴琼：《统帅的艺术：战略》，第 369～398 页，《保罗·肯尼迪“真正的大战略”》。

“形”即国家综合实力的极端重要性，阐述过在战争中导致军事作战胜利的军事实力归根结底来源于国家的综合国力，阐述过作为“手段”的国家综合实力的发展、壮大，乃是取得“国家发展战略”和“国家安全战略”胜利的根本保证。

【《形》篇内容提要】

综上所述，孙子在《孙子兵法》的第四篇《形》中，先后论述了三个很重要的“国家战略”方面的问题：①善于打仗的人，在战争中总是先进行防御，然后等待有利的时机对敌进攻；防御时要善于隐蔽自己的实力，进攻时要搞得轰轰烈烈。②一个国家的统兵之将在战争时期战场上取得的进攻战胜利，归根结底，来自国君在和平时期通过积极防御而发展、壮大本国的国力、军力，在“大防御”中取得的胜利；而要想赢得“大防御”“大进攻”的胜利，关键的举措是必须“修道而保法”，从政治上解决问题。③战争的胜负，归根结底取决于国家综合实力的强弱大小。

可以用下面的话，小结一下《形》篇的内容：

“本篇从谋划‘国家战略防御’的高度，并且联系‘防御’和‘进攻’这种战争特有的矛盾和运动形式，论述了在和平时期通过积极防御以提高国家的综合实力和军事实力，对于在战争时期赢得军事作战胜利的重要性；还从时间顺序上，大体论述了一个国家由战略防御走向战略进攻的全过程；最后，总结出了一种预测战争胜负的方法。

“孙子在本篇中提出的‘修道而保法，故能为胜败之政’‘先为不可胜，以待敌之可胜’‘胜兵先胜而后求战’等原则，涉及‘国家发展战略’和‘国家安全战略’的关系。这些原则在世界政治、经济、军事学术史上具有普遍的真理意义和极为深刻的内容，值得我们高度重视，进一步深入研究。”

第二章 《孙子兵法》中四篇

——军事战略：统兵之将的作战指导艺术

本书《前言》已经讲过，《孙子兵法》十三篇的理论体系，大体上是按照从大到小、从高到低、从战争的全局到局部，从“国家战略”到“军事战略”、再到“战术”这样的一种逻辑顺序展开论述的。

在《孙子兵法》的前四篇《计》《作战》《谋攻》《形》中，孙子主要论述的是他的“大战争”“大战略”“大进攻”“大防御”理论，是“国家战略：国君的‘大战争’指导艺术”。孙子认为，为了赢得“大战争”的胜利，一国之君必须在暴力战争发生以前的和平时期，在了解敌我两国“道”“天”“地”“将”“法”等全部战略要素的基础上，通过“庙算”制定好战争计划，注意实施“兵贵胜，不贵久”的战略方针，不但要使用“全争”的“大进攻”手段削弱敌国的国家综合实力，而且，要使用“大防御”的手段，发展、壮大本国的国力、军力，以便创造出一种我强敌弱的战略态势，力争在和平时期便达到“不战而屈人之兵”的理想结果。

然而，美好的理想并不等于客观的现实，“不战而屈人之兵”的理想由于种种复杂的原因存在，并不是一定能够得到实现的，兵戎相见、流血的暴力战争往往不可避免，于是，一个国家便从和平时期进入了战争时期，专门负责军事工作和指挥作战的统兵之将的“军事战略”搞得好不好，对于战争的胜负就起决定作用，战争的胜败，就要靠在战场上两军真刀实枪的交战见分晓了。

孙子认为，一旦进入战争时期，虽然从总体而言，统兵之将仍然要接受国君的领导，“军事战略”要受到“国家战略”的制约，但是，国君治国和统兵之将治军、作战毕竟不同，各有各的规律，统兵之将所操作的“军事战略”搞得好坏，便能够对于国君所操作的“国家战略”产生重要的反作用，有时，甚至能够对全局性的“国家战略”搞得好坏起决定作用，可以决定“国家战略”和整个国家生死存亡的命运。当一个国家进入战争时期以后，统兵之将在“大战争”中起到的作用和他操作的“军事战略”的重要性就上升了。这就是孙子在《计》篇中所说“兵者，国之大事，死生之地，存亡之道”，又在《作战》篇中发出“知兵之将，生民之司命，国家安危之主也”感慨的缘故。

《孙子兵法》中间的四篇，即第五篇《势》、第六篇《虚实》、第七篇《军争》、第八篇《九变》，其内容主要论述的就是“军事战略”，也就是统兵之将在战争时期、战场上的作战指导艺术（还包括部分统兵之将在和平时期的治理军队和训练军队的艺术）。

总的看来，《孙子兵法》的中四篇有以下三个特点：

其一，这四篇的哲理性很强，有许多精彩的名言隽语，内容精致，朴素的唯物主义和辩证法鲜明，理论思维深刻，研读起来引人入胜。

其二，在这四篇中涌现出一系列成双成对的军事概念、范畴，它们不仅本身存在对立统一的关系，而且，还与其他成双成对的军事概念、范畴之间存在有机的联系。这些概念、范畴总是与战争中人类的主体活动、与敌我之间的“利害”关系联系在一起，反映着“军事战略”中的一个个全局性的侧面。其中，绝大多数的概念、范畴是西方军事学中所没有的，具有中国的特色，从而构成了中国传统兵学中的军事理论基础。

其三，这四篇的理论，方法论色彩鲜明，许多作战方法便于在实践中运用。孙子在《孙子兵法》中论述的一些战争指导规律不仅适用于军事领域，同样也适用于社会生活中的其他领域。孙子在这四篇中论述的一些中国古人特有的思维方法和行为方式，实际上已融入中国人后来的日常生活之中，至今仍然在起作用。

其四，《孙子兵法》这四篇的内容之间也是有内在逻辑联系的。整个说来，孙子在这四篇中所讲的，都是在战争时期、战场上，在“战斗”尤其是在两军展开大规模的决战之前，指挥战争的统兵之将必须把国君划拨给自己的那部分“兵马粮草”即“形”（也就是一部分国家实力），通过充分发挥自己的主观能动性，在战争中想方设法人工地创造成一种我强敌弱的战略态势（“势”），同时，还要在战争中注意使用好策略，处理好“虚实”关系，以便掌握住作战中的主动权，集中起兵力，打击敌人；而另一方面，孙子又强调统兵之将在战争中必须尊重战争规律，在指导各种军事活动中决不可以片面地求“直”、求“快”、图“利”，自己的头脑要力戒主观、片面，必须灵活机动，符合战争的客观实际特点，以便在最后的决战中战胜敌人，赢得胜利，其中：

《孙子兵法》第五篇《势》，孙子讲的主要内容是统兵之将在战争中总的军事任务，乃是要把国君交给自己的军权和那部分“兵马粮草”即“形”，如何通过自己的主观努力，设法在战争中创造出一种比敌人更强大的军事实力，即“势”，以及统兵之将必须在战争中创造性地使用战略战术问题。

第六篇《虚实》，孙子主要讲的是为了掌握战争中的主动权、自由权，统兵之将必须在战争中行“诡道”，既要摸清敌情，又要向敌人封锁我军军情，以便在决战之时，以我军的“实有”兵力战胜敌军的“虚弱”兵力。

第七篇《军争》的内容主要是讲，统兵之将在战争中不但要发挥自己的主观能动性，而且，必须尊重战争的客观规律，处理好行军和作战中“迂”和“直”、“利”和“害”的辩证关系，决不可以片面地求"直"、图"利"、贪"胜"，否则，欲速则不达，反倒会得到失败的结果；

第八篇《九变》的内容主要是讲，因为战争实践活动有复杂而多变的特点，统兵之将自己的头脑和思想方法，也要适应战争的特点，统兵之将要有较为全面的军事素质和修养，在战争中切忌头脑主观、片面和思想僵化、死板，否则，会导致"覆军杀将"的严重后果。

下面，我首先述评《孙子兵法》第五篇《势》的内容。

第五篇《势》　怎样在战争中造"势"，用"势"，以强击弱

在具体地述评《势》篇的内容之前，为有助于从总体上掌握《势》篇的内容，读者应该注意以下三点：

第一，《势》篇的内容与《孙子兵法》的第一篇《计》有内在联系。

孙子在《孙子兵法》的第一篇《计》中讲了一段话。他说："计利以听，乃为势，以佐其外。势者，因利而制权也。"这段话的意思是说，当一国之君带领朝中的文武百官通过"庙算"而制定好有利的战争计划，当统兵之将也同意贯彻实施这个计划以后，统兵之将在战争中所要承担的总的军事任务，就是要根据在战争时期、战场上敌我两军的利害关系的变化，使用好自己手中的军权，造好"势"，以便在外（战场上）辅佐国君。而《孙子兵法》第五篇《势》的内容，就是对《计》篇中这段话的全面展开。孙子在《势》篇中论述的主题和中心思想，就是统兵之将在战争时期、战场上怎样"为之势"即怎样造"势"，用"势"，在造"势"、用"势"时要注意哪些问题，以及造"势"、用"势"的目的是什么等。

第二,《势》篇的内容与前一篇,也就是与《孙子兵法》的第四篇《形》也有有机的联系。

《孙子兵法》第四篇是《形》,而第五篇就是《势》。现在的中国人经常说“形势”如何如何,把“形”和“势”两个字联在一起使用。那么,孙子为什么在讲完“形”的问题以后,紧接着又讲“势”的问题呢?《孙子兵法》中的《形》和《势》这两篇在内容上又存在着怎样的一种有机的内在联系呢?原来,孙子在《形》篇中论述的主题是“国家战略”性质的“大防御”理论,主要讲的是国家综合实力的重要性,他认为,一国之君只有在和平时期领导全国进行积极防御,发展壮大了本国的国力、军力,统兵之将在战争时期、战场上才容易以强大的军事实力战胜敌人,赢得战争的胜利。而孙子在《孙子兵法》的第五篇《势》中论述的主题,就是统兵之将在战争时期、战场上怎样把国君交给自己的军权和“兵马粮草”即“形”(部分国力),通过发挥自己的主观能动性,创造出一种比原来既有的“形”更强大的、比敌人的军事实力更强大的军事实力“势”。由此可见,由论述“形”的问题而进一步论述“势”的问题,由《孙子兵法》的第四篇《形》而进展到第五篇《势》,标志着孙子从主要论述“国家战略”的问题,已经开始主要论述“军事战略”的问题,从论述国君的“大战争”指导艺术,转而论述统兵之将的作战指导艺术。

第三,孙子在《势》篇中所讲的“形”和“势”、“奇”和“正”、“虚”和“实”等概念、范畴,所涉及的并不仅仅是“战术”问题,而且是“战略”(“军事战略”和“作战战略”)问题。

孙子在《势》篇中不但讲了“形势”问题,而且讲了“奇正”“虚实”等问题。这些概念、范畴都是中国古代兵学里特有的概念、范畴,都是西方军事学中所没有的,从而构成了中国传统兵学特有的军事理论基础。这些概念、范畴已经形成了一个多层次、彼此相互联系起来、内容又有区别的、有机的军事理论体系。它们不仅涉及战争中局部性的“战术”问题，更涉及战争中全局性的“军事战略”“作战战略”问题，它们主要是统兵之将在军事作战中要通晓的军事理论武器。所以，这些中国古代兵学中的特有的概念、范畴是需要我们花大力气进行仔细研究的。

可是，令人遗憾的是，我国一些《孙子兵法》的研究者却对这些重要的军事概念、范畴缺乏仔细的研究。例如，吴如嵩在他撰写的《〈孙子兵法〉的军事思想及现代价值》一文中这样说："这里，我只想就孙子战术思想的三大支柱略加阐述……他[指孙子]在军事学上，首创了一系列概念范畴，其中‘形势’、‘虚实’、‘奇正’三个范畴构成了孙子战术思想的三大支柱”；“我们知道，‘形势’是讲军事力量的积聚，‘奇正’是讲军事力量的使用，‘虚实’是讲军事力量的打击目标……一支军队由军队士气和兵力、兵器构成了一种军事力量，这就是‘形势’；正确地指挥这支军队并灵活地使用其变换战术，这就是奇正；根据敌情我情，巧妙地选择这支军队的最佳作战方向，这就是虚实。”①

——吴如嵩把《孙子兵法》中的“形势”“奇正”“虚实”等问题仅仅归入了孙子的“战术”思想里，并且认为这些概念、范畴“构成了孙子战术思想的三大支柱”的说法，是颇值得商榷的。再说，他对这些概念、范畴的一系列诠释，也并不符合孙子的本意。为了弄清楚孙子的本意，我们必须对《势》篇的内容作一番全面的考察和综合分析。

下面，我还是首先从《势》篇的篇名开始讲起。

【篇名】

究竟什么是孙子所说的“势”呢？如果认真而仔细地加以考察，可以发现，“势”是一个既高度抽象，又比较复杂，实际上

① 吴如嵩：《〈孙子兵法〉的军事思想及现代价值》，见《光明日报》，2007年3月22日。

包括有三重含义的综合性概念：

其一，《说文解字》对“势”的诠释是：“势者，盛力，权也。”所以，“势”首先是“盛大的权力”的意思。

其二，正是在《势》篇中，孙子自己说了这么一句话：“激水之疾，至于漂石者，势也”，意思是，强大而湍急的江河之水奔腾向前，水流的力量是那样强大、流速是那样疾快，以至于能把小石块冲击得漂起来而没有沉下去，这就是“势”。由此可见，《孙子兵法》中所说的“势”，指的不仅是统兵之将在战争中手里掌握的一种盛大的军权，而且，指的还是统兵之将在作战时，使用这种军权与敌人作战而发挥出、表现出来的一种强大的军事实力。

其三，中国古代社会法家的代表人物慎到“贵势”，韩非在《韩非子·难势》中，引用慎到的话说“势者，言人之所设也”，意思是，“势”是靠人发挥主观能动性而创造出来的。由此看来，孙子在“势”篇里所说的“势”，所说的那种统兵之将在战争中手里掌握的盛大的军权，那种在作战时表现出来的强大的军事实力，还要靠统兵之将发挥自己的主观能动性而创造。

总之，所谓“势”，就是统兵之将在战争时期、战场上手中掌握的一种强大的军事实力、军权。这种军权和实力一方面来自国君授给自己的那部分统兵打仗的权力和那部分国力（即“形”，表现为打仗时必须具备的“兵马粮草”），另一方面，统兵之将又必须通过发挥自己的主观能动性的创造，才可以真正获得。统兵之将发挥主观能动性造“势”、用“势”的目的，乃是为了在两军交战的关键时刻，以自己一方强大的军事实力压倒敌方的军事实力，赢得战争胜利。

所以，我们必须看到《孙子兵法》中的“形”和“势”既有密切的联系，又是有很大区别的，决不可以统而论之。一方面，“形”和“势”指的都是“实力”，但另一方面，《势》篇中的“形”，更多地是指“国家实力”，是敌我两军交战前，国君交给统兵之将手中的那部分军权和“国家实力”(兵马粮草);而“势”,则是统兵之将在战争时期、战场上通过发挥自己的能动性,再创造出来的含有主观能动性的一种强大的军事实力。钱基博先生在《孙子章句训义》一书中,已经发现到了“形”和“势”的这种区别,他说:“‘形’与‘势’不同。‘形’者,量敌而审己,筹之于未战之先;‘势’者,因利而制权,决于临战之日。”①我个人经过多年研究《孙子兵法》认为“形”和“势”的关系,就像两个棋者下棋,在正式下棋之前,双方拥有的棋子相同,即拥有的“实力”亦即“形”相同,但是,两个棋者一旦下起棋来,正式交战,那么双方拥有的“实力”就发生了变化,棋手就凭借原来相同的“实力”即“形”,分别通过发挥自己的主观能动性,表现出了不同的作战“实力”,这就是包含有主观能动性的“势”的实力之不同。最后,“势”力强大的一方终究会战胜“势”力弱小的一方对手(当然,在战争中,两军交战前,敌我双方的“形”往往并不相同)。

《孙子兵法》第五篇《势》中一共有五段话。在这五段话中,孙子先后论述了统兵之将在战争中怎样造“势”;怎样正确地使用战略战术;在两军进行决战时怎样用“势”;在作战时怎样凭借“势”而行“诡道”;怎样在战争中正确地使用军权问题。

下面,我就分五个小专题,述评《势》篇的内容。

一、统兵之将要想在战争中创造出强大的军事实力,一靠治理好军队;二靠运用好军事指挥通信工具;三靠运用好战略战术;四靠处理好战争中的“虚实”关系

【原文】 **孙子曰:凡治众如治寡,分数①是也;斗众如斗寡,形名②是也;三军之众,可使必受敌③而无败者,奇正④是也;兵之**

---

① 钱基博:《孙子章句训义》之《势篇第五》,见《孙子集成》,第481页。

所加，如以碫[5]投卵者，虚实[6]是也。

【注解】 ①分数：军队的分层组织管理编制。②形名：中国古代军队中使用的指挥通信工具。③必受敌：一旦遭到敌军的攻击。④奇正：作战时使用的变法、常法。⑤碫：磨刀石。⑥虚实：一指军情的伪真，二指军事实力的弱强。

【述评】 这段话的意思是，孙子说：凡是治理众多的军队像治理少数军人那样简单，靠的是对军队的分层管理；凡是同众多的敌军作战就像与少数几个敌人作战那样容易，靠的是使用军事指挥通信工具；要想让全军在同敌人作战时不致失败，靠的是在战争中创造性地使用好战略战术；到了两军交战之时，要想让我军进攻敌军时的力量那样强大，就像用一块磨刀石砸破一个鸡蛋那样有力，靠的是处理好战争中的“虚实”关系。

毛泽东在他撰写的《论持久战》中曾经指出：“基于战争的特殊性，就有战争的一套特殊组织，一套特殊方法，一种特殊过程。这组织，就是军队及其附随的一切东西。这方法，就是指导战争的战略战术。这过程，就是敌对的军队互相使用有利于己不利于敌的战略战术从事攻击或防御的一种特殊的社会活动形态。”①

而孙子在《势》篇中所讲的“分数”“形名”“奇正”“虚实”等内容，实际上，也就是毛泽东在《论持久战》中所讲的“战争的一套特殊组织”“一套特殊方法”“一种特殊过程”等。孙子认为，在战争中，统兵之将必须依靠战争所特有的一套军事组织、工具、方法，充分发挥自己的主观能动性，处理好战争的特殊过程，才能够在战争中创造出强大的军事实力即“势”，最后在决战中战胜敌人。

孙子在《势》篇中讲的“分数”“形名”“奇正”“虚实”，其实也就是统兵之将在战争中“为之势”即造“势”的四种招数、四种造“势”的具体手段、方法。正是这四种造“势”的招数、手段或方

① 毛泽东：《论持久战》，见《毛泽东选集》，合订一卷本，第447页。

法，可以说构成了中国古代军事艺术学的总纲目。

1. 由孙子创建的中国古代军事艺术学的第一种军事艺术，即统兵之将造“势”的第一招，就是“治众如治寡，分数是也”。

统兵之将在战争中为了造“势”，首先必须运用好军队特有的组织编制，分层管理体制，即运用好“分数”。这里的“分”，指的就是军队的各级组织编制、分层管理；而“数”，指的是这种组织编制共有几个层次。据孙子在《孙子兵法》的《谋攻》篇中说，在中国古代的春秋时期，当时中国军队的组织编制一般有国、军、旅、卒、伍这样的五级、五个层次；而现代中国军队的组织编制的层次就更多了，全国军队以下可以划分为军区、兵团、军、师、旅、团、营、连、排、班等多层、多级，其中，每层每级都有一个或几个指挥员，从大军区、军兵种司令和政委到班长等。在中国古代社会，最高最大的军事首长就是统兵之将，统兵之将就依靠这样多层次的军事组织编制而管理部队，指挥军队打仗。孙子说，设立这样的组织编制的目的，是“治众如治寡”，意思是，统兵之将就是依靠这样的组织编制，管理由众多的军人组织起来的部队，一级管理一级，每一级最后都由统兵之将管理。这样，统兵之将管理全军众多的军人，就像管理少数几个军人那样简单，容易管理。

中国古代的“分数”学，也就是现代中国军事科学分类中的“军制学”。

但我们必须注意有这样一个问题，那就是任何一个国家军队的组织编制的建立和分层管理工作，都不是在暴力战争发生以后才开始进行的活动，而是在战争还没有爆发以前的长期和平时期就要组织好、管理好的。这种军队的分层组织管理活动，实际上横跨于一个国家的和平和战争两个时期，所以，显然，它首先属于“军事战略”而不是仅仅属于“作战战略”的范畴；当然，它更不像吴如嵩所说的那样，仅仅属于“战术”的范畴。

2. 由孙子创建的中国古代军事艺术学的第二种军事艺术，即统兵之将造“势”的第二招，就是“斗众如斗寡，形名是也”。

统兵之将在战争中为了造“势”，还必须在战场上运用好

“形名”，即战争中的军事指挥通信工具。中国古代的军队在打仗时，使用的军事指挥通信工具是鼓、金、旌旗，现代战争要使用电子指挥通信联络工具、卫星导航等更先进的工具。孙子在“势”篇中所说的“形名”，“形”指的是中国古代军队的运动方向，是前进还是后退，是向左还是向右运动；“名”就是军队运动的代号，军事指挥通信工具。例如，击鼓是命令部队向前冲锋，鸣金是让部队后退、收兵；旌旗向左挥动，是命令部队向左前进，向右挥动就是命令部队向右开去，等等。那么，这些军事指挥通信工具在战场上能够起到什么作用呢？孙子说“斗众如斗寡”，意思是，统兵之将在战争中使用这些军事指挥通信工具，便于指挥、协调部队的行动，便于同众多的敌军做斗争，使用这些工具同众多的敌人做斗争就像同少数几个敌人做斗争那样容易，不费大力气。

中国古代的“形名”学，也就是现代中国军事科学分类中的“信息学”“指挥学”。

军事指挥通信工具系统也不是在暴力战争发生之后才建立，开始使用的，而是在暴力战争发生以前就必须使用好，所以，古今中外的军队在和平时期经常搞军事演习，为的是在和平时期就熟练地掌握好这些工具，训练、保持、提高军队的战斗力，以便在战争时期打胜仗。

3. 孙子所说的第三种军事艺术，即中国古代统兵之将造“势”的第三招，乃是“可使必受敌而无败者，奇正是也”，意思是，要想我军在同敌军作战时不致失败，也就是能够取胜的话，那就要靠统兵之将在战争中创造性地使用正确的战略战术了。因为孙子在《势》篇的第二段话中专门论述“奇正”问题，所以，我在下面讲解《势》篇的第二段话时，再述评“奇正”的问题。

4. 孙子所说的第四种军事艺术，即中国古代统兵之将造“势”的第四招，则是“兵之所加，如以碫投卵者，虚实是也”。因为孙子在《孙子兵法》的下一篇即第六篇《虚实》中专门论述这个问题，所以，我也会在讲解《虚实》篇时，再述评这个问题。

毛泽东在《论持久战》中还说过一段著名的话，他说：“指导战争的人们不能超越客观条件许可的限度期求战争的胜利，然而可以而且必须在客观条件的限度之内，能动地争取战争的胜利。战争指挥员活动的舞台，必须建筑在客观条件许可之上，然而他们凭借这个舞台，却可以导演出很多有声有色、威武雄壮的话剧来。"①

同样，我们应该看到，在中国古代战争中，无论是一国之君授予统兵之将的军权和那部分"形"即部分国力（"兵马粮草"），还是军队的分层组织编制（"分数"）和军事指挥通信系统（"形名"），都是统兵之将在开始打仗时既有的东西，即"客观条件"；古代战争中的战略战术，以及在战争中如何处理"虚实"关系，也是一般的统兵之将都知道的。可是，究竟能不能在这些既有的客观条件之下，凭借战争这个"舞台"造好"势"、用好"势"，最后以强大的军事实力"势"战胜敌人，就只有靠统兵之将自己主观能动性的发挥了。因此，孙子在《势》篇中自始至终强调两个问题：一是军事实力（"势"）对于战争的胜负起决定作用；二是强大的军事实力（"势"），只能靠统兵之将充分发挥自己的主观能动性才能创造出来。

"势"这种包含有人的主观能力性内容在内、又能够表现为一种强大的军事实力的综合性、高度抽象的概念的形成，说明了中国古代兵学家孙子的整体性的理论思维能力很强；而西方的军事理论著作中，就不见有这样类似的概念——这个问题值得深入研究。

二、必须创造性地在战争中使用正确的战略战术，战争指导规律随着战争实践的发展而发展

【原文】 **凡战者，以正合①，以奇胜②。故善出奇者，无穷如天地，不竭如江河。终而复始，日月是也；死而复生，四时是也。声不过五，五声③之变，不可胜听也；色不过五，五色④之变，不可**

① 毛泽东：《论持久战》，见《毛泽东选集》，合订一卷本，第446页。

胜观也；味不过五，五味[⑤]之变，不可胜尝也。战势不过奇正，奇正之变，不可胜穷也。奇正相生，如循环之无端[⑥]，孰能穷之？

【注解】 ①以正合：指打仗要用正确的战略战术。②以奇胜：指打仗要创造性地使用正确的战略战术，才能取得胜利。③五声：中国古代音乐中的五个音阶，即宫、商、角、徵、羽。④五色：青、赤、黄、白、黑五种颜色。⑤五味：酸、辣、苦、甜、咸五种味道。⑥循环之无端：一个个圆圈，不断地沿着一个方向自我旋转，又不断地整体上升，没有停止运行、发展的时候。

【述评】 孙子在《势》篇的第一段话里说过："三军之众，可必受敌而不败者，奇正是也。"意思是，要想让全军部队在同敌军作战时不致失败，靠的是在战争中使用好正确的战略战术。以上所引《势》篇中的第二段话，孙子讲的就是人们在战争中，怎样才能使用好战略战术的问题。因为这个问题非常重要，涉及深层次的军事学基础理论，所以，我想再分两个小专题加以述评。

1. 凡战者，以正合，以奇胜。

这句话的意思是：凡是打仗，人们在作战中都必须使用"正确"的战略战术，可是，要想取得作战胜利，在使用"正确"的战争战术时，又要有创造性，灵活性，来一点儿"奇"。

——"奇""正"问题是中国古代统兵之将在作战中遇到的大问题。我国宋代《孙子兵法》的研究者王皙说："奇正者，用兵之钤键，制胜之枢机也。"①中国历代研究《孙子兵法》的人对"奇""正"问题也都很重视，但是，对于"奇""正"这两个概念的外延、内涵如何理解，又一直存在很大的意见分歧，真可谓众说纷纭，莫衷一是。据统计，仅在《十一家注孙子》一书中，对"奇""正"的不同诠释就达八种之多。有的解释，注者甚至自相矛盾，例如，曹操既说"正者，当敌；奇从傍击不备也"，但曹操又说"先出合战为正，后出为奇"②。著名的《唐太宗李卫公问对》甚

---

① 见中华书局《十一家注孙子》，第 83 页。

② 见中华书局《十一家注孙子》，第 80～81 页。

至用了大量的篇幅文字，专门讨论“奇”“正”问题。有的研究者认为“奇”“正”讲的是战争中兵力的不同配置；有的人却认为“奇”“正”讲的是不同的阵法、战法；还有人认为“奇”“正”讲的是军事地理等问题。

经过多年对《孙子兵法》的研究，特别是经过对中国传统兵学和西方近、现代军事学的比较研究，我认为孙子在《势》篇中所讲的“正”，实际上指的是人们在战争中使用的、所有“正确”的战争指导规律，也就是西方军事学家克劳塞维茨在《战争论》中所说的“军事科学”；而“奇”，指的是人们在使用这些“正确”的战略战术时，又必须有创造性和灵活性，也就是克劳塞维茨在《战争论》所说的使用它们时，必须讲究“军事艺术”，而不能死板地照搬照用，过于僵化①。这是因为，凡是所谓“正确”的、“科学”的战略战术，都是前人在战争中所获得的、已经被战争实践证明是成功、有用的作战经验，例如，孙子在《谋攻》篇里说的“十则围之，五则攻之”等，一般来说，在战争中只要兵力十倍于敌，便可以使用包围战，只要兵力五倍于敌，便可以使用进攻战，这样作战就容易取得胜利。这些都是前人在历代战争中已经使用过的、成功的战争经验。可是，由于战争总是在发展变化的，人们在每一场战争中，遇到的具体环境条件和作战的对手不同，所以，在运用这些正确的战略战术时，又必须根据具体的环境条件和不同的对手而创造性、灵活性地使用，否则，即便是正确、科学的战略战术也达不到预期的目的，不能赢得胜利。②

例如，在我国的战国时期，大将田单统率的齐国军队被燕国的军队包围，使用一般的突围方法难以成功。田单便找来一

① 可参见克劳塞维茨《战争论》第二篇第三章《军事艺术或军事科学》，《战争论》第133～136页。

② 毛泽东在读《后汉书·皇甫嵩传》时，曾经对《孙子兵法》中的“凡战者，以正合，以奇胜”有一个批语：“正，原则性；奇，灵活性。”见《毛泽东读文史古籍批语集》，第134页，北京，中央文献出版社，1993。

千多头牛，牛角上插上尖刀，牛尾上栓上用油浸过的茅草，用火点着，又选精兵五千，打扮成凶神恶鬼的可怕模样，趁夜半时分、燕军酣睡之时大举突围。燕军以为“天兵天将”从天而降，于是大乱，齐军突围成功，这就是中国古代军事史上著名的“火牛阵”。“火牛阵”助齐军突围成功，既符合“攻其不备，出其不意”“乱而取之”等正确的作战原则，同时，又“正”中有“奇”，用的是奇特的“火牛阵”，完全符合《孙子兵法》中所说的“凡战者，以正合，以奇胜”的用兵指导规律。

又如，公元前204年，大将韩信率兵数万，于井陉口(今河北井陉西北)以东摆“背水阵”，斩杀了赵将陈余，又追擒赵王歇，大获全胜。这也是“凡战者，以正合，以奇胜”的一个典型战例。此战获胜之后，韩信的部下问韩信：兵法上说打仗必须“右倍山陵，前左水泽”，将军您这次却摆了个“背水阵”，为什么竟然又取得胜利了呢？韩信答道：兵法上还讲了“陷之死地而后生，置之亡地而后存”呢，“背水阵”就是根据后面这条兵法原则决策而获胜的。——由此可见，使用兵法必须要灵活，要具体问题具体分析。使用什么兵法，怎样使用，一切必须以具体的时间、环境条件和不同的对手为转移。

众所周知，凡是正确、科学、有效的作战方法，都归根结底来源于战争实践，受到过战争实践的检验，并且以“原则”“规则”等形式，被一代又一代的职业军人以文字或口头的方式传授下来。前人传授给后人的这些正确、有用的作战方法、战争指导规律，就是孙子所说的“正”，所谓“正”，指的就是正确的战略战术中的通则、共性。可是，人们在战争中使用这些战略战术时的环境和对手又是特殊、具体的，不结合特殊、具体的环境和对手使用，就是我们现在说的“机械主义”“教条主义”，就要打败仗。而能够结合特殊、具体的环境和对手，创造性、灵活地使用正确的战略战术，就叫作“奇”，所谓“奇”，就是使用时必须来点儿变化，让普遍正确的战争指导规律结合具体的战争实际、转换成特殊正确的战争指导规律。

《说文解字》把“正”解释成“是也”，而把“奇”解释成“异也”。这种解释在军事学和战略学里完全适用。总之，孙子在“势”篇中说的“正”，就是正确的战略战术、战争指导规律中的“通则”，而“异”，就是人们在战争中使用这些“通则”时必须有“奇”、有“异”，要有所变化，要有一定的灵活性、创造性。

2. 故善出奇者，无穷如天地，不竭如江河。终而复始，日月是也；死而复生，四时是也；声不过五，五声之变，不可胜听也；色不过五，五色之变，不可胜观也；味不过五，五味之变，不可胜尝也。战势不过奇正，奇正之变，不可胜穷也。奇正相生，如循环之无端，孰能穷之？

孙子非常重视人们在战争中必须创造性地使用战争指导规律的问题。他认为人们在战争中不仅必须使用“正确”的战争指导规律（“凡战者，以正合”），必须结合战争的具体实际情况，创造性地使用正确的战争指导规律（“以奇胜”），否则，就无法获得战争胜利，而且，他还认为“奇”中有“正”（即在特殊、具体的战争指导规律中，总是包含有普遍的、一般正确的战争指导规律），“正”中有“奇”，而又通过“奇”而表现出来（即在普遍的，一般正确的战争指导规律中，总是积累着特殊、具体的战争指导规律中的正确因素，而又通过特殊、具体的战争指导规律而表现出来），这样一来，战争指导规律中的“奇”（特殊正确的因素）和“正”（普通正确的内容），于是在战争的发展过程中，便彼此相互依存、相互转化和促进，共同发展前进，从而，使得人类的作战方法和战略战术水平不断地发展、提高，使得人类的军事理论不断地丰富、发展、前进。这是一个永无止境、无穷无尽的辩证发展过程。因此，在我上面所引用的《势》篇中第二段话之后半段话中，孙子所说的意思就是：

（既然“凡战者，以正合，以奇胜”）所以，善于创造性地在战争中使用战略战术的人，他们就会在战争中不断地丰富和发展战略战术的内容，会使得战略战术像天空和大地那样，每时每刻都呈现出不同的、无穷尽的模样；像大江大河那样，永远不停地发展前进、奔流不息。战略战术的这种不断变化、丰富、发展的情形，就像天上的太阳和月亮，太阳和月亮每一天都升起又落下，但是，每一天都在变化，不是原来的样子；又像每一年都有春、夏、秋、冬四季，可是，每一年的春夏秋冬都不相同，各有各的特殊景象；战略战术的不断发展变化又像音律中高低不同的五个音阶，虽然音阶里只有宫、商、角、徵、羽五种，但是，音乐家就只凭这五种音阶的变化，可以演奏出让人们听不够的美妙乐曲；又像绘画中使用的五种颜色，颜色只有红、黄、蓝、白、黑五种，可是，美术家用这五种颜色，却可以画出让人们看不够的美术作品；这种情况还像所有的食品只含有酸、辣、苦、甜、咸五种味道，可是，厨师就是用包含有这五种味道的食材，烹调出各式各样的美味，让人们品尝不够——统兵之将在战争上造“势”用“势”也是同样的情形。战略战术中总有特殊性和普遍性，特殊性和普遍性总是随着人们在战争中不断地创造性使用而变化的，这种变化、发展是无穷无尽的。其特殊性转化为普遍性，普遍性又转化为特殊性，二者在人类从事战争的活动中总是相互依存、转化，不断地获得共同发展、提高，就像一个个圆圈，不断地沿着一个方向自我旋转又整体上升运行，有谁能够让它们停止下来呢？

——总之，孙子在《势》篇的第二段话中，所强调的是统兵之将要想在战争中战胜敌人，必须造“势”，具备强大的军事实力；而为了具备强大的军事实力，又必须发挥主观能动性，创造性地使用正确的战略战术。而人们在作战中每一次创造性地使用正确的战略战术，都会丰富、发展作战方法，提高军事科学和军事艺术的内容和水平，这是一个永无休止的发展过程。

孙子在《势》篇里所论述的战争指导规律的“奇”和“正”的关系，其实，从哲学角度看，也就是毛泽东在《矛盾论》中所讲的矛盾的个性和共性的关系。毛泽东说过：“这一共性个性、绝对相对的道理，是关于事物矛盾的问题的精髓，不懂得它，就等于抛弃了辩证法。”①两千多年前的孙子竟然能够如此正确地论述“奇”和“正”的问题，是令人感到非常惊讶，值得赞叹的！

---

① 毛泽东：《矛盾论》，见《毛泽东选集》，合订一卷本，第295页。

三、在敌我两军进行交战的关键时刻，军事实力必须使用得强大凶猛，作战的节奏必须非常迅速

【原文】 **激水之疾①，至于漂石者，势也；鸷鸟②之疾，至于毁折者，节③也。是故善战者，其势险，其节短，势如彉弩④，节如发机⑤。**

【注解】 ①激水之疾：强大而湍急的江河之水奔腾向前。②鸷鸟：鹰雕之类的猛禽。③节：节奏。④彉弩：拉满了弦的弓弩。⑤发机：用手触发弓弩上的按钮，把利箭发出去。

【述评】 这段话的意思是，孙子认为：强大而湍急的江河之水奔腾向前，冲击力是那样的强大，流速是那样的疾快，以至于能把小石块冲击得漂起来而不沉下去，这是因为奔腾的江河之水中有强大的动能和势力；凶猛的鹰雕从空中向下追捕小鸟时，俯冲的速度是那样的疾快，以至于有时快得折断了自己的翅膀，这是因为鹰雕俯冲下来的速度节奏太快了。所以，善于作战的统兵之将在两军进行交战的关键时刻，其手中掌握的军事实力也必须使用得强大凶猛，作战的节奏也必须迅速，应该像一张拉满了弦的兵器大弩中充满了动能和势能，用手一触动弩机的按钮，大弩上的利箭就一下子猛地疾飞出去。

——在战争中，在两军对阵交战之前，都要进行许多军事活动，例如行军、驻军、前进、后退、修路、架桥、偷袭、包围、突围等等，但是，关键性的军事活动还是两军交战、真刀实枪的战斗，两军决战才能最后决定战争的胜负；而决定两军决战胜负的决定性因素，又是军事实力的大小和作战的速度、节奏问题。孙子在《势》篇中第三段话中所讲的，就是在决战中使用军事力量的大小和作战的速度和节奏，他用激水冲石和鸷鸟毁节作比喻，把抽象思维和形象思维结合起来，生动地论述了在两军交战的关键时刻，军事实力必须强大而作战节奏必须迅速，才能取胜的用兵规律。孙子论述的这种用兵规律也是正确的，是古

今中外军事界人士达成的一种共识。例如，克劳塞维茨在《战争论》中，也强调军事统帅在进攻战中，必须使用强大的军事力量、高速度地进攻敌人，克劳塞维茨甚至用了一个和孙子在《孙子兵法》中几乎一模一样的比喻说："进攻应该像一支用强大力量射出去的箭，不应该像一个逐渐膨胀而最后破裂的肥皂泡。"[①]这个比喻，可以说就像是孙子在《势》篇中所说的"势如彍弩，节如发机"的翻版。

四、统兵之将在作战中只有凭借手中掌握着的军事实力，熟练地使用好军队的组织编制和军事指挥通信工具，才能够行使好"诡道""策略"，主动地摆布敌人、战胜敌人

【原文】 **纷纷纭纭，斗乱[①]而不可乱也；浑浑沌沌，形圆[②]而不可败也。乱生于治，怯生于勇，弱生于强。治乱，数也；勇怯，势也；强弱，形也。故善动敌者，形之[③]，敌必从之；予之，敌必取之。以利动之，以卒[④]待之。**

【注解】 ①斗乱：在混乱中作战。②形圆：布阵有章法。③形之：以假象欺骗敌人。④卒：役使敌人。

【述评】 这是一段引起历代《孙子兵法》的研究者产生不少意见分歧的话，可是，这段话又很重要。其实，孙子的这段话是专门讲在作战中必须对敌军行"诡道"的，是讲对敌人行"诡道"、策略时的必要条件。这段话的基本意思是：统兵之将在两军作战时必须注意使用策略，对敌军行"诡道"，要欺骗敌人；而要行"诡道"，欺骗敌人，统兵之将只能凭借自己手中所掌握着的强大的军事实力（"势"），熟练地使用好军队的分层组织管理编制（"分数"）和军事指挥通信工具（"形名"）。

读者在研读这段话时一定要注意，正如我已经讲过的那

① （德）克劳塞维茨：《战争论》，第944页。

样,《孙子兵法》中一些重要的概念、范畴既有"整体性""综合性"又有"模糊性""多义性"。例如,这段话中的"形"就有三种不同的含义:①"浑浑沌沌,形圆而不可败也"中的"形",指的是在两军作战时,统兵之将必须熟练地使用好军事指挥通信工具布阵,使自己布下的阵势周全有力,面对敌人应付自如;这个"形",是"形名"中的"形",说的是我军的动作、统兵之将布下的阵势。②但这段话中"强弱,形也"中的"形",无疑是指军事实力的强弱大小。③而"故善动敌者,形之,敌必从之"中的"形",又是特指"示形于敌"即欺骗敌人,给敌人以我军的假象,也就是毛泽东在《中国革命战争的战略问题》一文中,所说的"我们可以人工地造成敌军的过失,例如孙子所谓'示形'之类(示形于东而击于西,即所谓声东击西)"。[1] 总之,孙子在《势》篇的第四段话中所说的"形"字,有三种不同的含义,我们决不可以把它们的不同含义混淆在一起,否则,必然会引起理解上的混乱,不能正确地理解整个这段话所包含的丰富、深刻的意思。

因此,上面所引《势》篇中第四段话的完整意思则是:

敌我两军在战场上激烈地厮杀争斗,人多马杂,混乱不堪("纷纷纭纭"),但是,统兵之将的军事指挥艺术不可以乱了套;战场上的斗争发展形势浑沌不清,情况不明("浑浑沌沌"),可是,只要统兵之将带领部队布下的阵势周全有力,对敌应付自如,我军就不会失败。(我军在作战时必须讲究作战的策略,行"诡道",欺骗敌人)我军本来治军有方,却故意示给敌人一副治军混乱的假象;我军本来英勇善战,却故意示给敌人一副胆怯无能的样子;我军的实力本来强大,却故意假装力量弱小。部队究竟治理得混乱还是不乱,靠的是统兵之将能否使用好军队的分层组织管理编制("分数");本来英勇善战,却在战场上敢于装出一副胆怯无能的样子,靠的是统兵之将的手中,掌握有强大的军事实力("势");是向敌人示强还是示弱,靠的是统兵

① 毛泽东:《中国革命战争的战略问题》,见《毛泽东选集》,合订一卷本,第193页。

之将根据战场上的利害关系变化，对军事力量（“形”）的灵活把握和调动（“形名”）。因此，善于调动敌人行动的统兵之将，必须做到只要示敌以我军的假象，敌人一定会上当；只要想欺骗敌人，敌人一定会受到蒙蔽。统兵之将要善于用战场上的敌我之间的利害关系，主动地调动敌军的行动，要善于用假象役使敌人、摆布敌人。

总之，孙子在《势》篇第四段中所强调的重点，是在作战中必须凭借强大的军事实力“势”行“诡道”，使用好军队的分层管理体制（“分数”）和军事指挥通信工具（“形名”）；而重点中的重点，还是“势”，在对敌人行“诡道”时，没有强大的军事实力作后盾不行。

五、在战争中只能凭借军事实力战胜敌人，在使用军事实力时要做到因势利导

【原文】 **故善战者，求之于势，不责[①]于人，故能择人而任势。任势者，其战人[②]也，如转木石；木石之性，安则静，危则动，方则止，圆则行。故善战人之势，如转圆石于千仞之山者，势也。**

【注解】 ①责：责备、苛求。②战人：同敌军作战。

【述评】 中国古代社会的早期法家的代表人物慎到，在《慎子·威德》中说过两句推崇“权力”和“势位”的话，一句是“贤智未足以服众，而势位足以诎贤也”，意思是，一个人只凭借自己的智慧和贤德，是不能够让众人服从自己的，相反，一个人只要占据了有实力的地位，手中有了权力，却能够让有智慧和贤德的人相形见绌。慎到说的另一句话是：“尧为匹夫，不能治天下，而桀为天子，能乱天下”，意思是，当中国古代的圣君“尧”还只是一个无权无势的普通人时，不可能治理天下，而暴君“桀”，却只因为占据了“天子”这样有权有势的位置，所以，才能够把天下搞乱。孙子也“重势”（见《荀子·天下》），重视军权和军事实力。所以，他在以上所引《势》篇第五段话中的前半段话里所

说的意思是：

（因为"势"即军权和军事实力重要）所以，善于打仗的统兵之将，只信服自己手中掌握的军权，在作战中只凭借手中掌握的军权而赢取胜利，而不是把胜利的希望寄托在军中有智、有贤能的人身上；反之，统兵之将所以选择有智、有贤能的人，在军中任用他们，是为了更好地增加自己手中掌握的军权和军事实力。

而在以上所引《势》篇第五段话的后半段中，孙子所说的是，统兵之将在作战时，必须善于灵活地使用自己手中掌握的军权和军事实力，要做到因势利导，要善于根据作战时的具体环境、具体情况的不同而使用；尤其是在两军交战的关键时刻，必须要让自己手中掌握的军权和军事实力发挥出强而有力的战胜敌人的作用。因此，孙子在《势》篇第五段话中的后半段里所说的意思是：

凭借手中掌握的军权和军事实力率领军队同敌军作战，就像是人们运转木头和石块。木头、石块的特点是，把它们放在平坦的地方，它们就稳定、安静；把它们放在陡斜的地方，它们就要滚动。方形的木头、石块容易稳定，而圆形的木头、石块就会滚动。所以，善于打仗的统兵之将，也要掌握好手中的军权和军事实力，要像运转木头、石块那样做到因势利导，要在决战中，让手中掌握的军事实力有如从八千尺高山上推下来的圆石那样，有强大的力量，疾快的速度——这就叫作使用盛大的军权、军事实力。

【《势》篇内容提要】

综上所述，在《孙子兵法》的第五篇《势》中，孙子一共论述了五个问题：①统兵之将要想在战争中创造出强大的军事实力，一靠治理好军队，二靠运用好军事指挥通信工具，三靠运用好战略战术，四靠处理好战争中的"虚实"关系；②必须创造性地在战争中使用正确的战略战术，战争指导规律随着战争实践的发展而发展；③在敌我两军交战的关键时刻，军事实力必须使用得强大凶猛，作战的节奏必须非常迅速；④统兵之将在作战中只有凭借手中掌握着的军事实力，熟练地使用好军队的组织编制和军事指挥通信工具，才能行使好“诡道”、策略，主动地摆布敌人、战胜敌人；⑤在战争中只能凭借军事实力战胜敌人，在使用军事实力时要做到因势利导。

《势》篇的内容，可以概括为以下几句话：

“本篇内容从‘国家战略’深入到了‘军事战略’领域，开始论述统兵之将在战争时期和战场上的作战指导艺术。孙子要求统兵之将在战争中必须充分发挥自己的主观能动性，使用好军队的组织管理体制和军事通信工具，创造性地运用好战略战术，处理好敌我之间的‘虚实’关系，在两军交战的关键时刻以强大的军事实力战胜敌人。同时，孙子还论述了战争指导规律随着战争实践的发展而发展，以及统兵之将在战争中使用军事实力要因势利导等问题。

“本篇实际上论述的是中国古代军事基础理论。孙子在本篇中首次系统地提出了一些具有中国兵学特色的军事概念或范畴，如‘形势’‘分数’‘形名’‘奇正’‘虚实’‘势节’等。这些概念或范畴需要我们继续作深入的研究。”

第六篇《虚实》 怎样在战争中处理好“虚实”关系，以“实”击“虚”

《虚实》是《孙子兵法》中非常重要，其内容很奇特的一篇。在这一篇中，围绕着“虚”和“实”这一对中国传统兵学中所特有的、高度抽象的概念或范畴，孙子把统兵之将在战争中必须掌握作战的主动权、自由权；必须讲究策略，对敌人行“诡道”；必须在全面地了解敌情的同时，全面地对敌人封锁我军军情；必须集中兵力打击敌人等问题巧妙地糅和起来，加以论述，论述得相当别致、新颖，引人入胜，令人研读起来拍案叫绝。

表面上看来,《虚实》篇的内容是专门讲统兵之将的作战方法的,特别是讲作战方法中的策略即"兵者,诡道"的,但实际上,孙子在《虚实》篇里,主要强调的是搞好军事情报工作的重要性;是全面掌握敌情,同时对敌人全面地封锁我军军情的重要性;是统兵之将在战争中不仅要善于治理军队、率领军队作战,而且,还要善于指导军队的情报工作和军队自身的安全工作,要把治军、作战和情报、安全工作统统地领导起来。

长期以来,《孙子兵法》的一些研究者对《虚实》篇的内容缺乏细致而深入的研究,对这一篇中所潜存的唯物主义认识论、辩证法和作战方法的理论价值、实践价值估计不足,还没有进行深入的发掘①。而实际上,《虚实》篇中的理论思维相当深刻,朴素的唯物论色彩非常鲜明,逻辑推理也步步深入,说孙子在这一篇中的许多论述"充满了辩证法"也不过分。

在具体地述评《虚实》篇以前,我想首先讲一讲《虚实》篇在整个《孙子兵法》中所处的地位,即《虚实》篇与《孙子兵法》的第五篇《势》、第一篇《计》、第十三篇《用间》在内容上的有机联系:

第一,从《孙子兵法》的第五篇《势》与第六篇《虚实》的内在联系看,孙子在《势》篇的第一段话结束时,说了这样一段话:"兵之所加,如以碫投卵者,虚实是也",意思是,当我军在与敌军进行交战的关键时刻,我军的军事实力("势")必须非常强大,要做到像用手举起一块磨刀石砸破一个鸡蛋那样凶猛有力;孙子说,要想使军事实力达到这样凶猛有力的程度,靠的是统兵之将在战争中处理好敌我之间的"虚实"关系。然而,孙子

① 在《十一家注孙子》中,对"虚"和"实"解释得最含糊的是曹操,"曹操曰:能虚实彼此也"。而解释得比较接近孙子本意的是李筌和杜牧,"李筌曰:善用兵者,以虚为实;善破敌者,以实为虚","杜牧曰:夫兵者,避实击虚,先须识彼我之虚实也。"见《十一家注孙子》,第 96 页。但是,李筌和杜牧都没有揭示出"虚"和"实"有两重对立的含义,更没有发掘出"虚"和"实"有互相转化的辩证关系。

在《势》篇里，只是简单地讲了这么一句话，他并没有解释什么是“虚实”，也没有说为什么统兵之将处理好“虚实”关系，就能够达到我军兵力“以碫投卵”的那种打击敌军的效果——而紧接着第五篇《势》，第六篇《虚实》的内容，就是回答上述问题的；换言之，《虚实》篇的内容，就是对前一篇《势》中那句话的全面展开。从《孙子兵法》的第五篇《势》，再进入到第六篇《虚实》，孙子是从统兵之将在战争中怎样造“势”的议题，进一步阐述统兵之将在战争中怎样具体地用“势”的议题。

第二，从《虚实》篇与《孙子兵法》的第一篇《计》之间的内在联系看，孙子在《计》篇中，有一段话是专门讲“兵者，诡道”的，讲了“诡道十二法”，并且认为“诡道十二法”的精神实质是“攻其无备，出其不意”。可是，统兵之将究竟在战争中怎样对敌军行“诡道”，怎样贯彻“诡道十二法”的精神实质，在作战全局上怎样做才算是做到了“攻其无备，出其不意”呢？孙子在《计》篇中并没有回答——而孙子在《虚实》篇的第二段话中，所说的第一句话就是：“出其所不趋，趋其所不意”；其实，“出其所不趋，趋其所不意”，也就是“攻其无备，出其不意”的意思——由此可见，孙子在第六篇《虚实》中所论述的主要内容，正是回答《计》篇中所提出的、统兵之将在战争中怎样行“诡道”，贯彻“诡道十二法”的精神实质，在作战全局上怎样做才算是做到了“攻其无备，出其不意”的问题。

第三，《虚实》篇与《孙子兵法》的最后一篇，即第十三篇《用间》也有一定的内在联系。孙子在《用间》篇里，讲的是使用间谍、侦察敌情的方法，讲的是全面掌握敌情对于赢得战争胜利的极其重要性。他在《用间》篇里说了一段非常值得我们注意的话，他说“非微妙不能得间之实。微哉！微哉！无所不用其间也！”，意思是，从间谍那里了解敌人那方面的真实情况很不容易，必须使用精细而巧妙的手段，真是微妙啊！微妙啊！凡是处理有关战争所有的事情,都离不开间谍们提供的情报。而在《虚实》篇中,孙子论述的内容,不仅是统兵之将在战争中使用间谍、全面地了解敌情的重要性,而且,还是在作战中对敌军全面地封锁我军军情的极其重要性,孙子认为在战争中全面了解敌情和对敌军全面封锁我军军情的工作同等重要。他在《虚实》篇中,甚至用了和《用间》篇中一种相类似的词语和口气,说向敌人全面封锁我军军情的工作应该达到这种地步:"微乎!微乎!至于无形;神乎!神乎!至于无声","故形兵之极,至于无形;无形,则深间不能窥,智者不能谋",等等。

由此可见,孙子在《虚实》篇里,主要讲的是作战中的侦察反侦察的问题,是军事上的情报战即现代战争理论中所说的信息战的问题,是情报战、信息战如何配合军事作战的大问题!

以下,为了述评好《虚实》篇的全部内容,我还是从这一篇的篇名开始讲起。

【篇名】

要想正确地理解《虚实》篇中全部而深刻的内容,关键在于要搞清楚"虚"和"实"这两个概念的确切含义。许多《孙子兵法》的研究者,正是因为没有搞清楚这两个概念的含义,所以,才没有能够正确地把握《虚实》篇里的丰富内容,对其中的一些深刻内容产生种种误解、作了误释。

其实,《孙子兵法》第六篇中的"虚""实"是两个内涵完全对立、意思完全相反的概念或范畴,**尤其是,这两个内涵完全对立、意思完全相反的概念或范畴,又具有两重不同的含义,即不同的"本体论"含义和不同的"认识论"含义。**这两重不同的对立、相反的含义,绝对不可以混淆!

1. 就"虚""实"的本体论即"虚""实"自身的含义而言,《说文解字》对"实"的解释是"实,富也",所以,"实"指的是一个事物本身的内容"充实"而质料"富有",不虚弱,不空虚;而"虚"恰恰与“实”相反，是指一个事物的内部缺乏质料和内容，虚弱，贫乏，甚至于空虚。

实际上，“虚”和“实”这一对在本体论意义上内涵完全对立、意思完全相反的概念，早已融入了我们中国人的日常生活之中，构成了我们表达事物本身的内容、质料的一对常用的词语。例如，我国的中医医生在给病人看病时，常常诊断说这个人的“体实”，那个人的“体虚”；指的就是这个人的身体健康，元气足，不虚弱，而那个人的身体不健康、不结实，缺乏元气，气质虚弱。又如，同样是一斤重量的大米，人们用来煮一小锅大米饭，煮出的米粒在小锅里集中在一起，我们就说这一小锅米饭是“实”的；而如果用一斤大米来煮一大锅大米粥，煮出来的米粒分散在锅中的大量汤水之中，我们就说锅中的米粒“稀”或者“虚”。

孙子对中国传统兵学理论的一个重要贡献，就是把“虚”“实”这一对内涵对立、意思完全相反的概念或范畴，引入了军事学领域，用“虚”“实”来表达作战中的兵力“分散”和兵力“集中”。孙子在《虚实》篇中论述的意思是：假如敌我两军各自都是由十万人组成的，又如果我军已经知道敌军的十万人部队分别部署在十个不同的地点，知道对我军有利的战时、战地，那么，我军便可以集中起我军的十万人兵力，在敌军的十个不同的地点上，先后一个又一个地进攻和收拾在十个地点上兵力分散、力量虚弱的敌人，这就叫作我“实”而敌“虚”，因为兵力集中的我军是“实”的，军事力量强大，而兵力分散的敌军是“虚”的，军事力量弱小，以我军之“实”攻敌之“虚”，有取得作战胜利的必然性。

2. 就“虚”“实”的认识论含义，即事物的真实情况能不能被人们所认识到而言，“实”是指人们能够认识到事物的真相，一个事物的表里如一，现象反映本质，真而不假，人们能够透过一个事物的现象看到其本质;而“虚”恰恰相反,认识论上的“虚”,是指一个事物有假象,表里不一,“虚假”不真实,其本质不容易被人们发现。

“虚”和“实”这一对在认识论意义上的内涵对立,意思相反的概念,也很早就融入了我们中国人的日常生活之中,是我们观察、判断事物常用的一对词语。例如,我们在平日议论人品时,常常说这个人“实在”,而那个人“虚伪”,说的就是这个人表里如一,脾气性格和内心世界能够表露于外,容易被大家所认识;而那个人恰恰相反,那个人表里不一,常常给人以假象,“虚伪”不真实,善于掩盖自己的真实面目和真实意图。又如,同样是重量相同的一斤大米,无论是用来烧一小锅米饭,还是用来煮一大锅米粥,如果把你的双眼用黑布蒙上,你就分辨不出哪个是一小锅米饭,哪个是一大锅米粥,这就是认识论上的“虚”之含义,指人们不能看清事物的真实情况;但是,如果把蒙在你双眼上的黑布去掉,你就能够分辨出哪个是一小锅米饭,哪个是一大锅米粥,这就是认识论意义上的“实”,指人们能够看清事物的真实情况。

孙子对中国传统兵学理论的又一个重要贡献,就是把“虚”“实”上述一对内涵对立、意思完全相反的概念和范畴,也引入了军事学领域,用“虚”“实”来表达在战争中,我军一方面必须对敌军封锁我军的军情,另一方面,又要全面地掌握敌军的军情。孙子认为,要想赢得作战的胜利,我军既要让敌军无从了解我军的部署情况,无从了解我军想在何时、何地向敌军发起进攻,使敌人了解不到我军的军情,或者只能了解到我军的假象,这就叫作“我虚”;而另一方面,我军又要尽量设法了解清楚敌军的兵力部署情况,全面地掌握住敌军的情况和行动规律,这就叫作“敌实”。这样一来,正因为在作战中“我虚”,即敌军了解不到我军的真实情况和行动规律,而“敌实”即我军却能够了解敌军的真实情况和行动规律，所以，敌军才处于被动的局面，在战场上处处设防，兵力只能分散开来使用，敌军的兵力不能集中使用，在整体上陷入虚弱的境地，这就叫作“敌虚”（本体论意义上的“虚”）；而我军却因为掌握了敌情和敌军的行动规律，所以，就处于了主动地位，能够选择有利的战时、战地，集中起优势兵力，在敌军设防的各点上，分别一个接一个地打击、战胜兵力虚弱的敌军，这就叫作“我实”，以我之“实”，击敌之“虚”。

因此，要想真正地做到理解《虚实》篇中的全部而深刻的思想内容，必须要首先了解清楚孙子在这一篇中所说的“虚”“实”有两重不同的含义。

3. 孙子在《虚实》篇中，是以统兵之将在战争中必须掌握住作战的主动权、自由权（“致人而不致于人”）而“破题”、论述“虚实”关系的。那么，统兵之将在战争中怎样才能掌握住作战的主动权、自由权呢？

孙子认为，为了掌握作战的主动权、自由权，统兵之将在作战中必须讲策略，行“诡道”，走一段曲折的路。那就是必须做到首先掌握住敌情，同时，叫敌军了解不到我军军情，即做到“敌实”而“我虚”（认识论意义上的“实”“虚”），即在我军能够掌握敌军行动规律和敌军掌握不了我军行动规律的基础上，然后，才能做到“我实”而“敌虚”（本体论上的“实”“虚”），即集中起我军的优势兵力，在兵力不得不分散开来的敌军的各个地点上，狠狠地打击、战胜力量虚弱的敌人。不先走第一步，做到“敌实”而“我虚”（我知敌而敌不知我），就做不到第二步，即“我实”而“敌虚”（以我军的优势兵力，战胜兵力虚弱的敌人）。

由此可见，孙子在《虚实》篇所讲的主要内容，就是战争中的认识论问题，是兵力的集中与分散的问题，是“兵者，诡道”的问题，也就是在作战中首先必须做到认识论上的“敌实”而“我虚”（我知敌而敌不知我），然后，才能做到本体论上的“我实”而

“敌虚”(我军才能以优势兵力战胜敌人)的问题。如果从军事哲学的高度考察,孙子在这一篇中,实际上阐述的是“虚”和“实”这对矛盾的对立统一关系,是“虚”“实”这对矛盾着的双方的区别、联系以及各自朝着自己的对立面转化。所以,我认为《孙子兵法》之《虚实》篇的内容很奇特,思辨性很强,说它充满了辩证法也不过分。

《虚实》篇里的文字可以划分为五段话,下面,我就分五个小专题加以述评。

一、统兵之将要掌握住战争中的主动权、自由权,要善于用利害关系削弱敌人的军事实力

【原文】 **孙子曰:凡先处[①]战地而待敌者佚,后处战地而趋战[②]者劳。故善战者,致人[③]而不致于人。能使敌人自至者,利之也;能使敌人不得至者,害之也。故敌佚能劳之,饱能饥之,安能动之。**

【注解】 ①处:到达、占据。②趋战:仓促应战。③致人:能调动别人,主动。

【述评】 这段话的意思是,孙子说:凡是首先抢占到两军就要进行战斗的地点进行防御、等待敌人进攻的军队,就主动、有战斗力、处于优势地位;凡是后来才赶到两军交战的地点的军队,就被动、劳累,处于劣势地位[①]。所以说善于打仗的人,总是能够做到先发制人,而不受敌人的摆布。而要想让敌人自愿地前来进攻我军,就要设法让敌军知道前来进攻对敌军有利;要想让敌军不前来进攻我军,就要设法让敌军知道前来进攻对敌军有危害。因此(示敌以利害)就能够让休整好、有战斗力的敌军

① 克劳塞维茨认为,凡是在两军交战之前,首先抢占到战斗地点的军队,有三个优势,即一有“地形之利”,二有“时间之利”,三有侦察敌情、隐蔽自己,出其不意之利。见《战争论》,第481页。

陷于劳累，吃饱了陷入饥饿，从安定而有秩序陷于行动混乱的局面。

毛泽东十分重视一支军队在战争中要掌握主动权、自由权，他在《论持久战》中这样说："行动自由是军队的命脉，失了这种自由，军队就接近于被打败或被消灭。一个士兵被缴械，是这个士兵失了行动自由被迫处于被动地位的结果。一个军队的战败，也是一样。为此缘故，战争的双方，都力争主动，力避被动。"①

在《虚实》篇的第一段话中，孙子讲的就是统兵之将在战争中掌握主动权、自由权的重要性：一方面，自己一方的军队在战争中必须力争主动，要处处先发制人，有自由，处于优势地位；另一方面，又要时时迫使敌人陷入被动，失去自由，在战争中始终处于劣势地位。那么，怎样才能迫使敌人陷入被动、失去自由呢？孙子认为，迫使敌人陷入被动、失去自由的方法，就是示敌以"利害"——**实际上，也就是要用假情报欺骗敌人、迷惑敌人、调动敌人**——在孙子所说的"能使敌人自至者，利之也，能使敌人不得至者，害之也"这段话中，其实，还包含有这样一层隐藏着的、孙子没有明确说出来的"暗示"或者"言外之意"，那就是：如果我军实际上已经充分做好了战斗防御的准备，已经知道敌人前来进攻我军必遭失败，那么，就可以故意向敌人那方面散布假情报，让敌人错以为前来进攻我军对敌人有利，用这种方法诱使敌人前来进攻，使敌人进攻失败；反之，如果我军并没有做好防御的准备，已经知道敌人前来进攻我军对我军不利，那么，又可以散布假情报，让敌人错以为前来进攻我军对敌人不利，用这种方法防止敌人进攻我军。

因此，散布假情报，欺骗敌人，对敌人搞"诡诈"，以"利害"示敌，乃是"劳"敌，"饥"敌，"动"敌，即削弱敌军的战斗力，最后战胜敌军的一个非常重要的前提条件。

---

① 毛泽东：《论持久战》，见《毛泽东选集》，合订一卷本，第 455 页。

二、全面摸清敌情和对敌人全面封锁我军军情，是在作战中取得主动权和自由权的先决条件

【原文】 **出其所不趋，趋其所不意。行千里而不劳者，行于无人之地也；攻而必取者，攻其所不守也；守而必固者，守其所不攻也。故善攻者，敌不知其所守；善守者，敌不知其所攻。微[①]乎！微乎！至于无形；神[②]乎！神乎！至于无声，故能为敌之司命。进而不可御者，冲其虚也；退而不可追者，速而不可及也。故我欲战，敌虽高垒深沟，不得不与我战者，攻其所必救也；我不欲战，画地而守[③]之，敌不得与我战者，乖其所之[④]也。**

【注解】 ①微：微妙。②神：神奇。③画地而守：不认真防守，只用手画一下，并不采取防御措施。④乖其所之：乖，违背、改变。乖其所之，指改变敌人的进攻方向。

【述评】 孙子在前面《虚实》篇的第一段话中，说了两层意思：一是统兵之将在战争中必须掌握主动权、自由权；二是为了掌握主动权、自由权，要善于用利害关系削弱敌人的实力。而在以上所引《虚实》篇的第二段话中，他进而强调说，在战争中，统兵之将必须做到全面地摸清敌情，同时对敌人全面地封锁我军军情，担负起侦察反侦察的领导工作。这是我军攻必取、守必固、行军时不劳累、撤退时敌人追不上，在作战时取得主动权、自由权的先决条件。

《虚实》篇第二段话中的内容也很丰富。**在这段话中，除了孙子用文字已经明确地表达的意思，也有一些孙子没有明确表达的“言外之意”和“暗示”。**这些“暗示”所强调的，正是统兵之将要想在作战中取得主动权和自由权，必须全面地摸清敌情，并且对敌人全面地封锁我军军情。所以，《虚实》篇中第二段话的完整意思是：

我军要进攻，就必须进攻敌人不注意防守之地；我军采取的军事行动，要出乎敌人的意料之外。

我军行军千里，并不劳累，那是因为（事先经过侦察，已经知道敌人不会阻拦）行军于敌人不会阻挡的地区。凡是我军进攻，一定会夺得的地点，都是那些（事先经过侦察，已经知道）敌人不好好防守的地点。凡是我军防守，总会防守得巩固的地方，都是那些（事先经过侦察，已经知道）敌人不想好好进攻的地方。

（而另一方面）善于进攻的军队之所以进攻得手，是因为（封锁了进攻部队的军情）敌人不知道在哪里防守；善于防守的军队之所以防御成功，是因为（对敌人封锁了防守部队的军情）敌人不知道要在哪里进攻。真是微妙啊！微妙啊！我军的行动是那样的诡秘，对敌人来说，已经达到了无踪迹的地步。真是神奇啊！神奇啊！我军的动态是那样的隐蔽，对敌人来说，已经达到听不到我军一点点声音的地步。

（也正因为我军对敌人封锁了我军军情，我军才能获得主动、自由；也正因为敌人无法掌握我军的行动规律）所以，我军才能够成为主宰敌人命运的主人。当我军进攻时，敌人之所以没能够防御好，是因为（我军事先经过侦察，已经知道）我军进攻的是敌人兵力虚弱之地；当我军退却时，敌军之所以追不上我军，是因为（我军事先通过侦察，已经知道）敌人根本就追不上。所以，我军要想发起进攻战，敌人即使已经在阵地上垒上高墙，挖出深沟，也不得不出来应战，那是因为（我军事先通过侦察，已经知道）决战之地是敌人必须出兵迎战的救援之地；而我军要是不想同敌人展开决战，即使我军不认真设防，在我军的防守之地只用手画一个圆圈，敌人也不会前来会战，那是因为（我军事先经过侦察，已经知道敌人想要前来决战），我军早已想方设法，叫敌人改变了进攻的方向、地点。

三、只有既摸清了敌情，又对敌人封锁了我军军情，我军才能够集中兵力，在对我军有利的战时、战地战胜兵力虚弱的敌人

【原文】 **故形人而我无形[①]，则我专而敌分[②]。我专为一，敌分**

为十，是以十攻其一也，则我众敌寡；能以众击寡者，则吾之所与战者，约[3]矣。吾所与战之地不可知，不可知，则敌所备者多；敌所备者多，则吾所与战者，寡矣。故备前则后寡，备后则前寡；备左则右寡，备右则左寡。无所不备，则无所不寡。寡者，备人者也；众者，使人备己者也。故知战之地，知战之日，则可千里而会战。不知战地，不知战日，则左不能救右，右不能救左，前不能救后，后不能救前，而况远者数十里，近者数里乎？以吾度[4]之，越人之兵虽多，亦奚益于胜败哉？故曰：胜可为也，敌虽众，可使无斗[5]。

【注解】 ①形人而我无形：做到我知敌情而敌不知我情，认识论上的敌“实”我“虚”。②我专而敌分：我军兵力集中而敌人兵力分散，本体论上的我“实”敌“虚”。③约：兵力少而虚弱。④度：揣度、推断。⑤无斗：无法战斗。

【述评】 这段话是《虚实》篇中的核心段落，孙子论述了《虚实》篇的主题和中心思想。那就是：只有既摸清了敌情、又对敌人封锁了我军军情，也就是首先做到认识论上的敌“实”而我“虚”（我知敌而敌不知我），才能做到我军集中兵力，在对我军有利的战时、战地战胜兵力虚弱的敌人，即做到我“实”而敌“虚”（本体论上的以“实”击“虚”）因此，孙子在《虚实》篇第三段话中说的意思就是：

所以，我军要首先做到摸清敌情，而不能让敌人掌握我军的军情，正因为我军摸清了敌情而敌人摸不清我军的军情，我军的兵力才能够集中，敌人的兵力才不得不分散开来，处处设防。我军在一个需要战斗的地点上，能够把所有的兵力集中在一起，而敌人却不得不把兵力分散到十个不同的地点上，不能集中起来，那就等于在需要进行战斗的每一个地点上，我军能够以十倍于敌的兵力，攻击只有我军十分之一兵力的敌人啊！于是，在每次战斗中，我军的兵力肯定多，而敌人的兵力肯定少。既然在每一次战斗中我军总是以众多的兵力，攻击敌人很少的兵力，那么，我军必然会战胜力量虚弱的敌人。

（再加上我军通过侦察活动，已经知道在哪里展开战斗对我军有利）敌人却不知道我军在哪里展开战斗；敌人因为不清楚我军在哪里展开战斗，所以，就要把自己的兵力分散开来，在许多地点上进行防御。既然敌人把兵力分散开来，在许多地点上进行防御，那么，我军在每一个需要进行战斗的地点上，就是以众多的兵力与兵力弱小的敌人作战了。这样一来，就形成了敌军在前面地点上备战而后面的兵力少，在后面地点上备战而前面的兵力少，在左边的地点上备战而右边的兵力少，在右边的地点上备战而左边的兵力少，在前后左右所有的地点备战，而所有的地点上兵力都少的虚弱局面。我孙子在这里所说的“兵力少”，指的是不得不在各点上处处设防的敌军，所说的“兵力多”，指的是迫使敌人不得不在各点上处处防御的我军。

因此，当我军（经过侦察）已经知道何时、何地应当展开同敌人进行战斗时，就可以不惜奔袭千里长途之路赶来同敌人会战；而敌人却不知我军何时何地要同其进行会战，（于是，当会战发生时）左边的敌人救不了右边的敌人，右边的敌人救不了左边的敌人，前面的敌人救不了后面的敌人，后面的敌人救不了前面的敌人。更何况，兵力分散在前后左右各点的敌人，都相隔几十里地，到了在一个地点进行会战时，敌人谁也来不及救谁；即使只相隔几里地，就来得及救助吗？

据我孙子推断，（我们吴国要是同越国打仗）虽然越国的军队比吴国的军队人数多，（但只要采用我上面所说的这种作战方法）越国又怎么可能凭借军队的人数多，就决定战争的胜负结局呢？所以，我说：赢得战争胜利是可以办到的，即使敌军的人数多（采用我说的这种作战方法）也能够使敌军发挥不出战斗力。

——以上孙子在《虚实》篇的第三段话中所说的精神实质，就是统兵之将为了赢得战争的胜利，必须采用“集中优势兵力，各个歼灭敌人”的作战方法。孙子在世界军事科学史上首次提出了这种作战方法之后的两千多年，这种作战方法已经成为适用于各国军队作战时的普遍性的战争指导规律。例如，西方近代军事学家克劳塞维茨在《战争论》中，便系统论述了“空间上的兵力集中”和“时间上的兵力集中”理论①，进一步发展了孙子的有关理论。在中国现代的解放战争中，毛泽东也非常重视孙子的有关理论，提出了著名的“十大军事原则”②，继承并且发展了孙子关于“集中优势兵力”的思想，用以指导中国人民解放战争，促进了中国革命的胜利。**但我们必须注意，孙子在论述只有集中起兵力，才能战胜敌人时，是以首先要摸清敌情，同时对敌人封锁我军军情为前提条件的。**不先做到敌“实”而我“虚”，就不可能做到我“实”而敌“虚”，从而战胜敌人（前面的敌“实”而我“虚”，是认识论上的“实”“虚”，后面的我“实”而敌“虚”，是本体论上的“实”“虚”）。十二分重视通过侦察而全面地掌握敌情，十二分重视对敌人封锁我军的军情，要求统兵之将把治军、作战、情报、安全工作有机地结合起来、统统地领导起来，是孙子兵学思想的又一大特色。关于这个问题，我以后在述评《孙子兵法》的第十三篇《用间》时，还要详细论述。

四、侦察和掌握敌情要经过一个过程，这个过程贯穿于战争的始终

【原文】 **故策之而知得失之计，作之而知动静之理，形之而知生死之地，角之而知有余不足之处。**

【述评】 在战争中掌握敌情既然十分重要，那么，是不是经过我军的间谍侦察活动，一下子就可以摸清敌情，毕其功于一役呢？孙子的回答是否定的。他认为，因为战争是发展变化的，敌情也一直在变化，所以，侦察、了解敌情要经过一个过程，这

① 可参见克劳塞维茨：《战争论》，第219～227页，《空间上的兵力集中》和《时间上的兵力集中》。

② 毛泽东：《集中优势兵力，各个歼灭敌人》，见《毛泽东选集》，合订一卷本，第1093～1097页。

个过程应当贯彻于战争的自始至终，而且，侦察、了解敌情不只是我军间谍的事情，统兵之将也必须亲力亲为。所以，在以上所引《虚实》篇的第四段话中，孙子所说的意思是：

在战争刚刚开始，敌我双方制定作战计划时，我军就要通过侦察活动，掌握敌军的作战计划，并且要分析敌军作战计划中的长短得失；

在战争发动起来，持续进行的过程中，我军还要不断地了解敌军的动态和行动规律；

在两军的决战发生之前，我军必须通过侦察或小规模的战斗挑动手段，了解清楚对敌我有利和不利的地形特点；

而只有在两军真正地展开决战时，才能够完全、准确地知道敌我双方各自具有的优势、劣势在哪里。

——从军事认识论和军事实践论的角度分析，孙子在《虚实》篇中第四段中所讲的内容，实际上就是讲统兵之将从事的作战活动，乃是一个相当复杂的、有矛盾的认识过程和实践过程；统兵之将的主观战略认识和作战方法，必须自始至终追随并且符合战略的客观实际和战争的客观规律。

五、侦察、了解敌情和对敌人封锁我军军情的情报活动要高度保密，要做到极致

【原文】 **故形兵[①]之极，至于无形；无形，则深间不能窥，智者不能谋。因形而错胜于众[②]，众不能知。人皆知我所以胜之形，而莫知吾所以制胜之形。故其战胜不复[③]，而应形于无穷。**

【注解】 ①形兵：侦察、了解敌情和对敌封锁我军军情的情报活动。②错胜于众：把作战胜利的结果摆在众人面前。③战胜不复：每一次战胜敌人的作战方法，都不重复。

【述评】 孙子在以上所引《虚实》篇的第五段话中讲了三层意思：其一，侦察、了解敌情和对敌人封锁我军军情的情报活动要高度保密，要做到极致；其二，搞好情报战（中国古代的信息战）

是搞好军事作战、赢得战争胜利的前提条件；其三，统兵之将的作战方法，必须随着敌情、我情的不断变化而变化。因此，孙子在《虚实》篇第五段话中所说的意思则是：

（情报工作既然非常重要）所以，侦察、了解敌情和对敌人封锁我军军情的情报活动（"形兵"）就要高度保密，要做到一般的人发现不了一点形迹的地步（"无形"），做到极致。正因为人们发现不了一点儿我军情报活动的形迹，我军对敌人封锁了我军军情，所以，才使得深藏在我军内部的敌人间谍，窥探不到我军的真实情况，从而，使得敌军那方面有智谋的人，想不出对付我军的好办法。（因为我军的情报工作做得好，因为我军了解的都是敌人那方面的真实情况，而敌人了解的都是我军的虚假情况，从而，导致了我军能够赢得作战胜利，但是）把我军取得胜利的结果摆在众人的面前，众人并不知道我军的情报工作在其中起到的重要作用。人们只知道我军所采取的一系列作战措施取得了胜利，却不知道我军采取的一系列作战措施，是以获得了正确的情报为前提的。因此，我军在每一次作战中采用的战胜敌人的方法都不是重复的，而侦察、了解敌情和对敌人封锁我军军情的情报活动，也是不断发展、变化无穷的。

六、"作战战略"最重要、最简单的准则是避"实"击"虚"，因势利导

【原文】 **夫兵形①象水，水之形，避高而趋下，兵之形，避实而击虚。水因地而制流，兵因敌而制胜。故兵无常势，水无常形，能因敌变化而取胜者，谓之神。故五行无常胜②，四时无常位③，日有短长④，月有生死⑤。**

【注解】 ①兵形：打仗的情况、规律。②五行无常胜：金、木、水、火、土相生相克，说不上谁胜谁败。③四时无常位：春、夏、秋、冬每一年都循环往复，哪一个季节都不会固定。④日有短长：每一个白天和另一个白天，太阳运行的时间都长短不一致。⑤月有生死：天空中的月亮，总有时圆，有时缺。

【述评】 孙子在“虚实”篇里所论述的中心议题是：统兵之将在战争中必须掌握主动权、自由权；而能不能掌握主动权、自由权的关键，又是一个在战争中怎样使用“势”即军事实力，以及怎样以我之“实”击敌之“虚”的问题。

毛泽东在《论持久战》中说过：“主动是和战争力量的优势不能分离的，而被动则和战争力量的劣势分不开。战争力量的优势或劣势，是主动或被动的客观基础”，“因而也是和主观指导的正确或错误分不开的。”①

那么，统兵之将在主观上怎样指导战争、正确地运用“势”即军事实力，才能始终掌握住战争中的主动权、自由权呢？在《虚实》篇的最后一段话中，孙子用一系列生动的比喻，即“象数推理”，强调了两点：

第一，“作战战略”最重要、最简单的准则是“避实而击虚”，也就是要讲策略，对敌人行“诡道”，不能直来直去，不能硬碰硬。一方面，当我军的实力弱小时，不能和实力强大的敌军硬拼；另一方面，要善于和敌人巧妙地周旋，想办法逐渐削弱敌军的实力，待我军的实力强大以后，再以我军之“实”击敌之“虚”，这样才能战胜敌人。

第二，打仗是发生在敌我双方之间的事，战争又是不断地发展变化的，所以，一定要随时随地掌握敌人的动态，根据敌我双方军事实力的大小变化对比，不断地调整作战的计划、方案，因势利导地使用军事力量。

因此，孙子《虚实》篇的最后一段话里讲的意思是：统兵之将在战争用“势”即使用军事力量，应该像水的运动规律和水的形状。水的运动规律总是从上方流向下方，而不是由低处逆流向高处；在战争中使用军事力量，也应该避开实力强大的敌人，待我军的实力变强大时，再打击弱小的敌军。水的运动特点是，因地势的不同而运动的方向不同，打仗也应该根据敌情的不同，采用不同的作战方法，才能取胜。所以，同敌人作战使用

---

① 毛泽东：《论持久战》，见《毛泽东选集》，合订一卷本，第455、456页。

军事力量，并没有一成不变的套路，就像流动的水没有固定的形状，能够做到因敌情的变化而随时改变自己作战方法的统兵之将，才称得上是用兵之神。所以(统兵之将要做到因势利导，根据不同的情况使用不同的作战方法，作战方法不可以固定不变)，这种情况就像“五行”中的金、木、水、火、土，金木水火土之间的运动总是相生又相克，周而复始地一个取代另一个，谁也说不上谁胜谁败；又像每一年都有春、夏、秋、冬四季，年年的春夏秋冬都循环往复，没有哪个季节能够固定住；还像天上的太阳，太阳每天都升起又落下，但每一天升起落下的时间都不一样；又像夜空中的月亮，月亮的形状总是有时圆、有时缺，盈缺永远在变化之中。

【《虚实》篇内容提要】

总而言之，在《虚实》篇中，孙子先后论述了六个方面问题：①统兵之将要掌握住战争中的主动权、自由权，要善于用利害关系削弱敌人的军事实力；②全面摸清敌情、对敌人全面封锁我军军情，是在作战中取得主动权和自由权的先决条件；③只有摸清了敌情，又对敌人封锁了我军军情，我军才能集中兵力，在对我军有利的战时战地战胜兵力虚弱的敌人；④侦察、掌握敌情要经过一个过程，这个过程贯穿于战争的始终；⑤侦察、了解敌情和对敌人封锁我军军情的情报活动要高度保密，要做到极致；⑥“作战战略”最重要、最简单的准则是避“实”击“虚”，因势利导。

应该用下面的这些话，来概括《虚实》篇的内容：

“本篇联系战争中敌我双方的作战活动，要求统兵之将必须掌握战争中的主动权、自由权，其方法是要善于用利害关系削弱敌人的军事实力，特别要在战争中始终摸清敌情，同时向敌人封锁我军军情，在认识论上做到我知敌而敌不知我，即做到敌‘实’我‘虚’，因为只有做到战争认识论上的敌‘实’我‘虚’，才能做到战争本体论上的我‘实’敌‘虚’，使我军能够集中起优势兵力，在对我军有利的战时战地，以强大的军事实力，通过一次又一次的战斗，战胜兵力分散而虚弱的敌人。

“在本篇中，孙子还论述了侦察、了解敌情和对敌人封锁我军军情的情报活动，要贯穿于战争过程的始终，要高度保密，以及‘作战战略’的基本原则，是‘避实击虚’等问题。

“把‘虚实’概念引入军事理论是孙子对中国传统兵学的重大理论贡献之一，也是他对世界军事理论做出的一个重大贡献。”

第七篇《军争》 行军、作战切勿片面地求“直”、求“快”，必须尊重客观规律

前面已经说过，《孙子兵法》中间的四篇《势》《虚实》《军争》《九变》，总的来说，论述的都是“军事战略”，都是统兵之将在战争时期和战场上的作战指导艺术，但是，孙子在这四篇之中的前两篇《势》《虚实》和后两篇《军争》《九变》中，所论述的作战指导艺术的侧重点不同：

在《势》篇和《虚实》篇中，孙子重点论述的是为了赢得战争胜利，统兵之将在战争中必须充分发挥自己的主观能动性，造好“势”，用好“势”，创造性地使用好战争指导规律，并且处理好敌我之间的“虚”“实”关系，以便在两军交战的关键时刻以“强”击“弱”，以“实”击“虚”，以自己一方的强大实力战胜实力虚弱的敌人。而在《军争》篇和《九变》篇中，孙子重点论述的内容，不仅是统兵之将为了赢得战争的胜利，必须充分发挥自己的主观能动性，而且是在处理战争中的一切问题时，还必须从战争的实际情况出发，尊重客观规律，亦即统兵之将所发挥的主观能动性，必须建立在尊重战争客观规律的基础之上。孙子认为，统兵之将在战争中如果不从客观实际出发，不尊重战争的特点和规律，自己的主观世界、包括自己的头脑和思想方法，不

符合战争实践的客观要求，那么，只能导致作战失利，甚至导致“覆军杀将”的严重后果。

以上所述的，就是《孙子兵法》中间四篇的前两篇与后两篇在内容上的内在联系。

下面，我就开始述评《孙子兵法》的第七篇《军争》，首先，还是讲一下这一篇的篇名。

【篇名】

孙子在《军争》篇一开始就说：“凡用兵之法，将受命于君，合军聚众，交和而舍，莫难于军争。”那么，什么是“军争”呢？

顾名思义，“军”就是“军队”的意思，“争”是“争夺”意思；孙子在《军争》篇中所说的“军争”的意思很具体，指的乃是敌我两军在战争中，都要抢先争夺决战之前对自己有利的地形、地点，因为，抢先争夺到对自己一方有利的地形、地点，就能够获得作战的优势，在前一篇《虚实》中，孙子已经说过抢先争夺到这种地形、地点带来的好处，他说：“凡先处战地而待敌者佚，后处战地而趋战者劳。”

可是，孙子又说在“用兵之法”中，“莫难于军争”，这也就是说，他认为在统兵之将的作战指导艺术中，没有比率领军队抢夺交战之前对自己有利的地形、地点更难办的事情了。问题在于，孙子为什么说在“用兵之法”中莫难于军争呢？统兵之将率领军队抢夺这种地形、地点究竟难在哪里呢？

原来，这种在交战之前对一支军队作战有利的地形、地点，一般来说，绝不会是近在眼前、唾手可得的。为了争抢到这种地形、地点，一支军队往往要走一段很长的路，长途跋涉，进行强行军，而且，在行军途中，还会遇到很多障碍和困难，要花费一段很长的时间。克劳塞维茨在《战争论》中说过：“从军队开始集中到战斗成熟（即战略上已经把军队派到战斗地点，战术上已经给各个部分规定了位置和任务），这段时间在大多数情况下是很长的。”[①]显然，无论是孙子在《军争》篇中还是克劳塞维茨在《战争论》中所说的这种地形和“战斗地点”，一般指的都是重要的战略地形和重要的“战斗地点”。

既然一支军队从开始集合起来，到抢占到交战之前重要的地形、地点，需要经过一段很长的时间；既然前往这样的地形、地点，军队需要长途跋涉，途中会遇到不少的障碍、困难（有时，还不免会遭遇到敌人，发生战斗），那么，对于一个指导军队进行行军、作战的统兵之将来说，就必然会遇到一个非常难办的指导艺术问题，那就是：如何正确而恰当地处理好行军途中“迂”与“直”、“快”与“慢”和“利弊”“得失”之间的矛盾，具体地说，那就是在行军途中，为了快速地抵达目的地，究竟是不顾一切地硬要走一条“直”线，还是从行军的实际出发走一条“曲”线；究竟是为了快一些到达目的地，就丢掉一些军事装备、后勤物资而轻装前进，争夺先军之利，还是携带必要的军事装备、后勤物资才好；以及，为了快速地抵达目的地，统兵之将在行军途中，究竟还要不要遵守一系列正确的战略战术原则。

孙子对于这些问题的回答是：在“军争”中，统兵之将必须从行军的实际情况出发，必须尊重战争的客观规律，遵守一切正确的战略战术。他反对在“军争”的行军途中片面地走“直”线，图快捷，违背军事后勤工作的规律。他告诫统兵之将，在“军争”、行军途中，决不可以只从自己的主观意愿出发，做违背客观规律的事，否则，只能事与愿违，得到相反的结果。这就是孙子在《军争》篇里所阐述的主题和中心思想。

《军争》篇的特点是，孙子在这一篇里阐述了一些很珍贵的军事唯物论和军事辩证法思想，而且这些思想，又和中国道家的创始人老子的哲学思想有一定的联系。我相信，读者在研读

① （德）克劳塞维茨：《战争论》，第 386 页。

了《军争》篇之后，会得出这样的一个结论，那就是，中国古代兵学的代表作《孙子兵法》中的朴素唯物主义和原始的辩证法思想并不简单，并不浅薄，而是相当正确而深刻的！

《军争》篇里的内容，可以分为四个小专题加以述评。下面，我先述评《军争》篇中的第一段话。

一、统兵之将在同敌人“军争”时，要懂得“迂”与“直”、“患”与“利”的军事辩证法

【原文】 **孙子曰：凡用兵之法，将受命于君，合军聚众①，交和而舍②，莫难于军争。军争之难者，以迂为直，以患为利。故迂其途，而诱之以利，后人发，先人至，此知迂直之计者也。**

【注解】 ①合军聚众：聚集起民众，组织起军队。②交和而舍：敌我两军在交战之前的地点上对峙，分别驻扎在自己营垒里。

【述评】 这段话的意思是，孙子说：在领兵打仗的军事艺术中，最难办的事是统兵之将接受了国君的指令，从集合起众多的民众，组织起军队，直到把部队带领到两军交战之地而驻扎、对阵以前，通过长途行军同敌人争夺对自己一方有利的地形、战斗地点了。同敌人争夺这种地形、地点之所以困难，就在于统兵之将懂不懂得为了快点儿抵达目的地，为了行军走一条“直线”，首先必须走一条“曲线”；为了争夺先军之“利”，而必须首先迎接、处理好“患难”。所以，统兵之将为了快点儿抵达目的地，行军必须走一条“曲线”，必须用利害关系，诱使敌人去走一条“直线”，只有这样做，才能得到我军比敌军后出发，却比敌军抢先抵达目的地的好结果。这就叫作统兵之将懂得“迂”与“直”、“患”与“利”的军事辩证法。

——在以上孙子说的这段话中，包含有一些很精彩的军事唯物论和军事辩证法的思想，而且，正如我已经说过的那样，这些军事唯物主义和军事辩证法的内容，还和道家老子的哲学思想有一定的联系。

这是因为，孙子在这段话里，讲的是两军为了争夺交战之前对自己有利的地点，哪一方能够首先抵达的问题；是为了抢先一步抵达那个地点，必须提高行军速度的问题；是长途行军，究竟是走一条“直线”，还是走一条“曲线”的问题。如果走一条直线，那就意味着行军的路途短，行军的速度快，遇到的障碍、困难少，可以抢先一步抵达目的地；而如果走一条“曲线”，就意味着行军的路途长，行军的速度慢，遇到的障碍、困难多，比敌人晚一步抵达目的地。当然，从主观愿望来讲，在战争中，任何一个统兵之将为了赢得交战的胜利，都想行军走一条直线，先敌一步，抵达交战前的目的地，有谁愿意故意走一条路途长、速度慢、困难多的曲线呢？可是，一般来说，从开始进行长途行军（特别是军队进行大规模的战略行军），直到抵达两军交战之前的目的地，这段路程总是很长的；在行军途中，不可避免地会遇到很多天气、地形等自然障碍，敌人故意设置的障碍，以及意想不到的困难和偶然、突发事件；这种长途跋涉行军，总是要花费很长时间的。总而言之，从实际情况看，统兵之将带领军队进行这样的长途行军，决不会走的是一条笔直又笔直的直线！

也正因为如此，孙子认为，一个明智的统兵之将带领军队行军，必须从这种行军的实际情况出发，按照长途行军的客观规律办事，而走一条路途长、困难多、速度慢的曲线；而不能违背长途行军的客观规律，一厢情愿地硬是走一条路途短、困难少、速度快的直线。孙子还认为，从以往长途行军的大量经验看，如果统兵之将真的能够从实际情况出发，按照长途行军的客观规律办事而走一条曲线的话，那么，即使一支军队比敌军晚出发，也会比敌军抢先一步到达目的地，特别是如果统兵之将能够用利害关系，诱使敌人去走一条直线。相反，如果统兵之将不从实际情况出发，违背客观规律，行军硬是走一条直线的话，那么，往往事与愿违，本来想先敌一步抵达目的地，而结果，却走向了反面，即使比敌军行军早出发，收到的却是比敌军晚一步抵达目的地的坏结果。

老子在《道德经》里说过两句名言，一句是“曲则全，枉则直”，另一句是“反者，道之动”，意思是，人们处理问题往往要从对自己不利的反面着手，作最坏的准备，为了走一条直线而首先必须走一条曲线，最后，才能收到对自己有利的正面果实，这是宇宙万物运动发展的一种客观规律。孙子在“军争”篇第一段话里所说的“迂直之计”讲的是和老子同样的哲学道理，即统兵之将在“军争”的行军途中，只有从实际情况出发，走一条花费的时间长、困难多、速度慢，表面上对自己一方不利的曲线，反而会收获走一条花费的时间短、困难少、速度快，实际上的一条直线，最后，才会得到对自己一方有利的结果。这既是唯物论，又是辩证法。

毛泽东在《中国革命战争的战略问题》一文中，也论述过和孙子“迂直之计”几乎一样的军事唯物论和军事辩证法，而且认为这样唯物辩证地处理问题，乃是人们处理很多问题时必须遵循的一种规律，毛泽东的原话是这样说的：“革命和革命战争是进攻的，但是也有防御和后退——这种说法才是完全正确的。为了进攻而防御，为了前进而后退，为了向正面而向侧面，为了走直路而走弯路，是许多事物在发展过程中所不可避免的现象，何况军事运动。”①

利德尔·哈特在《战略论》中，充分肯定了孙子“迂直之计”在战略上的真理意义。利德尔·哈特这样说道：“在战略上，最漫长的迂回道路，常常又是达到目的的最短途径。”②利德尔·哈特的这句话，分明来自中国的《孙子兵法》，是对孙子“迂直之计”说法的一种理论发挥。

二、统兵之将在同敌人进行“军争”时，要正确处理行军途中的“利”“弊”关系

【原文】 **故军争为利，军争为危。举军而争利，则不及；委军而争利，则辎重捐①。故卷甲②而趋，日夜不处，倍道兼行，百里而**

① 毛泽东：《中国革命战争的战略问题》，见《毛泽东选集》，合订一卷本，第180页。

② （英）利德尔·哈特：《战略论》，第12页。

争利，则擒三将军[③]，劲者先，疲者后，其法十一而至[④]。五十里而争利，则蹶上将军[⑤]，其法半至。三十里而争利，则三分之二至。是故军无辎重则亡，无粮食则亡，无委积[⑥]则亡。

【注解】 ①捐：丢弃。②卷甲：将士们为了轻装前进，卷起铠甲。③三将军：三军将领。④十一而至：只有十分之一的人到达。⑤蹶上将军：前军将领遇到挫折。⑥委积：储备的物资。

【述评】 在同敌人进行“军争”时，统兵之将还会遇到这样一个军事后勤工作中的矛盾，那就是：如果军队在长途行军中携带全部军事装备辎重、行军途中将士们需要吃的粮食和运输物资的牛马们要消耗的草料，肯定会影响、拖累行军的速度；可是，如果军队不带够行军途中和抵达目的地以后，同敌人交战过程中需要的装备、各类物资，由于装备、各类物资没有带足，又必然会影响部队战斗力的正常发挥，从而，导致同敌人交战时战斗失败。那么，究竟应该怎样正确地处理这个矛盾呢？

孙子认为，“军争”的最终目的，并不是为了单纯地与敌人争行军的速度，而是为了行军抵达目的地之后，两军交战时战胜敌人。如果只为了提高行军的速度而丢弃必需的装备辎重、各类物资，缺乏后勤保障，不但会影响部队在行军途中的战斗力，而且，在部队抵达目的地之后，同敌人交战时，也容易导致战斗失败。所以，在同敌人“军争”时，统兵之将一定要从行军、作战的实际需要出发，按照军事后勤的客观规律办事，在行军途中携带“必要”的、“适度”的装备和各类物资，而究竟在行军途中带多少装备、物资才算“必要”“适度”，那就要看统兵之将的作战经验和军事艺术水平了。因此，在《军争》篇的第二段话中，孙子所说的意思则是：

在同敌人“军争”时，潜伏着对我军有利的结果，同时，也潜伏着对我军的危害（全在于我军使用哪一种“军争”的方法）：我军如果携带着全部装备、物资行军，同敌人争夺先军之利，那么，肯定会影响行军的速度；但如果丢弃必要的装备、物资，轻装前进（那么，行军的速度虽然加快了，可是）当以后同敌人交战时，所必需的装备、物资可就没有了。所以，如果让我军将士们卷起身上穿的铠甲而轻装前进，日夜不停，以加倍的行军速度连续行军一百里，同敌人争夺先军之利，那么（由于我军缺乏必需的装备、物资，在行军途中和两军交战时）全军的将领会被敌军俘虏，体力强的士卒会先赶到战场，而体力弱的士卒会落在后面，我军只会有十分之一的部队抵达交战的地点（交战时，我军必遭失败）；我军如果用轻装前进的方法行军五十里争利，前军的将领也会遇到挫折，只会有一半部队抵达目的地（也会在交战中失败）；这样子行军三十里争利，那么，只会有三分之二的部队抵达目的地（我军照样会失败）。所以说，军队行军时不携带辎重，交战时就容易失败；不带够粮食，将士们就没粮食吃，就无法生存；不带足储备的物资，就会打败仗。

——读者应该看到，孙子在《军争》的第二段话中，主要说了三层意思：

第一，他非常重视军事后勤在战争中的保障作用，认为后勤工作搞得好坏，关系到整个战争的最后胜负。统兵之将必须把军队的后勤工作领导起来，处理好。

第二，他认为高速度地行军，同敌人进行“军争”，只是手段，而最后两军进行交战时赢得战斗胜利才是目的。手段要服从目的。所以，必须正确而恰当地处理行军速度和携带后勤物资而拖累行军速度之间的矛盾，决不能只为了提高行军速度而丢弃行军、作战时所必需的后勤物资。

第三，提高到原则上说，统兵之将要处理好“军争”、行军中的“利”与“危害”的矛盾。

老子在《道德经》中有一句名言“祸兮，福之所倚；福兮，祸之所伏”，意思是，在人类社会中做任何事情都有“利”“弊”二端，“祸”就是潜伏在“福”里，“福”也潜伏在“祸”里，就看人们怎样正确地处理。就拿孙子所说的“军争”来说吧！携带军事装备、物资，从表面上看，从短期效果看，会影响行军的速度，对“军争”不利，是个“祸害”；但是从长期看，从战略全局上看，却对“军争”之后的两军交战有利，有利于赢得战斗胜利，所以，这个“祸”又是个“福”，这个“福”“利”，本来就潜伏在“祸”里，“害”里——这就是叫作“祸兮，福之所倚”。相反，丢弃了装备、物资，缺乏后勤保障，会提高行军的速度，从表面上看，从短期效果看，似乎是个“福”，对部队“军争”有利，但是，从长期看，从战略全局上看，却对“军争”、行军之后的两军交战不利，不利于赢得战斗胜利，所以，这个“福”“利”又是“祸”“害”，而这个“祸”“害”，本来就潜伏在“福”“利”里——这就叫作“福兮，祸之所伏。”因此，孙子在《军争》的第二段话中，实际上要求统兵之将在战争中必须懂得“军争为利，军争为危”的军事辩证法，懂得“军争”中利弊得失的矛盾转化关系，不但在行军、作战中要一切从实际情况出发，而且，必须从战略全局、从战略长远利益的角度考虑问题，处理问题。

三、统兵之将在率领军队进行行军、作战时，必须尊重所有正确的军事原则和军事规律

【原文】 **故不知诸侯之谋者，不能豫交①；不知山林、险阻、沮泽②之形者，不能行军；不用乡导者，不能得地利。故兵以诈立③，以利动，以分合为变④者也。故其疾如风，其徐如林，侵掠如火，不动如山，难知如阴，动如雷震；掠乡分众，廓地分利，悬权而动⑤。先知迂直之计者胜，此军争之法也。《军政》曰：“言不相闻，故为金鼓；视不相见，故为旌旗。”夫金鼓旌旗者，所以一人之耳目也；人既专一，则勇者不得独进，怯者不得独退，此用众之法也。故夜战多火鼓，昼战多旌旗，所以变人之耳目也。**

【注解】 ①豫交：与其他的国家打交道。②沮泽：沼泽地。③兵以诈立：使用诡诈之术，作战才能取得成功。④分合为变：根据军情的发展变化而分散兵力、集中兵力。⑤掠乡分众，廓地分利，悬权而动：根据形势的变化，军队把掠夺来的敌人土地、物资分配给自己的将士们。

【述评】 孙子在《军争》篇中所说的“军争”，正像他自己在《军

争》篇第一段话中所说的，是指从统兵之将接受国君的指令开始，集合起众多的民众组成军队，带领军队进行长途行军，目的是争取先敌一步抵达即将交战的地形、战斗地点。这是一个需要花费很长时间的长途跋涉过程，要走少至几十里，长则几百里、上千里的长路。行军要克服很多各种各样的障碍和困难。兵力有时要集中，有时必须分散，有时行军的速度要加快，有时必须缓慢下来，有时，遭遇到敌人要进攻，有时，又要停下来进行防御。在以上所引《军争》的第三段话中，孙子很生动地描述、刻画了统兵之将率领一支军队同敌人进行“军争”、在长途行军中所进行的种种军事活动。他在这段话中所强调的是，统兵之将在率领军队进行行军、作战时，必须尊重所有正确的军事原则和军事规律。因此，《军争》篇第三段话的意思是：

在行军中，如果从一开始就不掌握其他国家的谋略计划，就不可以同这些国家打交道；如果行军之前没有了解清楚将要通过的山林、险阻、沼泽地的地形特点，就不能开始行军；如果不让熟悉这些地形的向导带路，军队就不可能得到这些地形给行军带来的好处。

所以在行军、作战途中，必须依靠对敌人使用诡诈之术而取得作战成功；必须看是否对我军有利，才采取军事行动；必须根据军情的发展变化而集中兵力，或者分散兵力。有时，军队的行动要快疾如风；有时，又必须像一片森林移动那样徐缓、稳重；应该进攻时，宛如迅猛的烈火，势不可挡；而应该防御时，又要像山岳一般，岿然不动；需要部队隐蔽时，要像完全融入黑夜中那样，叫敌人摸不到我军的动态；一旦需要采取军事行动，我军要像从天上滚下来的惊雷，让敌人惊慌失措、无法对付。

至于掠取敌人后方的粮食物资，下发给我军的各部，开拓敌国的国土，分配到我军军中的有功者等事，则要根据当时的具体情况，相机而适当地处理。

（总之，按照正确的原则和军事规律办事、行军、作战，费时、费力，表面上看走的是一条曲折之路，但实际上走的是一条快捷而成功的直线）这就叫作预先懂得“迂直之计”辩证法的统兵之将，才能在“军争”中赢得胜利。这就是“军争”的指导艺术啊！

古代的兵书《军政》里说：“在战场上使用金鼓，是因为统兵之将的口头命令传达不到；挥动旌旗，是因为统兵之将的指挥动作各部队看不到。”在作战时之所以使用金鼓、旌旗，就是为了让各部队只听到一个指挥的声音，只服从统兵之将一个人的指挥动作，统一部队的行动。众将士只有服从统一指挥，勇敢的人才不会单独前进，胆怯的人才不会单独后退，这就是用军事指挥通信工具统一众将士们行动的方法。所以，夜里作战时，大多使用火把和战鼓，白天作战时，大多使用旌旗，为的就是让将士们的耳朵和眼睛适应夜里和白天不同的环境，统一部队的作战行动。

——如果简单地归纳一下，孙子在《军争》篇的第三段话中，主要叫统兵之将在行军、作战途中注意下述三个问题：

其一，在行军、作战途中，一开始就要了解清楚行军途中所要经过的其他国家的谋略计划，以及途中要经过的所有地形特点，并且，要让向导给部队带路。

其二，行军、作战必须尊重所有正确的军事原则和军事规律，与敌人“军争”时，切勿片面地求“直”，求“快”，贪“利”，否则，会欲速而不达。

其三，在行军、作战的过程中，还要按照古代兵法《军政》的要求，使用好战鼓、旌旗等军事指挥通信工具，注意统一部队的军事行动。

四、统兵之将在作战时，需要掌握的其他一些作战指导艺术

【原文】 **故三军可夺气①，将军可夺心②。是故朝气锐，昼气惰，暮气归③。故善用兵者，避其锐气，击其惰归，此治气者也；以治待乱，以静治哗④，此治心者也；以近待远，以佚待劳，以饱待饥，**

此治力者也。无邀正正之旗⑤，勿击堂堂之阵⑥，此治变者也。故用兵之法，高陵勿向⑦，背丘勿逆⑧，佯北勿从⑨，锐卒勿攻，饵兵勿食，归师勿遏，围师必阙⑩，穷寇勿迫。此用兵之法也。

【注解】 ①气：军队的作战士气。②心：心理的稳定。③朝气锐，昼气惰，暮气归：战斗初期军队的作战士气旺盛，中期士气怠惰，后期衰竭。④哗：哗变。⑤无邀正正之旗：不要进攻战旗整齐的敌人。⑥勿击堂堂之阵：不要攻击阵容严整的军队。⑦高陵勿向：不要仰攻高地。⑧背丘勿逆：不要攻击背靠高地之敌。⑨佯北勿从：不要追击假装逃跑之敌。⑩围师必阙：包围敌人，要留一个缺口。

【述评】 在以上所引《军争》篇的第四段话中，孙子主要讲了两层意思：一层意思是，统兵之将在同敌人作战时，要掌握好治“气”、治“心”、治“力”的斗争艺术；另一层意思是，同敌人作战决不要硬碰硬，不可以进攻力量强大的敌人，更要防止中敌人的诱兵之计。

1. 统兵之将在同敌人作战时，要掌握好治“气”、治“心”，治“力”的军事斗争艺术。

在孙子以前，中国古代的兵书《司马法》中，就有“战，以力久，以气胜”和“本心固，新气胜”的说法。而在记载中国春秋时期历史的史书《左传》里，也有齐国伐晋国时，曹刿说：“夫战，勇气也”等记载。

“气”“心”“力”是中国传统兵学中所特有的三个军事概念或范畴，它们分别指两军作战时军队的精神力量“士气”、心理的稳定“军心”、精神力量和物质力量相结合而表现出来的“军事实力”。孙子认为，为了赢得作战的胜利，统兵之将必须懂得治“气”、治“心”、治“力”的军事斗争艺术，即在作战过程中，一方面要想方设法增强我军的精神力量“士气”，稳定我军的心理“军心”，提高我军的军事实力，同时，又要想方设法削弱敌人的精神力量，破坏敌人的军心稳定，削弱敌人的军事实力。只有从这三方面下手，采用综合手段，才能从整体上做到我强敌弱，取得作战胜利，这既是一种军事斗争艺术，也是一种作战中必须遵循的作战指导规律。因此，在《军争》篇第四段话中的前半段话里，孙子所说的意思就是：

所以赢得作战胜利可以从争夺军队的士气入手，统兵之将也可以通过争夺军心的方法解决问题。（两军作战时，有这样一个规律）一支军队在刚刚开始投入战斗时，士气旺盛、战斗力强；到了战斗的中期，士气就减弱；到了后期，士气衰竭。所以，善于打仗的统兵之将，要善于在敌人的士气旺盛时避免战斗，等敌人的士气衰弱时痛击敌军，这就是治“气”的作战艺术。我军的军心要始终稳定，以等待敌人的军心发生混乱；我军的内部要治理得镇静、秩序井然，以等待敌军的那方面发生哗变，这就是治“心”的斗争艺术。我军要设法抢先一步抵达战斗的地点，而让敌军从远处赶来作战，我军于是得到了休整，而敌军则劳累不堪，我军将士们于是吃饱了、喝足了，有战斗力，而敌人却饥饿，战斗力被削弱，这就是治“力”的斗争艺术啊！

2. 同敌人作战决不要硬碰硬，不可以进攻力量强大的敌人，更要防止中敌人的诱兵之计。

在《军争》篇第四段中的后半段话里，孙子所说的意思则是：我军不要进攻那种战旗严整、战备充分的敌人，决不要攻击那种阵容有序、实力雄厚的军队。这就叫作根据敌人情况的不同而我军必须使用不同作战方法的“治变”的军事艺术。所以（统兵之将在作战时，要注意使用以下几种指导艺术：）①当敌人占据了高地处于优势地位时，我军不要仰攻；②当敌人背靠山丘具有优势时，我军不可以从敌人的正面发起攻击；③当敌军佯装退却时，我军不要追击；④当敌人士气高涨、战斗力强时，不可以进攻敌人；⑤当敌人派出的“钓鱼”的小部队出击、引诱我军上钩时，我军不要出动；⑥敌军班师回自己的国家，不要阻拦；⑦围困敌军，必须网开一面；⑧对于战败之后逃跑的敌人，不要穷追不舍。以上这些都是作战的指导艺术。

——以上孙子说的“此用兵之法”，被孙子以后的《孙子兵法》的研究者们习惯地称为“用兵八法”。研究者们对孙子所讲的“用兵八法”做了种种不同的诠释，各人有各人的不同理解。

我认为，孙子在《军争》篇中讲的这些“用兵之法”，在他当时所处的春秋时期的具体战争环境条件下可能是正确的，然而，时过境迁，到了两千多年之后的现代，其中有的就不一定完全正确了。但是，贯穿在“用兵八法”中的作战不能硬碰硬，必须根据作战的具体情况的不同而采用不同的作战方法对付敌人的精神实质，无疑是正确的。这个精神实质，到了今天，在现代战争条件下仍然是真理。

【《军争》篇内容提要】

综上所述，孙子在《军争》篇中论述了四个问题：①统兵之将在同敌人“军争”时，要懂得“迂”与“直”、“患”与“利”的军事辩证法；②统兵之将在同敌人进行“军争”时，要正确处理行军途中的“利”“弊”关系；③统兵之将在率领军队进行行军、作战时，必须尊重所有正确的军事原则和军事规律；④统兵之将在作战时，需要掌握的其他一些作战指导艺术。

我想用下面这些话，概括《军争》篇的内容：

“孙子在本篇中，以统兵之将带领军队进行长途行军，如何才能做到先敌一步，抢先争夺到交战前的有利地形、地点为例，说明了在战争中充满了矛盾的事物和关系，提出了‘军争之难者，以迂为直，以患为利’和‘先知迂直之计者胜’的著名论断，论述了不同的‘军争’方法既有其利，又有其危；统兵之将在行军、作战时必须从实际情况出发，按照正确的军事原则和军事规律办事，才能化患为利，做到‘后人发，先人至’，否则，如果只见‘军争’之利而不见其危，片面地求‘直’、求‘快’、贪‘利’，只会欲速而不达，欲‘直’而更‘迂’，失去很多的利益。

“孙子在本篇中提出的‘迂直之计’里，包含有丰富的唯物主义和辩证法内容。他在本篇中还系统地论述了具有中国传统兵学特色的‘治气’‘治心’‘治力’‘治变’学说，并且总结出了‘高陵勿向’‘穷寇勿迫’等一些作战指导艺术。”

第八篇《九变》 作战必须灵活机动，攻敌顾我

与《孙子兵法》第七篇《军争》论述的主题相一致，孙子在《孙子兵法》第八篇《九变》中所论述的主题，也是统兵之将在率领军队同敌人作战时，必须从战争的实际情况出发，在尊重战争客观规律的前提之下发挥自己的主观能动性。但是，与《军争》篇所不同的是，孙子在《九变》篇中所论述的内容，有下述两个突出的特点：

其一，孙子在《九变》篇中所论述的重点内容，不但是统兵之将的作战方法必须符合作战的正确原则和客观规律，而且是因为战争本身有不断发展变化、瞬息万变的特点，所以，统兵之将对战争的指导也必须适应变化多端的战争运动实际情况，自己的头脑和思想方法不可以死板、僵化、一根筋，而必须灵活多变，以适应不同、多变的作战环境；如果统兵之将不注意加强自己的思想方法修养，头脑和性格总是死板、僵化、陷于片面，就会在战争中导致极其危险，甚至导致“覆军杀将”的可悲结果。

所以，孙子在《九变》篇里论述的内容，颇有“攻敌顾我”即从指导战争的主观方面寻找战争胜负原因的中国传统兵学的特色。他在《九变》篇中论述的内容，不仅是统兵之将的作战指导艺术，更是统兵之将自己的思想方法和自己的思想修养方面的问题。而这些内容则是其他国家的军事理论著作中所欠缺的，因此值得我们注意认真研读。

其二，《九变》不但是《孙子兵法》十三篇中间的四篇，即孙子论述“军事战略”问题的四篇中的最后一篇，而且，是他论述包括“国家战略”和“军事战略”在内的、全部战略问题的最后一篇，也就是说，当孙子在论述完《九变》中的战略问题以后，他就要从下一篇《行军》开始，转而论述“战术”问题了。所以，孙子

在《九变》篇中所论述的内容，与《孙子兵法》前七篇的内容还有一个显著不同的特点，那就是，他在《九变》篇中所论述的重点不是统兵之将在战争中应该做什么、怎样做，而是着重论述统兵之将在战争中不应当做什么，应当避免做什么。

换句话说，孙子在《九变》中所总结的并不是一些作战成功的经验，而基本上都是作战失败的教训。这是《九变》篇的第二个值得我们注意的特点。

下面，我还是从《九变》篇的篇名开始述评。

【篇名】

"九"在《孙子兵法》中也是一个"大概念"，有多种含义，在有的语言环境下"九"指的是一个数目字，即"八"加"一"，而有时，"九"则表示"多"。《孙子兵法》之《九变》篇中的"九变"，就是"多变"、事物总是在不断变化的意思。

《周易·系辞》说："一阖一辟谓之变"，意思是，"变"就是在一张一合不断地变化。《说文解字》对"九"的诠释是："九，阳之变也，象其屈曲究尽之形"，意思是，"九"就像是天上的太阳，每时每刻都在变化，阳光一会儿晦暝，一会儿又辉煌灿烂，形象变化多端，不可穷尽。

孙子在《九变》篇中所说的"九变"有两层意思：一层意思是说，凡是战争，战情、战况总是在不断地变化，变化贯穿于战争的始终，世界上没有不变化的战争；另一层意思是说，统兵之将在战争中遇到的也是在不断变化的战争环境，不断变化的地形、气候，不断变化的战情、战况和敌我双方的利弊得失，因此，自己的头脑、思想方法和处理问题的方法，也必须适应、顺从复杂多变的战争客观实际情况，要灵活多变。

《九变》是《孙子兵法》十三篇中的篇幅最短、文字最少的一篇，只有三个段落，我便分三个小专题加以述评。

一、统兵之将在战争中会遇到种种不同的战区、战情和战况，要善于用不同的方法去应付

【原文】 **孙子曰：凡用兵之法，将受命于君，合军聚众，圮地①无舍，衢地②交合，绝地③无留，围地④则谋，死地⑤则战。涂有所不由，军有所不击，城有所不攻，地有所不争，君命有所不受。故将通于九变之地利者，知用兵矣；将不通于九变之利者，虽知地形，不能得地之利矣。治兵不知九变之术，虽知五利，不能得人之用矣。**

【注解】 ①圮地：难以通行的地区。②衢地：本国和其他国家领土交界的地区。③绝地：难以生存的地区。④围地：四面有险阻、难以逃出的地区。⑤死地：只有拼死作战，才有可能存活的地区。

【述评】 众所周知，战争是人类从事的一种特殊的实践活动，这种实践活动的一个突出特点，就是在不断地发展变化，变化贯穿于战争的自始至终。所以，指导作战的统兵之将处在不断地变化、种种不同的战争环境中，必须根据不同的战区、战情、战况，具体问题具体分析，采用有变化的不同方法，分别对待和处理所遇到的问题，而决不能死脑筋、千篇一律，用同一种态度和方法处理不同的问题。孙子在《九变》篇的第一段话里，讲的就是统兵之将在作战中必须用不同的方法灵活机动地处理问题，不可千篇一律的道理。因此，这段话的意思就是：

孙子说：统兵之将从国君那里接受了作战指令，集合起由众多民众组成的军队以后，就要注意（当在战争中遇到五种不同的地区时，要使用五种有变化的、不同的处置方法：）一是遇到难以通行的地区时，不要驻军；二是在通过本国和其他国家领土交界的地区时，要搞好外交关系；三是在通过难以生存的地区时，军队不要多停留；四是当军队陷入四面有险阻、难以逃出的地区时，要想方设法逃离出去；五是当军队陷入了除非拼死一战，就不能存活的境地时，就只能拼死一战了。

（再者，统兵之将在战争中，并不是在什么情况下都要有所作为，在以下五种情况下，就不要有所作为：）一是在行军途中，有些道路根本就不要通过；二是对有些敌军，根本就不要去攻击；三是遇到有些城池，根本就不要攻取；四是对有些地区，根本就不要去争夺；五是对国君发来的指令，有些可以不接受、不执行。

因此，只有通晓根据不同的、有变化的战地战时战况，只采用对军队有利的、多变的作战方法处理问题的统兵之将，才称得上是懂得军事艺术的统兵之将，而那种虽然懂得地形学、却不懂得必须根据不同的地区而采用只对军队有利的方法加以对付的统兵之将，则不可能从地形中得到对军队有利的东西；那种只知道在战争中遇到五种地区使用五种不同的方法对军队有利，但是，却不知道战争总是发展变化的，因而作战指导艺术也应该是不断地发展变化的统兵之将，则根本不能任用，不能在战争中使用他们。

——显然，孙子在《九变》篇的第一段话中，所强调的是因为战争总在不断地发展变化，所以，统兵之将的头脑也要随之而灵活多变，遇到作战中种种不同的问题时，必须使用多变的、不同的应对方法。当统兵之将遇到"圮地""衢地""绝地""围地""死地"五种不同的地区时，只有使用五种有变化、有区别的方法去应付，才能获得对军队有利的五种好处（"五利"）；只有用灵活的、多变（"九变"）的军事艺术去应对发展变化的战区战情战况，才能让军队获得多种不同的利益（"九变之利"）。

在《九变》篇的第一段话中，孙子所说的"将不通于九变之利者，虽知地形，不得地之利矣"中的"将"，实际上，指的是那种理论脱离实际，只懂得地形学，却在战争实践中不会灵活地处理地形问题，不会从具体地形中给军队带来好处的统兵之将；孙子所说的"治兵不知九变之术，虽知五利，不能得人之用矣"中的"人"，实际上，指的乃是那种只知道用五种不同的方法通过五种不同的地区，能够给军队带来五种好处（"五利"），可是，却不懂得战争总是在不停地发展变化，必须用不断发展变化的军事艺术对付战争的人——孙子为什么认为这种人在战争中不能任用、使用（“不能得人之用”）呢？因为如果一个统兵之将在战争中仅仅知道“五利”（在通过五种不同的地区时，使用五种不同的方法，能够给军队带来五种不同的好处）还不行；要知道，战争是不断发展变化的，除了已知的五种战区战情战况之外，统兵之将还会遇到第六种、第七种、第八种、第九种等不断发展变化，有区别的战区战情战况呢！如果统兵之将仅仅知道“五利”（在通过五种不同的地区时，使用五种不同的方法，能够给军队带来五种不同的好处），那么，这个统兵之将以后再遇到其他种种有变化的战区战情战况，又该当怎么去应付呢？所以，孙子认为那种思想僵化、脑筋死板、缺乏处理问题的机动灵活性，只知道“五利”而不知道“九变之术”（必须用不断发展变化的军事艺术，对付不断发展变化的战区战情战况）的人，是不能任用、不能在战争中使用的。

由此看来，孙子在《九变》中第一段话中所表达的思想很深刻，他不仅在世界战争和战略发展史上，首次揭示了战争有不断发展变化的特点，人们对战争的主观指导、作战和处理问题的方法，也必须随着战争实践的变化而变化，不可思想僵化、凝固，而且，他还反对理论脱离实际，鄙视战争指导中的机械主义、教条主义。

二、在多变的军事艺术中，只有一个不变的行为准则——趋利避害

【原文】 **是故智者之虑，必杂于利害。杂于利，而务可信①也；杂于害，而患可解②也。是故屈诸侯者以害，役③诸侯者以业，趋④诸侯者以利。**

【注解】 ①杂于利，而务可信：看到有利的一方面，才能促使事情向有利的方向发展。②杂于害，而患可解：看到有害的一方面，才能设法解除祸害。③役：役使。④趋：使其依附。

【述评】 孙子认为，虽然由于战争总是发展变化的，统兵之将也必须用多变的、不同的军事艺术去处理不同的问题，但是，在多变的军事艺术中又有不变的、始终如一的东西，那就是统兵之将必须用"利""害"二分的观点观察、分析、处理自己遇到的所有问题。对于战争中遇到的所有问题，都要问一问这样做对自己的军队是有利，还是有害，趋利避害是军事艺术中的一个不变的行为准则，这也就是说，在战争中凡是对自己的军队有利的事情，就要去做；凡是对自己军队有害、不利的事情，就不要去做，同时，这个行为准则也是军队同其他国家打交道时必须遵循的行为准则。所以，孙子在《九变》篇中第二段话里讲的意思就是：

有智慧的统兵之将在考虑、处理任何问题时，都要想一想这样做对我军、我国有利还是有害。只有在考虑到有害一面的同时，还看到有利的另一方面，才能设法去达到有利的结果；也只有在考虑到有利一面的同时，还看到对我军、我国有害的另一面，才能想办法去解除祸害。

（这个准则也是军队同其他国家打交道的行为准则）要想让其他国家屈从，就要告诉它，不照我说的话去做，对它有害；要想让其他国家为我所用，就要告诉它，不照我说的话去做，对它有危险；要想让其他国家依附于我，就要告诉它，照我说的话去做，对它有利。

——"利"和"害"，是《孙子兵法》和中国传统兵学，其实也是全部世界战争和战略理论中的一对最高的、全局性的概念或范畴。这一对概念和范畴贯穿在"国家战略""军事战略"和"战术"等各个领域，表达的是人们在战争中的行为后果[①]**。**孙子说"智者之虑，必杂于利害。杂于利，而务可信也；杂于害，而患可

① 现在有些《孙子兵法》的研究者，把"全胜""破胜"看作是研究孙子军事思想的"一条基本线索"，认为"'全胜'战略思想，是孙武对战争所希图达到的最高理想境界。"这种说法值得商榷。请参见吴如嵩《徜徉兵学长河》，第56页，北京，解放军出版社，2002。

解也”，实际上就是认为“趋利避害”是人们在战争中考虑、处理一切问题的行为准则。孙子的这种思想是符合人类指导战争时的实际情况的，同时，也是古今中外指导战争的人们所达到的一种共识。

三、统兵之将在战争中不能主观地、一厢情愿地处理问题，思想方法和性格不可过于死板、僵化

【原文】 **故用兵之法：无恃其不来，恃吾有以待也；无恃其不攻，恃吾有所不可攻也。故将有五危：必死①，可杀也；必生②，可虏也；忿速③，可侮也；廉洁，可辱④也；爱民，可烦⑤也。凡此五者，将之过也，用兵之灾也。覆军杀将，必以五危，不可不察也。**

【注解】 ①必死：只片面地想死拼。②必生：只片面地想活命。③忿速：性格总是急躁易怒。④可辱：可能受到污辱。⑤可烦：可能带来烦恼、烦乱。

【述评】 孙子在《九变》篇的第三段话中进一步论述说，战争不仅是不断发展变化的，而且是非常复杂的。在战争中，统兵之将不但要根据不同的战区、战情、战况，使用不同的作战方法和军事艺术，让“趋利避害”成为考虑、处理一切问题的行为准则，并且，还要考虑到在战争的发展过程中存在多种可能性，绝对不能主观、片面、一厢情愿地考虑、处理问题，自己的思想方法和性格不可过于死板、僵化。因此，他在《九变》篇的最后一段话中所说的意思是：

打仗的方法，不能主观地希望敌军不会向我军开来，而要立足于我军已经做好了敌人可能会向我军开来的准备；不能片面地希望敌军不会向我军进攻，而要依靠我军已经做好了敌人可能会向我军进攻，而我军具有了难以被敌军攻克的防御准备。所以，统兵之将（的思想方法和性格如果过于死板、僵化）就可能会导致发生以下五种危险：一是如果只想同敌人拼一死

战，就有可能被敌人诱杀；二是如果只想活命，就可能被敌人俘虏；三是如果自己的性格脾气总是急躁易怒，就可能会做出让自己后悔不已的事情；四是如果自己过分廉洁，注重名声，就可能受到敌人的污辱、名声被玷污；五是如果自己过于仁慈、爱民众，很可能会被敌人利用，给自己带来烦恼。而所有这五种危险的发生，都是统兵之将自己的过错（怨不得他人），如果不加以改正，往往会给带兵打仗带来灾难。全军的覆灭、统兵之将的被杀，必定来自统兵之将思想方法和性格弱点所导致的这五种危险。对这五种危险及其所造成的严重后果，是不可以不认真考察、研究的。

——战争不仅是人类从事的一种特殊的实践活动，而且是敌我双方进行的一种对抗性活动，从事战争需要统兵之将客观而全面地考虑处理问题，不能有主观、片面性。两千多年前的孙子能够把导致战争胜负的一个致命原因归结到统兵之将的主观世界上，从统兵之将自己的思想方法，甚至性格特点上寻找失败的原因，并且警告说，统兵之将自己的思想方法和性格如果过于死板、僵化、主观、片面，不加强自身的思想修养，不适应战争的客观要求，就有可能被敌人利用，最后造成“覆军杀将”的严重后果——孙子的这些论述，也是符合战争指导的实际情况，相当深刻的，而且，还具有中国传统兵学“攻敌顾我”的理论特点。

【《九变》篇内容提要】

总之，孙子在《九变》篇中只论述了三个问题：①统兵之将在战争中会遇到种种不同的战区、战情和战况，要善于用不同的方法去应付；②在多变的军事艺术中，只有一个不变的行为准则——趋利避害；③统兵之将在战争中不能主观地、一厢情愿地处理问题，思想方法和性格不可过于死板、僵化、片面。

应该用以下几句话，概括《九变》篇的内容：

“在本篇中，孙子认为统兵之将在遇到不同的战区、战况、战情时，必须用不同的方法去应付，有所不为才能有所作为。

他还提出了'智者之虑，必杂于利害'的军事行为准则，要求统兵之将的思想方法和军事素质必须全面，甚至性格也要灵活机敏，切不可以片面、死板、僵化。

“孙子在本篇中论述的内容有'攻敌顾我'的中国传统兵学的理论特点。”

第三章 《孙子兵法》后五篇

——战术专题：行军、驻军、治军、作战和侦察敌情的方法

我在前面已经讲过几次，整个《孙子兵法》的理论体系，大体上是按照从大到小、从高到低、从战争的全局到局部，也就是从"国家战略"到"军事战略"、再到"战术"这样的一个逻辑顺序展开论述的。所以，当孙子在《孙子兵法》的前四篇论述完"国家战略：国君的'大战争'指导艺术"以后，又在《孙子兵法》的中间四篇论述完"军事战略：统兵之将的作战指导艺术"以后，就从《孙子兵法》的第九篇《行军》开始，论述《孙子兵法》的后五篇，也就是开始论述五个"战术"专题了。

所谓"战术"，就是统兵之将包括军队中的中、下级指挥官，甚至还包括普通的士兵在内，在战争中使用的低层次的作战方法和处理问题的方法。这些低层次的方法，往往处理的并不是带有全局性的谋略问题，而是只涉及战争中局部性的具体问题。这些问题所涉及的内容有的意义非常重大，例如，孙子在《孙子兵法》第九篇《行军》中所说的"令之以文，齐之以武"的治理军队的方法问题；在第十一篇《九地》中所说的"夫霸王之兵，伐大国"的一系列战略性战术措施；在第十三篇《用间》中所说的使用好"大战略"间谍对于取得"大战争"胜利的重要性，等等。但是，有的内容又相当具体、零碎甚至细小，例如，一支军队在战争中怎样行军、驻军；统兵之将在战场上怎样观察、判断敌情；打入敌军营垒内部的间谍怎样观察、判断敌军的动态；军队通过不同的地区、地形时和深入敌国以后的注意事项；在战

斗中特别是在大规模的决战时，用火器进攻敌军的方法，等等。在《孙子兵法》的后五篇里，在《行军》《地形》《九地》《火攻》《用间》中，孙子论述的都是这样的一些战争中的局部性具体问题，而不是全局性的“国家战略”“军事战略”的谋划问题。

在具体述评《孙子兵法》的后五篇之前，为了有助于读者全面地把握后五篇的内容和精神实质，有必要首先提醒读者，有以下五个问题值得注意：

第一，战争指导中低层次的、局部性的“战术”问题处理好了，对于赢得整个战争的胜利很重要。

在《孙子兵法》的后五篇里，虽然孙子论述的基本都是“战术”问题，可是，我们决不要错以为“战术”问题不重要。因为，正如毛泽东在《中国革命战争的战略问题》一文中指出的那样：“全局性的东西，不能脱离局部而独立，全局是由它的一切局部构成的。”①在中国古代战争中，国君和统兵之将所制定的全局性战争计划，毕竟要靠由众多的将士们所组成的军队，采取一系列具体的战术行动去落实；如果这些局部性的战术行动不成功，那么全局性的战争计划也会受到影响，有时，如果对于全局有决定性意义的战术行动发生重大失误，遭到失败，甚至会引起战争全局变坏，人们常说“一着不慎，满盘皆输”，指的就是这种情形。

因此，孙子在《孙子兵法》的前八篇论述了“国家战略”“军事战略”问题之后，又在后五篇中专门论述“战术”专题，可谓颇具匠心，有既重视战争全局，又重视战争局部问题的辩证法头脑。如果孙子在论述了“国家战略”“军事战略”问题之后，没有再论述“战术”问题，那么，可以说孙子在《孙子兵法》中所创建

① 毛泽东：《中国革命战争的战略问题》，见《毛泽东选集》，合订一卷本，第159页。

的朴素的战争和战略理论体系，就不完整，孙子也就没有资格被世人称赞为一个伟大的军事学家和战略学家。

第二，"全局"和"局部"、"战略"和"战术"的划分、区别有相对性、层次性，所以，孙子在《孙子兵法》的后五篇论述"战术"问题时，不免出现了一些"战略"方面的内容。

虽然孙子在《孙子兵法》后五篇里，论述的基本都是"战术"问题，但是在这五个"战术"专题中，又不时地出现了一些"军事战略"甚至"国家战略"的内容和成分，这并不足为奇，而是不可避免的事情，因为，战争的"全局"和"局部"，指导战争全局和局部的"战略""战术"的划分、区别，本来就不是绝对的，而是相对的，而且，无论是"战略"还是"战术"又是有层次的①。这也就是说，同一个军事行动，从这个角度看是战略问题，而从另一个角度看，又属于战术问题。例如，军队的"行军"问题，西方近代军事理论家克劳塞维茨在《战争论》的第二篇第一章《战争艺术的区分》中说过：

"战术是在战斗中使用军队的学问"，"是这些战斗本身的部署和实施"；"战略是为了战争目的运用战斗的学问"，是"为了达到战争的目的对这些战斗的运用"，可是，"一定会有一些活动既可以列入战略范畴，又可以列入战术范畴"②，"行军"就是如此。克劳塞维茨具体分析道："战斗内的行军……是我们称之为战斗的那种活动的不可分割的一部分"，"行军的内部部署永远同战斗的准备有关系，它是可能发生的战斗的预先部署，因此具有战术的性质"；而"战斗外的行军无非是为了要实

---

① 毛泽东和当代美国战略学家保罗·肯尼迪都论述过"战略"和"战术"的相对性、层次性。见毛泽东《中国革命战争的战略问题》，《毛泽东选集》合订一卷本，第159～160页；(美)保罗·肯尼迪《战争与和平的大战略》，第1～3页，北京，世界知识出版社，2005。

② (德)克劳塞维茨：《战争论》，第103～105页。

现战略决定”，所以，“战斗外的行军是一种战略手段，但它并不因而仅属于战略，军队在行军中随时都可能进行战斗，所以，行军既要服从战略规律，又要服从战术规律。”①

实际上，不仅“行军”如此，战争中军队的“野营”“舍营”也是如此，克劳塞维茨认为，它们究竟是战略问题还是战术问题，或者是战略与战术的交叉问题，全看从哪个角度看，从哪个角度进行分析②。

总之，“战略”和“战术”的划分、区别是有相对性，又有层次性的，一个军事行动究竟是属于战略问题还是属于战术问题，要看从哪个角度进行分析。在《孙子兵法》的后五篇中，尽管也出现了一些“军事战略”甚至“国家战略”的内容或成分，但是，整个说来，孙子在《孙子兵法》的后五篇中，基本上论述的还是比较具体的、局部性的“战术”问题。因此，我便把这五篇的内容归入了“战术”范畴，称这五篇为“战术”专题。

第三，《孙子兵法》后五篇的内容全部来自战争经验，其中，有一些内容是对孙子以前的中国古代战争的经验总结。

孙子在《孙子兵法》后五篇里所论述的内容相当具体、零碎甚至细小，有突出的方法论性质。例如，怎样行军、驻军、治军、作战、观察判断敌情；在本国国内，在本国与其他国家的交界处，在深入敌国之后怎样治理军队，有哪些规律，应该注意哪些问题；战斗取得胜利以后还要做什么；为了获取敌国的情报，应该以怎样的态度和方法使用间谍，等等——而所有这些内容和处理种种问题的方法都来自战争经验，其中有些内容和方法，又来自孙子以前的中国古代社会长期积累下来的战争经验，只不过这些经验经过了孙子及其门徒们的归纳、进一步整理和系

① （德）克劳塞维茨：《战争论》，第103～105页。

② （德）克劳塞维茨：《战争论》，第105、109页。

统化、提高罢了。

由于西方的军事理论中缺乏专门、系统地论述“战术”理论的内容(无论是克劳塞维茨,还是利德尔·哈特和保罗·肯尼迪的著作都是如此),所以,孙子在《孙子兵法》后五篇里所论述的五个“战术”专题,今天看起来显得弥足珍贵,具有很高的史料价值和理论价值。这五个“战术”专题很有助于我们管窥中国古代战争中敌我双方军队从事种种军事活动的细节,进而获得中国古代战争从开始发生直至结束,取得胜利的全过程、全貌。

第四,在《孙子兵法》的后五篇里,也存在有少量的理论糟粕。

当然,在《孙子兵法》的后五篇里,也包含有一些少量的理论糟粕,是需要我们认真地、实事求是地加以鉴别的。我们今天没有必要为这些理论糟粕做辩护,例如,孙子在《九地》篇中所论述的“霸王之兵”问题以及“愚兵之术”的问题。今天我们对待《孙子兵法》的正确的研读态度,应该是提取其中民主性的精华,摈弃其中封建性的糟粕。

第五,《孙子兵法》后五篇的内容,也是有内在联系的。

现在,我就讲一讲后五篇在内容上的内在联系;

《孙子兵法》的第九篇《行军》、第十篇《地形》、第十一篇《九地》,这三篇的内容都和“地貌”“地形”“地区”有关,都和孙子在《孙子兵法》第一篇《计》中所讲的构成战争的五大战略要素之一的“地”(“地者,远近、险易、广狭、死生也”)有联系。其中:

第九篇《行军》,孙子主要是围绕着军队在战争中的行军活动,论述行军、驻军、治理军队和在战争中观察、判断敌情的方法。因为在行军途中,一支军队不免会和敌人发生遭遇战,孙子在《行军》篇中还总结出了一条最基本的作战战术指导规律。

在第十篇《地形》中,孙子以几种不同的“地形”“地貌”为中心,总结出若干正面的战术原则,又总结出若干反面的、容易导致军队作战失败的经验教训，进而，提出了一个统兵之将在战争中必须遵循的最高的行为准则。

在第十一篇《九地》中，孙子按照一支庞大的军队从本国出发，经过与其他国家的交壤地区，最后开进敌国深处的行军、作战顺序，先后论述了破坏敌军团结的“待敌之法”和治理本国军队的一些注意事项，特别是在即将同敌国军队展开一场生死存亡的大决战之前，应当采取的几个重大的战略性战术措施。

《孙子兵法》的第十二篇《火攻》，则和第一篇《计》中所讲的构成战争的又一个战略要素“天”(“天者，阴阳、寒暑、时制也”)有联系。在《火攻》篇里，孙子论述了用“火”这种古代的武器进攻敌军的目标、实施“火攻”的气象条件和方法。由于“火攻”是中国古代暴力斗争的集中表现，用火器进攻敌军意味着大规模的战役、决战已经发生，“火攻”相当残酷、后果严重，于是，孙子在《火攻》篇最后，还提出了“慎战”(国君和统兵之将在发动一场战争时，要非常慎重)的思想。

第十三篇《用间》，孙子讲的是使用各种各样的间谍，全面掌握敌情，“知彼知己”中的“知彼”的重要性。在这一篇中，孙子论述了间谍的种类、使用间谍的态度和方法，尤其是使用打入敌国国家机器内部的大间谍即“国家战略”间谍的极其重要性。

下面，我就开始述评《孙子兵法》第九篇《行军》的内容。

第九篇《行军》 行军、驻军、治军和观察判断敌情的方法

在《行军》篇中，孙子围绕着一支军队在长途行军中遇到的种种问题和敌人的军事活动，先后论述了这支军队在经过四种不同的地区时的注意事项；在同敌人接触时，观察判断敌情的

方法；如果同敌人发生了遭遇战时，一条最基本的作战战术指导规律，以及统兵之将治理本国军队的基本原则——所有这些注意事项、战术指导规律和治理军队的原则，都是孙子对中国古代战争经验的总结和概括，有些甚至是孙子以前的中国古代兵学家们长期积累下来的战争经验，所以，值得我们重视和研究。

【篇名】

“行军”是军事学中的一个专门术语。《说文解字》对“行”的解释是“人之步趋也”，意思就是“人的行走”；“军”，是指“军队”。故“行”“军”两字联用，意思就是一支军队从一个地点走到另一个地点。克劳塞维茨在《战争论》中给“行军”下的定义是：“行军就是军队从一个配置地点向另一个配置地点的单纯的转移。”①正如我在前面已经说过的那样，克劳塞维茨还认为，“战斗内的行军”与准备进行战斗有关，所以属于“战术”范畴；而“战斗外的行军”虽然是由统兵之将的战略指导决定的，但是，由于军队在长途行军中随时随地都可能遭遇到敌人，也“随时都可能进行战斗，所以，行军既要服从战略规律，又要服从战术规律。”②

毛泽东在《中国革命战争的战略问题》中，也特别论述过军队的“走”即行军的问题。毛泽东的原话是这样说的：“‘打得赢就打，打不赢就走’，这就是我们的运动战的通俗的解释。天下没有只承认打不承认走的军事家，不过不如我们走得这么厉害罢了。对于我们，走路的时间多于作战的时间，平均每月打得一个大仗就算好的。一切的‘走’都是为着‘打’，我们的一切战

① (德)克劳塞维茨：《战争论》，第412页。

② (德)克劳塞维茨：《战争论》，第105页。

略战役方针都是建立在‘打’的一个基本点上。”①

这也就是说，虽然战争的最后胜负取决于“打”即取决于两军的决战，但是，为了在战斗中战胜敌人，在整个战争时期，一支军队还要从事许多其他非战斗的军事活动，而且，这些非战斗的活动所花费的时间，往往会比进行战斗的时间更长久；长途行军就是这样一种花费时间较长的军事活动。更何况，“行军”还不仅仅是一个单纯“走”的问题，在“行军”途中，还往往有到了夜里要“驻军”（军人要驻宿、睡觉）的问题，升火吃饭的问题，随时随地治理军队内部纪律的问题，观察判断敌情的问题，遭遇到敌人进行战斗的问题，等等。在《行军》篇中，孙子对军队在长途行军中遇到的几乎全部问题都做了论述，有的问题，他论述得简洁明了，而有的问题，他又论述得很细致、生动、绘声绘色。孙子总结出来的一些观察判断敌情、处理问题的方法，不但适用于军事领域，而且适用于和平时期人们日常生活的一些领域，是我们观察人和事经常使用的一些方法，对我们待人处世也有益处，值得我们仔细研读、玩味。

《行军》篇中共有五段话，我就分五个小专题加以述评。

一、军队在通过山地、江河、沼泽地、平原时的注意事项

【原文】 **孙子曰：凡处军相敌①，绝山依谷②，视生处高③，战隆无登④，此处山之军也。绝水必远水；客⑤绝水而来，勿迎之于水内，令半济而击之，利；欲战者，无附⑥于水而迎客；视生处高，无迎水流，此处水上之军也。绝斥泽⑦，惟亟去无留；若交军于斥泽之中，必依水草而背众树，此处斥泽军也。平陆处易⑧而右背**

① 毛泽东：《中国革命战争的战略问题》，《毛泽东选集》，合订一卷本，第214页。

高，前死后生，此处平陆之军也。凡此四军之利，黄帝之所以胜四帝⑨也。

【注解】 ①处军：处置、部署军队；相敌：观察、判断敌情。②绝山：通过山地；依谷：靠近有水草的谷地。③视生处高：居高向阳。④战隆无登：敌人占据高地，我军不要仰攻。⑤客：敌军。⑥附：靠近。⑦斥泽：有盐碱的沼泽地。⑧平陆：驻扎在平原；处易：处在平坦的地方。⑨四帝：中国古代传说中的赤帝、青帝、黑帝、白帝。

【述评】 以上孙子在《行军》篇中说的第一段话，说的是当军队在行军途中遇到山地、江河、沼泽地、平原这四种不同地区时的注意事项，说的是怎样通过（其中还包括驻扎在）这些地区时，对这支军队有利，而不是有危害。因此，这段话的完整意思是：

孙子说：军队在行军、驻军和观察判断敌情时，应当注意四个问题：

其一，在行军通过山地时，要靠近有水草的谷地（免得一旦被敌人围困而渴死）；驻扎在山地时，要驻扎在高地向阳的一面（有助于将士们的身体健康）；如果敌人已经占据了高地，我军不要仰攻（以免我军向上进攻敌人，我军吃亏）。这是通过、驻扎在山地时的注意事项。

其二，军队在通过江河地区时，要驻扎在距离江河稍远一些的地方（以便当敌人向我军进攻时，我军有进退的余地，不能退到江河里去）；敌人如果渡过江河来，向我军进攻，我军不要在江河之中迎战，而要在敌人的一部分人已经渡过江河而另一部分还没有渡过时，向敌人发起攻击，这样攻击敌人，对我军有利。如果同敌人展开战斗，我军也不要选择在紧靠江河的地方（防止我军在战斗中一旦失利，退到江河里）。在江河地区驻军时，要选择在向阳的高处，不要选择在逆着水流的下游地区（防止敌人在上游地区决堤，对我军展开“水攻”）。这是我军通过、驻扎在江河地区时的注意事项。

其三，当行军遇到有盐碱的沼泽地时，要迅速离开，不要多停留。如果在这种地区遇到敌人，要抢先占领有水草、背靠树林的干燥地带(以便于我军的生存和防御)。这是军队通过沼泽地时的注意事项。

其四，当军队驻扎在平原地区时，要驻扎在地势平坦、背靠高处、前低后高的地方(一旦发生战斗，对我军的进攻和防御都有利)。这是军队通过、驻扎在平原地区时的注意事项。

孙子还说，以上军队通过四种不同地区时对军队有利的应对方法，都是远古时代黄帝用来战胜赤帝、青帝、黑帝、白帝时，已经使用过的方法。

——以上孙子所说的军队在通过四种不同地区时的注意事项，实际上，就是军队在通过这四种不同地区时的"战术指导规律"。我们不要轻视孙子总结出来的这些战术指导规律，因为能否遵循这些战术指导规律，在通过这四种地区时按照这些注意事项去做，关系到一支军队的切身利益和作战的成败得失，孙子是从能否最后赢得整个战争的胜利，即从战略全局的高度论述这些战术指导规律的。

而且，我们还要注意，能够总结出上述这些战术指导规律，又需要经过一段相当长期的经验积累过程，这些看来很简单的行军、驻军时的注意事项实际上来之不易。恩格斯在《自然辩证法》中曾经以物理学中的"摩擦生热""能量转化"为例，说明人类要想了解和掌握事物的运动发展规律，需要在实践中经过一段长期的经验摸索过程，甚至要花费几百年、上千年的时间，是在同大自然打交道的过程中克服了许许多多的困难，才会得出的正确结论①。孙子在《行军》篇里提出的一支军队在通过四种不同的地区时的注意事项，或者称之为战术指导规律，也是人类长期战争经验的总结。

就拿孙子所说的"客绝水而来，勿迎之于水内，令半济而击之，利"这句话来说吧。这条战术指导规律，就是历代军队在长

① (德)恩格斯：《自然辩证法》，见《马克思恩格斯选集》，第三卷，第517～518页。

期的战争实践中，针对渡河的敌人怎样进行攻击，尝试了各种各样的攻击方法，积累了大量的正、反两方面的经验教训，吃了很多的苦头，也尝到了一些甜头，最后，才终于搞明白“令半济而击之，利”，从而，形成了一条屡试不爽的战术指导规律。而孙子所说的“凡此四军之利，黄帝之所以胜四帝也”，说的也正是中国古代的兵学家能够认识到“此四军之利”很不容易，能够认识到并且在战争中按照这些战术指导规律去做，必须要经过一段很长很长时间的经验积累过程。

我们还要注意，凡是正确的战术指导规律都有客观性和一定的普遍适用性。例如，西方近代军事理论家克劳塞维茨虽然在《战争论》中没有专门系统地论述过“战术”问题，但是，他也曾经论述过一支军队在通过江河地区、沼泽地时的注意事项。令人惊讶的是，他在论述一支军队通过江河地区、沼泽地的注意事项时，说了两段和孙子的战术思想惊人一致的话，这两段话仿佛和孙子在《行军》篇中所说的两句话如出一辙。克劳塞维茨在《战争论》中说的第一句话是：“不可为了绝对阻止敌人渡河而沿江河平分兵力（这是危险的），而是应该监视江河，乘敌人渡过江河以后还没有把全部兵力集结起来的机会，在他们还被限制在靠河的一个狭窄地带上的时候，从各方面攻击他们。”①克劳塞维茨说的这段话，和孙子所说的那句话“客绝水而来，勿迎之于水内，令半济而击之，利”的精神实质相同，都是力主当敌人渡河、其兵力分散时，乘机攻击敌人对我军有利。

克劳塞维茨在《战争论》中说的另一段话是：“在战略上人们力图避免向沼泽地进攻，力图绕过沼泽地。”②这段话也和孙子所说的那句话“绝斥泽，惟亟去勿留”雷同，可以说几乎一模一样。

克劳塞维茨和孙子的一些军事思想和战术思想惊人的一致，甚至彼此雷同的现象，只能有力地说明这样一个问题，那就

① （德）克劳塞维茨：《战争论》，第 986 页。

② （德）克劳塞维茨：《战争论》，第 805 页。

是战争规律和战争指导规律确实具有客观性和一定的普遍性，在战争中认识和使用这些规律是不以人们的主观意识为转移的，人们不遵守这些规律就会在战争中吃亏；否则，生活在不同的历史时代、不同地域、不同国家的军事理论家和战略学家们，就不可能总结出内容基本一致，甚至彼此雷同的战术指导规律。

二、驻军、行军时的其他一些注意事项

【原文】 **凡军好高而恶下，贵阳而贱阴，养生而处实①，军无百疾，是谓必胜。丘陵堤防，必处其阳而右背之，此兵之利、地之助也。上雨，水沫至，欲涉者，待其定也。凡地，有绝涧、天井、天牢、天罗、天陷、天隙②，必亟去之，勿近也。吾远之，敌近之；吾迎之，敌背之。军行有险阻、潢井葭苇③、山林蘙荟④者，必谨复索之，此伏奸之所处也。**

【注解】 ①养生：便于生活。处实：驻军在坚实、地势高处。②绝涧、天井、天牢、天陷、天隙：指六种特殊险恶的地形、地带。详见下面的"述评"。③潢井葭苇：长满芦苇的低洼地。④山林蘙荟：草木繁茂的山林地带。

【述评】 孙子在《行军》篇的第一段话里，说的是军队在通过四种不同的"地区"时的注意事项；而在上面所引《行军》篇的第二段话中，说的是在一般的情况下、在下雨天、在遇到一些比较特殊的"地形"时的注意事项，他的这段话的意思是：

军队一般都喜欢驻扎、活动在地势高而向阳、便于生存的地方，而厌恶驻扎、活动在地势低、潮湿、生活不便的环境里。因为只有生活在地势高、向阳、便于生存的环境中，将士们才不容易患各种疾病，身体健康；身体健康，作战时才容易赢得胜利。当军队驻扎在丘陵地带、江河堤防地带时，也必须选择向阳的地方活动，军营要背靠着向阳面，这就是"天"给军队带来的好处，"地"给军队带来的利益。

当行军途中遇到江河的上游下起暴雨，大量的江河之水夹

杂着泡沫滚滚冲下来时，军队不可以马上渡河，要等雨水少了、水势平稳之后，再渡过去（以免渡河时，发生危险）。

如果行军途中遇到以下六种地形、地势时，军队必须及早地摆脱开，不要陷在那里，这六种地形、地势是：两岸峭壁、下面有水流的“绝涧”；四面高山、中间低洼的“天井”；四面险山环绕、军队易进难出的“天牢”；荆棘丛生、人难以通过的“天罗”；地势低洼、人容易陷入泥泞中去的“天陷”；两面都是高山，中间只夹着一条峡谷的“天隙”。（不过）一方面，我军要远离这六种地形，另一方面又要让敌人接近；我军要面对着它们，另一方面又要让敌人靠近它们（把安全、方便留给我军，而把危险、麻烦推给敌人）。

当军队通过有险阻、长满芦苇的低洼地、草木繁盛的山林地带时，必须派人仔细、反复地在这些地方进行搜索，因为这些地带往往潜藏有敌人的伏兵和奸细。

——总而言之，孙子在《行军》篇的前两段话中，论述的都是军队在行军途中遇到几种不同的地区、地形和特殊的地势时的注意事项，是一些处理问题的正确方法，是怎样处理这些问题才对军队有利，而不是有害、有危险。这些注意事项或者叫作“战术指导规律”，都是中国古代长期战争经验的总结。

三、在战争中观察判断敌情的方法——“相敌三十二法”

【原文】 **敌近而静者，恃其险也；远而挑战者，欲人之进也。其所居易者，利也。众树动者，来也；众草多障者，疑[1]也。鸟起者，伏也；兽骇者，覆[2]也。尘高而锐[3]者，车来也；卑而广者，徒来也；散而条达者，樵采也；少而往来者，营军也。辞卑而益备[4]者，进也；辞强而进驱[5]者，退也。轻车先出，居其侧者，陈[6]也。无约而请和者，谋也。奔走而陈兵车者，期[7]也；半进半退者，诱也。杖而立者，饥也；汲而先饮者，渴也；见利而不进者，劳也。鸟集者，虚也；夜呼者，恐也。军扰者，将不重也；旌旗动者，乱**

也；吏怒者，倦也。粟马肉食[⑧]，军无悬缻[⑨]，不返其舍者，穷寇也。谆谆翕翕[⑩]，徐与人言者，失众也。数赏者，窘也；数罚者，困也；先暴而后畏其众者，不精之至也；来委谢[⑪]者，欲休息也。兵怒而相迎，久而不合，又不相去，必谨察之。

【注解】 ①疑：迷惑。②覆：覆盖，来袭。③尘高而锐：灰尘向天空上高高地升起。④益备：加紧备战。⑤进驱：行动上进逼。⑥陈：即“阵”，布阵。⑦期：期求作战。⑧粟马肉食：用粮食喂马，杀牲口吃肉。⑨悬缻：军用炊具。⑩谆谆翕翕：说话时低声下气。⑪委谢：借故来谈判。

【述评】 一支军队在行军、驻军、作战时往往会和敌人接触。如何在各种不同的环境条件下，观察敌人的集体行为和个人行为，分析、判断敌人的行为意图，透过现象甚至透过敌人制造的种种假象看其本质和真实意图，掌握敌人的行动规律，并且，针对敌人的真实意图和行为规律而采取相应的对策、对付敌人，是一支军队在战争中经常遇到的大量问题。处理好这些问题，关系到两军在最后的决战时能否战胜敌人。在上面所引《行军》篇的第三段话中，孙子总结出三十二种观察判断敌情的方法，被以后《孙子兵法》的研究者称为“相敌三十二法”。

“相敌三十二法”可分为五类、五组。下面，我就分五组，说明孙子所说的意思：

1. 第一类第一组“相敌”的方法，主要与我军与敌军在战场上的距离远近有关。孙子说：

敌人离我军很近，却安静不乱，那是因为恃有险要的地形、地势，才不恐惧我军去进攻(故我军进攻时要小心)；敌人离我军很远，却向我军招手挑战，那是引诱我军前去进攻(其中必定有诈，我军不能上当)；敌人只是在一般的平地上驻军(并没有在险要的地方安营扎寨)，其中必有这样驻军对敌人有利的原因(我军必须探明敌人这样驻军的隐情，不可贸然行动)。

2. 第二类第二组“相敌”的内容，与战场周围草木的动静和鸟兽们的动态有关。孙子说：

在战场上，如果看到远处的许多树木在剧烈地晃动，那么，就可以断定，埋伏在树木中敌人的军马向我军开来了；如果发现草丛中设有许多障碍物，那就可以断定，障碍物是敌人设置的，设置这些障碍的目的，是不想让我军掌握他们的动态；一群小鸟忽然从草木丛中惊慌地飞起，可以断定，草木丛中必有敌人的伏兵；野兽们突然从山林里慌乱地窜出来，可以断定，山林中必有兵马埋伏，敌人的兵马就要来偷袭我军了。

3. 第三类第三组与敌人那边空中的灰尘形状有关。孙子说：

远处的灰尘向天空上高高地升起，那是敌人的战车开来了；灰尘低低地向两旁扩散，那是敌人的步兵在前进；远处的灰尘形状分散，又细长，一股又一股地升上天空，那是敌人在打柴、砍伐树木，准备做饭吃、安营扎寨；敌人那边的灰尘少了，时起时落，说明敌人开始准备宿营、睡觉了。

4. 第四类第四组，通过敌人不同的言行，判断敌人的真实意图和行为规律。孙子说：

虽然敌人派来的使者来到我军时，说话谦卑，可是，根据我军间谍的汇报，敌人那边却在加紧备战，由此可以断定，敌人就要向我军大举进攻；(反之)如果敌人派来的使者来到我军时，言辞强硬，同时，敌人在战场上又摆出一副要进攻我军的模样，那么，由此可以断定，实际上敌人是想退却；敌人的战车忽然在战场上离开大部队，占据了侧翼，那是敌人在布阵，想和我军拼死一战；如果敌人无缘无故地向我军请求停战议和，其中必有阴谋(我军要当心)；而如果敌人在战场上东奔西走，战车调来调去，那是敌人真的要同我军进行一场决战了；如果敌人在战场上摆出一副半进半退的奇怪样子(我军要当心)，那是敌人在施诱兵之计。

5. 第五类第五组，大多数是打入敌军内部的我军间谍，了解敌军动态的方法。孙子说：

敌人的士兵无力地倚靠着兵器而立，是敌军的军营里已经缺粮，敌人饥饿了；敌人争先恐后地抢井水喝，是缺水，渴了；敌人遇到对自己有利的事都不争抢着去做，是太劳累了。

如果小鸟们集聚在敌人军营里活动，说明军营里已经没有什么人了；夜里，如果有人在军营里不由自主地大声呼叫，说明敌人的内心里非常恐惧；军营的内部杂乱无序，说明敌人的纪律松懈，敌军将领们说的话无人听从，已经失去了威信；用来指挥战斗的军旗被人胡乱地挥舞，可见敌人的军纪已经乱了套(军纪无人遵守)；连敌人的小军官都不断地发火，说明敌人已经过度疲倦，劳累了。

如果看到敌营里有人用粮食喂马吃，有人杀牲口吃肉，做饭的炊具不见了，(甚至)有人不在军营里住宿，(这种种现象说明)敌人中的一部分已经沦落为穷途末路的土匪、强盗了。

如果上级军官和下级军官、士兵们说话总是低三下四的，他肯定是办了错事、犯了众怒；如果他两次三番地犒赏，却又两次三番地惩罚下属、士兵们，只能说明他治军无方，已经黔驴技穷；那种先是对下属、士兵们粗暴地发脾气，之后又对下属、士兵畏畏缩缩、不敢管理的人，也太不精明了！

如果敌军派使者来我军，借故请求议和，那不过敌军只是想暂时休整一下，以后再同我军作战。

只有对那种气势汹汹地开将过来的敌军，既不同我军作战，又不退却，我军一定要多加小心，谨慎地观察(把敌军的情况、意图了解清楚，再想办法对付)。

——以上五类五组，《孙子兵法》中总结出来的共三十二种在战争中观察判断敌情的方法，无疑是相当系统而珍贵的。它们不但有助于我们了解中国古代战争中敌我两军在战场内外发生的种种军事活动的细节，而且，有助于我们领悟中国的古代兵家非常重视透过现象、甚至透过假象看本质，重视探索人们在战争中的“行为规律”或者说是“行动规律”。在这些行为规律中，有的行为规律具有一定的普遍性，不仅仅表现在军事领域，也常常表现在人类社会中的其他领域，例如，孙子所说的“辞卑而益者，进也；辞强而进驱者，退也”“谆谆翕翕，徐与人言者，失众也；数赏者，窘也；数罚者，困也”，等等。可是，在了解了孙子在《孙子兵法》中总结出来的“相敌三十二法”的内容以后，读者还应当注意以下三点：

第一，孙子只是根据中国古代长期的战争经验，总结出了“相敌三十二法”，这些观察判断敌情的方法，只是经验性的，在战争中只要拿这些方法作参考，在战争中应用，就会产生实效。可是，把这些方法拿过来在战争中实际应用，为什么就会对当事人产生有利的效果呢？隐藏在“相敌三十二法”中的内在逻辑机制、认识论机制又是什么呢？孙子在《孙子兵法》中并没有进一步加以解释和说明。而在《孙子兵法》产生两千多年后，克劳塞维茨则在《战争论》中，探索到了在战争中观察判断敌情方法的内在逻辑机制和认识论机制。克劳塞维茨非常明确地把这些观察判断敌情的方法，叫作“认识真理[即认识人的行动规律]的方法”和“认识深藏的真理[即认识人们以假象企图掩盖自己行为规律]”的方法。①

第二，孙子在《孙子兵法》中总结出来的“相敌三十二法”，其总的精神是要从敌人的各种表现中，识破敌人的真实意图和行动规律，那么，在战争中怎样从敌人的种种表现中而发现敌人的真实意图和行动规律呢？认识敌人的真实意图和行为规律的内在逻辑机制是怎样的一种情形呢？根据克劳塞维茨在《战争论》中的论述做出的提示，原来，这里有一个“A. 观察现象→B. 根据过去的战争经验，对现象加以分析、研究→C. 看清现象的本质→D. 判断出敌人的真实意图和行为规律，再采取对策”的这样的一种认识论的思维逻辑程序。②

例如“相敌三十二法”中的第一法“敌近而静者，恃其险也”，这一方法的认识论的思维逻辑程序是：A. 我军观察到了敌人离我军很近，却安静不乱的现象；B. 根据我军过去的战争经验，“敌近而静”的现象不合理、反常；C. 又根据我军过去的战

① （德）克劳塞维茨：《战争论》，第138～139页。《战争论》引文中括号内的文字，为本书作者所加，下同。

② 参见《战争论》，第138～139页。

争经验，分析敌人之所以“近而静”，多半是因为敌人占据着对敌人有利的险要的地形、地势；D. 故敌人的主观意图是引诱我军前去进攻，凭借着对其有利的险要的地形、地势，使我军作战失利，所以，我军进攻敌人时要小心；

又如，“相敌三十二法”中的第二法“远而挑战者，欲人之进也，其所居者，利也”，其中的认识论的思维逻辑程序是：A.“远而挑战者”是我军观察到的现象；B. 根据我军过去的战争经验，这种“远而挑战”的现象也反常、不合理。因为，敌人本来应该和我军的距离相近时，才作战；彼此相隔的距离如此之远，这种仗又怎么打呢？C. 再根据我军过去的作战经验和教训，当前的敌人之所以“远而挑战”，很可能其中有诈，敌人依仗着占据对其有利的东西；D. 敌人原来现在是在引诱我军去进攻，而现在去进攻敌人肯定对我军不利。结论是：我国现在不能进攻，只能坚守，继续观察战场和敌人的表现。

第三，更重要的是，还有这样一个有趣而又深刻的问题，那就是孙子在《孙子兵法》的第七篇《行军》里总结出的“相敌三十二法”，同《孙子兵法》的第一篇中孙子所论述的“兵者，诡道”有内在的联系。**“相敌三十二法”中的一些内容和方法，实际上就是识破敌人的欺骗、诡诈即反“诡道”的方法。**

在《孙子兵法》的第一篇《计》中，孙子曾经专门有一段话论述“兵者，诡道”，并且，总结出了“诡道十二法”，即“能而示之不能，用而示之不用，近而示之远，远而示之近；利而诱之，乱而取之，实而备之，强而避之”等。“诡道”实际上就是作战策略，其中有不少内容就是对敌人搞欺骗，示敌以假象，而把自己的真相和真实意图隐藏起来，让现象和本质分离开来，产生矛盾，以便迷惑战争中的对手，让对手产生作战失误。而在作战中对付“诡道”、欺骗的有效方法，就是不被敌人的表面现象和假象所迷惑，必须透过现象和敌人制造的假象而看本质，利用过去的战争经验，分析、研究现象和假象，最后，把隐藏在敌人现象和假象背后的真相、本质、敌人的真实意图和敌人的行动规律找出来、还原出来！

所以,战争中的“诡道”、欺诈并不神秘,并不是不可知的和没有办法对付的。孙子自己总结出的“相敌三十二法”中的一部分内容和方法,正是对付敌人的诡道、欺诈、反“诡道”的方法。

四、孙子总结出来的一条最基本的作战战术指导规律

【原文】 **兵非益多也,惟无武进,足以并力、料敌、取人而已。夫惟无虑而易敌者,必擒于人。**

【述评】 一支军队在长途行军、驻军,从事各种军事活动时,不可避免地会遭遇到敌人,进而发生战斗。那么,在同敌人作战时有没有取得战斗胜利的规律呢?孙子的回答是肯定的,他在总结中国古代长期而大量的作战经验和作战教训的基础上,在世界军事学术史上,首次提出了一条最基本而又正确的作战战术指导规律。孙子认为:

同敌军作战时,不是我军的兵力越多就越好;能够取得战斗的胜利只在于我军不要冒进,要摸清敌情,高度地集中我军的兵力,就能够取胜于敌。只有那种不肯动脑筋而轻视敌人、轻举妄动的人,才必然会在战斗中遭到失败,被敌军俘虏。

——孙子总结出的这条作战战术指导规律有三个要点:首先,必须要准确地摸清敌人那方面的情况;其次,要开动脑筋,分析敌我两军的优劣长短,扬长避短,而不可以不动脑筋,只凭勇气在作战中蛮干;再次,在已经掌握了敌情,又分析清楚了敌我两方面的长短优劣的基础上,高度地集中起我军的兵力打击敌军,这样,即使我军的总兵力不如敌军那么多,但是,因为在战斗中我军的兵力高度集中,处于优势地位,兵力用在了刀刃上,也能够赢得战斗的胜利。相反,如果我军既没有掌握敌情,又不分析敌我双方的长短优劣,自己的兵力集中不起来,再加上轻敌、妄动,只凭勇气而一味地蛮干,那么,即使自己一方的总兵力比对方多,也会在战斗中失败。

孙子在《孙子兵法》中提出的这条作战战术指导规律,虽然文字不多,只有两句话,可是,其内容却很丰富,军事思想也很

深刻，是他对世界军事科学中的战术学和战役学理论做出的重大贡献。**孙子总结的这条作战战术指导规律，实际上在两千多年前已经预见到了后来作战发展的总趋势，我们可以看到，近、现代战争发展的总趋势，并不是投入作战中的兵力越来越多，恰恰相反，而是投入的兵力越来越少，是在战斗中要对敌人实施“精确打击”。**因此，孙子在《孙子兵法》中总结出的这条作战战术指导规律，确实是他对战术学、战役学理论做出的重大理论贡献。

五、治理军队的原则和方法

【原文】 **卒[①]未亲附而罚之，则不服；不服，则难用也；卒已亲附而罚不行，则不可用也。故令之以文，齐之以武[②]，是谓必取[③]。令素行[④]以教其民，则民服；令不素行以教其民，则民不服。令素行者，与众相得[⑤]也。**

【注解】 ①卒：指统兵之将的下属、士兵。②令之以文，齐之以武：用感情、思想教育引导，用军纪、军法来统一行动。③必取：必然取胜。④素行：平时就贯彻、实行。⑤相得：相互信任。

【述评】 统兵之将在带领军队行军、驻军、作战的过程中，还有一个在这个过程中“治军”即如何管理好军队的问题。所以，孙子在《行军》篇中论述完行军、驻军、观察判断敌情、作战的注意事项以后，又在《行军》篇的第五段话中，开始论述治军的原则和方法，他说：

如果下属军官和士兵们在没有亲近、服从统兵之将时，统兵之将总是用军纪、军法，惩罚他们，那么，他们肯定不会自觉地服从统兵之将的领导、指挥，这样一来，统兵之将就很难顺利地使用他们。可是，当下属军官和士兵们已经亲近，服从了统兵之将，统兵之将却不严格地执行军纪、军法，军队也难以完成好军事任务。因此，治军、管理部队必须使用两手，掌握“文”“武”两个原则：其一是用“文”的即思想教育、感情笼络的手段、方法教育他们;其二是用“武”的即军纪、军法来统一部队的步调。这两手、两种方法都使用,部队打仗才能赢得胜利。

(再者)“文”“武”两手并不是在战争发生以后才开始使用的,而是在战争发生以前的长期和平时期就要使用。平时就使用“文”“武”两手,部队自然会形成习惯、服从;而平时不使用的话,部队不可能习惯、服从。平时和战时一以贯之地使用“文”“武”两手,对部队实施教育和罚治,官兵们才能彼此相互信任,顺利地完成军事任务。

——在军队中流行着这样一句话,指挥官是“带兵打仗”的,这也就是说,军队中的指挥官的职责不仅要打好仗,而且,要带好兵、管好兵,因为由官兵们组成的军队乃是打好仗、完成打仗任务的主要力量。所以,如何“治军”、管理好部队,是统兵之将除了打仗之外的另一个方面重要任务,这两个任务是紧密地联系在一起的。而“治军”工作实际上属于“军事战略”的范畴,乃是统兵之将在和平时期和战争时期都要担当起来的工作职责,不只是统兵之将在战争发生以后才开始操持的工作。因此,孙子在《行军》篇的第五段话中,主要强调两点:

第一,“治军”即管理军队必须从和平时期就要开始抓起,“令素行以教其民”。因为“令素行为教其民,则民服;令不素行,则民不服”。

第二,要想管理好军队,必须用两种手段、方法,掌握好“文”“武”兼治的原则,这两手、两个原则不可偏废。

自从孙子在《孙子兵法》的《行军》篇里首先提出这种治理、管理军队的原则和方法以后,“文”“武”兼治如今已经成为世界各国普遍使用的治军原则了。这也是孙子对军事科学做出的一项重大理论贡献。

【《行军》篇内容提要】

总的看来,孙子在《行军》篇中论述了五个战术问题:①军队在通过山地、江河、沼泽地、平原时的注意事项;②驻军、行军时的其他一些注意事项;③在战争中观察判断敌情的方法——

“相敌三十二法”；④孙子总结出来的一条最基本的作战战术指导规律；⑤治理军队的原则和方法。

我想这样概括一下《行军》篇的内容：

“本篇联系军队在长途行军中遇到的山地、江河、沼泽地、平原时的四种地区，从战争中总结出大量的有关行军、驻军、治军、作战和观察判断敌情的经验方法，进而提出一条正确的作战战术指导规律，以及‘令之以文，齐之以武’的正确的治军原则和方法。

“孙子在本篇中提出的作战战术指导规律和治军的原则、方法，均对世界军事科学做出了重要贡献。”

第十篇《地形》 在不同地形条件下的作战指导规律和治军规律

在《孙子兵法》的前一篇即第九篇《行军》中，孙子讲的是军队在通过山地、江河、沼泽地、平原四种“地区”时的注意事项，是观察判断敌情的方法，以及作战战术指导规律和治军的原则。而从《孙子兵法》的第九篇，进展到第十篇《地形》，则是孙子使用从抽象到具体、从简单到复杂的逻辑方法，对作战指导规律和治军规律的进一步论述、扩大、展开和补充；在《地形》篇里，孙子是联系一些更为具体的地形、地势，开始总结一些更为具体的作战指导规律和治军规律，进而提出一条统兵之将在战争必须遵守的最高行为准则，以及不仅要“知彼知己”，还要“知天知地”的问题。以上所述，就是《孙子兵法》的第九篇《行军》和第十篇《地形》在内容上的内在联系。

下面，我还是首先说一说第十篇《地形》的篇名含义。

【篇名】

孙子在《孙子兵法》的第一篇《计》里，曾经把“地”列为构成战争整体的五大战略要素中的一大战略要素。他对“地”的诠释是：“地者，远近、险易、广狭、死生也。”因此，他在《孙子兵法》的第九篇即前一篇里所说的“处军”之“地”，指的是军队在行军、驻军时所遇到的山地、江河、沼泽地、平原这四种不同的“地区”；而他在《孙子兵法》中的第十篇即本篇中所说“地形”，指的是比“地区”更为具体的地表的形态、地势的高低、险易、广狭，也就是现代地理学中所讲的“地势”“地貌”。

孙子之所以把“地形”作为一个战术专题专门加以论述，之所以在《地形》篇里把“知天知地”和“知彼知己”看作是决定战争胜负之同等程度的重要问题，那是因为，“地形”即地表的形态、地势的高低、险易、广狭的程度，对军事行动和作战的胜负有影响，有时，还会有重大的、决定性的影响。这种影响决不可以忽视。克劳塞维茨在《战争论》中明确地说过：

“在现实中，只有对很小的部队来说，才存在纯粹的、绝对开阔的平原的概念，也就是说才存在对军事行动毫无影响的地形的概念。即使对这样的部队，也只是对它的某一时刻的活动来说才存在这样的地形概念。对较大的部队的活动和持续时间较长的活动来说，地形就必然会发生影响。对整个军队来说，即使在某一时刻，例如在一次会战中，地形不发生影响的情况也几乎是不可想象的。”“由此可见，地形[对战争]几乎始终是有影响的。当然，随着地区的性质不同，地形[对战争]的影响是有大有小的。”①

孙子在《地形》篇中，首先把地形区分为六类，分别论述了它们的特点和统兵之将带领军队通过这些地形时，应该采取的军事措施，孙子称之为“地之道”，然后，因为军队在通过这些地形时，情况比较复杂，部队不容易管理，会出现一些意料不到的

① (德)克劳塞维茨：《战争论》，第465页。

情况，所以，孙子又总结出一些容易导致治军、作战失败的规律，孙子称之为“败之道”。此后，孙子便进一步提出了统兵之将必须遵守“战道”和必须既“知彼知己”又必须“知天知地”的问题。

《地形》篇中共有五段话，我就分五个小专题加以述评。

一、统兵之将遇到六种不同的地形时，应该使用六种不同的作战指导规律

【原文】 **孙子曰：地形有“通”者，有“挂”者，有“支”者，有“隘”者，有“险”者，有“远”者。我可以往，彼可以来，曰“通”。“通”形者，先居高阳，利粮道，以战则利。可以往，难以返，曰“挂”。“挂”形者，敌无备，出而胜之，敌若有备，出而不胜，难以返，不利。我出而不利，彼出而不利，曰“支”。“支”形者，敌虽利我，我无出也；引而去之，令敌半出而击之，利。“隘”形者，我先居之，必盈之[①]以待敌，敌若先居之，盈而勿从，不盈之而从之。“险”形者，我先居之，必居高阳以待敌；敌若先居之，引而去之，勿从也。“远”形者，势均，难以挑战，战而不利。凡此六者，地之道也。将之至任，不可不察也。**

【注解】 ①盈之：用足够的兵力把守。

【述评】 “地形”即地貌、地表的形态，地势的高低起伏、广狭、险易的程度，是军队在行军、作战中遇到的一个大问题。因为“地形”不是地形本身的问题，而是和军队在从事战争活动时的主体利害有密切的关系，它对军队几乎所有的军事活动都有影响，影响到统兵之将在战争中应该使用什么样的战略和战术。这种情形，正如克劳塞维茨在《战争论》中所说的：“地区和地貌同[运输]军队的给养是有关系的，这是一个方面，除此之外，它[指地区和地貌]同军事行动本身也有十分密切而永远存在的关系，它不论是对战斗过程本身[指战术]，还是对战斗的准备

和运用[指战略]，都有决定性的影响”，“地形的作用绝大部分表现在战术范围，但其结果则表现在战略范围。”①

在《地形》篇的第一段话中，孙子首先把军队在战争中所通过的地形区分为六种，而且把军队通过这六种地形时的敌我双方的军事活动的利害关系联系起来，从分析这六种地形的特点中，总结出了六种对我军最有利的通过方法，即六种正确的战术指导规律，然后，孙子认为使用好这六种战术指导规律，乃是统兵之将在通过这些地形时最重要的职责。因此，《地形》篇中第一段话的意思就是：

孙子说：地形有“通”形、“挂”形、“支”形、“隘”形、“险”形、“远”形六种。

1. “通”形，就是我军可以顺利地开进去，敌人也可以顺利开过来的地形。当我军通过这种地形时，要注意抢先占据向阳的高地，这样做有利于使军队运输粮食的道路畅通（让我军将士的生活得到保障），从而有利于在作战中赢得胜利。

2. “挂”形，就是我军容易开进去，但不容易退出来的地形。当我军进入这种地形时，要注意敌人那方面的情况。如果敌人还没有做好防御的准备，我军进攻敌人就容易取得胜利；但是，如果敌人已经做了防御准备，我军发起进攻不但不容易取得胜利，而且，进攻一旦受到挫折就会从这种地形退不出来，对我军很不利（所以，遇到这种地形，是否要进攻敌人必须慎重，首先要摸清敌方的防御情况）。

3. “支”形，就是在这种地形中，我军进攻敌人，对我军不利，而敌人进攻我军，对敌人也不利的地形。当进入这种地形时（就要注意），无论敌人怎样用利益来诱使我军，我军也不要对敌人出击。而对我军最有利的作战方法，是引诱敌人先进攻我军，待敌人的部队出来一半时，我军再对敌人发起攻击（这样容易赢得胜利）。

4. “隘”形，就是两山之间有一条狭窄的通谷。遇到这种地

① （德）克劳塞维茨：《战争论》，第464页。

形时，我军如果能够抢先占据，必须派重兵守卫住狭窄通谷的隘口（做好防御），等待敌人（顺着狭窄的通谷前来进攻，以便我军在隘口处收拾敌人）；可是假如敌人抢先占据了这种地形（派重兵守住了隘口），我军就不要进攻敌人了，然而，敌人如果并没有派重兵扼守隘口，我军则可以进攻敌人。

5. “险”形（就是地势险恶的地形），我军如果能够首先占领这种地形，必须占据地势高而且向阳的地方（以便我军将士能够健康、精神饱满地）等待敌人的到来。可是，如果敌人首先占据了这种地形、引诱我军去占领这种地形，我军就不要（中敌人的诱兵之计）去占领。

6. “远”形是敌我两军还处于相隔很远的地方（双方的兵力还接触不到）。处于这种地形条件下的敌我两军，既不可能在实力上比出个高低，又难以向对方提出挑战，如果勉强求战，则战斗的结果对我军不利（就不必考虑和敌人交战了）。

孙子还说，上述遇到六种地形时的六种作战原则，就是“地之道”，即在不同地形条件下的作战指导规律，运用好这些指导规律，乃是统兵之将最重要的职责，不可以不认真地考虑、研究。

——从孙子对六种地形特点的论述，以及他对相应的六种“地之道”的论述内容看，他所论述的并不是全局性的战略谋利问题，而只是如何具体地处理作战中局部性的战术问题。他所说的“地之道”，也不是说地形有什么“道义”，“道”在这里并不是一个政治概念。“地之道”，在这段话中指的只是统兵之将在不同地形条件下的不同作战方法，即不同的战术指导规律。

二、军队在复杂的地形条件下，容易导致失败的六种规律

【原文】 **故兵有“走”者，有“弛”者，有“陷”者，有“崩”者，有“乱”者，有“北”者。凡此六者，非天之灾，将之过也。夫势均，以一击十，曰“走”；卒强吏弱①，曰“弛”；吏强卒弱，曰“陷”；大吏②怒而不服，遇敌怼③而自战，将不知其能，曰“崩”；将弱不严，**

教道不明，吏卒无常[4]，陈兵纵横[5]，曰"乱"；将不能料敌，以少合众，以弱击强，兵无选锋[6]，曰"北"。凡此六者，败之道也；将之至任，不可不察也。

【注解】 ①卒强吏弱：下级士卒的能力强，而管理士卒的上级军官能力弱。②大吏：统兵之将以下的部将。③怼：只凭意气用事。④吏卒无常：部将和士卒不知怎么办。⑤陈兵纵横：队列、布阵杂乱无章。⑥选锋：精锐部队。

【述评】 在前面《地形》篇的第一段话中，孙子虽然论述了古代战争中军队遇到的六种地形，以及统兵之将应该掌握的六种战术指导规律，可是，军队在战争中遇到的地形，不可能只是他所说的六种，而是相当复杂、多种多样的。复杂而多样化的地形，肯定会对军事活动产生复杂而多种多样的不同影响，加之，在战争中几万、甚至十万人左右的军队，不可能总是在一两种地形条件下活动，而是要时而分散，时而集中，大部分时间要在多样化的地形地势条件下，从事各种各样的军事活动，这样一来，就必然会给统兵之将的治军、作战工作增加了困难。这种情况，正如克劳塞维茨在《战争论》所说，在复杂而多样化的地形条件下，"统帅对战斗成果所起的作用就会降低，下级军官乃至普通士兵的作用就会相应地提高。不言而喻，部队越分散，观察越困难，每个行动者就越要独立行动。"①

于是，在《地形》篇的第二段话中，孙子便论述了军队在复杂多样化的地形条件下容易出现的问题，并且把这些容易出现的问题，归纳为六种"败之道"即容易导致军队走向失败的六种规律。孙子说：

军队在战争中容易走向作战失败的原因有"走""弛""陷""崩""乱""北"六种。这六种容易导致军队走向失败的原因，都不是上天给军队降下的灾难，而是统兵之将自己作战、治军的过错。

---

① (德)克劳塞维茨：《战争论》，第466页。

1. 第一种过错叫作“走”，就是本来敌我双方的兵力势均力敌，但是，我军却不能把兵力集中起来使用，而是分散开来使用，以我军一倍的兵力同敌人十倍于我军的兵力相抗衡，所以导致我军在作战中败走。

2. 第二种过错叫作“弛”，（是因为统兵之将在平时治军不严）虽然军中的低级军官管理部队的能力强，但是，高级军官管理部队的能力弱，从而导致全军的战斗力松弛不强，进而又导致作战时失败。

3. 第三种过错叫作“陷”，是（因为统兵之将在平时治军不严）虽然军中的高级军官管理部队的能力强，但是，低级军官管理部队的能力弱，从而导致整个部队的战斗力弱，进而又导致作战时失败。

4. 第四种过错叫作“崩”，是因为统兵之将身边的高级将领脾气暴躁，作战时不听统兵之将的指挥，遇到敌人时往往自作主张，凭感情贸然出战，导致作战失败。这是统兵之将平日不了解他们的素质和能力的缘故。

5. 第五种过错叫作“乱”，就是因为统兵之将自己的能力弱，治军不严，平时对部下、部队的要求不明确，部下和士兵们无所遵循，没有秩序，到了战时，军纪和部队秩序自然混乱，于是导致作战失败。

6. 第六种过错叫作“北”，就是统兵之将在作战之前，不了解敌情，作战时，又以少量的兵力对付敌人众多的兵力，以弱军抗衡强军，军中缺乏经过选拔而组成的精锐部队，从而，导致作战败北。

孙子还说，以上容易导致军队作战失败的原因有必然性，有规律性，统兵之将要认真地考察、研究，处理好这些问题，是统兵之将最重要的职责。

——在中国的军队里，长期以来流行着这样一句话：“兵熊熊一个，将熊熊一窝。”此话说的就是带兵打仗的统兵之将在治军、打仗中的主导、核心和表率作用。从孙子在《地形》篇中对六种“败之道”的全部论述看，他认为无论是军队中的普通士兵，中下级指挥官，还是统兵之将身边的高级将领，也无论是在和平时期，还是在战争时期，他们的过错归根结底都与统兵之将的领导过错分不开，都是统兵之将平时对军队管理不严，战时治军不善的结果，更何况，统兵之将自己在平时和战时还可能犯这样和那样的过错呢。问题的严重性在于，所有这样和那样的过错，都容易在战争中导致作战失败。

孙子能够把导致作战失败的原因系统化，归纳、分析、整理成六种“败之道”，形成规律性的认识，并且要求统兵之将要认真地加以考察和研究，这些论述在世界军事学术史上是非常罕见的，也是应该点赞的。

三、尊重“战道”即战争的客观规律是统兵之将的最高的行为准则

【原文】 **夫地形者，兵之助也。料敌制胜，计险阨①远近，上将之道也。知此而用战者必胜，不知此而用战者必败。故战道②必胜，主曰无战，必战可也；战道不胜，主曰必战，无战可也。故进不求名，退不避罪，唯人是保③，而利合于主④，国之宝也。**

【注解】 ①险阨：地势的险易。②战道：战争规律。③唯人是保：只保全国人和军队的利益。④利合于主：符合国君的利益。

【述评】 以上所引《地形》篇的第三段话虽然不算很长，文字也不算多，但是内容却很重要、理论分量也很重。因为正是在这段话中，孙子表达了他深刻的军事思想和品味很高的政治、军事道德和精神境界。这段话实际上包含有下述三层意思：

第一，孙子认为，“地形”这个战争中的战略要素（并不是在统兵之将带领军队打仗时总是起到消极的阻力作用，如果统兵之将能够在战争中处理好“地形”问题，“地形”反倒）可以对统兵之将赢得战争胜利给予帮助。在战争中准确地了解、判断敌情，在知彼知己的基础上制定好战胜敌人的计划，计算清楚地形、地势的险易、广狭、死生、远近的程度，这些都是一个优秀的

统兵之将应当掌握的军事艺术；知道并且掌握了这些军事艺术，必然会在战争中赢得胜利，不了解、没有掌握这些军事艺术，必然会在战争中遭到失败。

第二，孙子认为（尊重战争的客观规律即“战道”是统兵之将最高的行为准则），凡是战争规律提示统兵之将这样做，统兵之将按照战争规律指引的方向而去做，就必然会取得胜利的军事行动，即使国君不准许统兵之将去做，统兵之将也不必服从，而要按照战争规律指引的方向去做；凡是战争规律提示统兵之将这样做，会导致作战失败的事情，即使国君命令统兵之将必须去做，统兵之将也可以不去做。

第三，所以，优秀的统兵之将的所作所为，如果做得正确，并不是为了追求名利；如果做错了，也不会逃避自己的罪责。他在战争中的一切所作所为，都只是为了保全国人和军队的利益，同时也符合国君的利益。只有这样的统兵之将，才是国家的珍宝。

——显然，孙子在《地形》篇的第三段话中所论述的主要思想，乃是统兵之将在战争中必须尊重“战道”即战争的客观规律和战争指导规律，尊重战争规律和战争指导规律，是统兵之将在战争中的最高行为准则；而坚守这种行为准则的目的只有一个，那就是为了最终保全国人、军队和国君的利益，亦即保全整个国家的利益。**实际上，孙子所说的这种行为准则，既是一个优秀的统兵之将的军事行为准则，也是一个优秀的统兵之将的政治行为准则和道德行为准则。**

两千五百多年前的孙子不是把服从国君，而是把服从“战道”看作是一个优秀的统兵之将的最高行为准则，这种提法是令人非常吃惊的！一个代表新兴地主阶级利益的兵家代表人物，竟然能够要求统兵之将做到“进不求名，退不避罪，唯人是保，利合于主”，这种思想境界和精神境界之高，也是令人赞叹的！我们应该看到，自从孙子在《孙子兵法》中提出这种行为准则之后，两千多年来，这种行为准则实际上已经成为优秀的中国军人“武德”的最高信条，同时，也构成了中国优秀传统文化中的一个不可分割的有机组成部分。因此，应当充分肯定，孙子提出的这个行为准则，也是他对世界军事科学理论做出的一项理论贡献。

四、统兵之将管理部下，必须使用“厚爱”和“惩治”两手

【原文】 **视卒[①]如婴儿，故可以赴深溪；视卒如爱子，故可与之俱死。厚而不能使，爱而不能令，乱而不能治，譬若骄子，不可用也。**

【注解】 ①卒：卒在这段话中，指的是统兵之将的下属。《说文解字》说："卒，隶人也，给事者。"

【述评】 因为统兵之将在战争中要想按照战争规律办事，离不开下属的积极配合，所以，孙子又论述了统兵之将管理下属的正确态度和方法。在《地形》篇的第四段话中，他说：

统兵之将如果能够把下属当作婴孩那样看待（爱护体贴），那么，下属们就能够在关键的时候心甘情愿地同统兵之将一起奔赴深渊（毫不畏惧）；如果能够把下属当作自己的亲儿子那样看待（关爱有加），那么，下属们在困难时期就能够同统兵之将一起赴汤蹈火、视死如归。可是，如果统兵之将只知厚爱下属，却不知道用军纪、军法严格地要求、管理、惩治他们，那么（平时）就不能顺利地使用他们，（战时）就不能让他们服从命令，（在特殊情况下）就不能制止他们乱来，这样的下属，就像被家长溺爱、纵容、娇惯坏了的孩子那样，无法任用。

——孙子在这段话中所说的管理部下的“厚爱”“惩治”两手，实际上，还是他在《行军》篇中所说的“文”“武”两手。

五、统兵之将在战争中既要做到“知彼知己”，又要做到“知天知地”

【原文】 **知吾卒之可以击，而不知敌之不可击，胜之半也；知敌之可击，而不知吾卒之不可以击，胜之半也；知敌之可击，知吾**

卒之可以击，而不知地形之不可以战，胜之半也。故知兵者，动而不迷[①]，举而不穷[②]。故曰："知彼知己，胜乃不殆；知天知地，胜乃不穷。"[③]

【注解】 ①动而不迷：不盲动。②举而不穷：军事行动不断地变化，让敌人捉摸不透。③胜乃不穷：不断地赢得胜利。

【述评】 孙子在《孙子兵法》的第三篇《谋攻》中，曾经论述过"知彼知己"的重要性；而他在《地形》篇的结尾这段话中，又开始论述"知天知地"的重要性，并且，把"知天知地"和"知彼知己"置于同等重要的地位看待。所以，《地形》篇第五段话的意思就是，孙子认为：

在战争中，统兵之将如果只知道我军具备攻打敌人的能力，却不知道敌人是不可以攻打的，那么，去攻打敌人，则只会有赢得一半胜利的可能；如果已经知道敌人是可以攻打的，却不知道(由于治军不严)我军不具备有攻打敌人的能力，去攻打敌人，那么也只有赢得一半胜利的可能；(但即使)既(掌握了敌情)知道敌人可以攻打，又(由于治军有方)我军具备攻打敌人的能力，却不了解地形的情况不允许我军去攻打敌人，而我军却硬要去攻打敌人，那么，攻打敌人的结果，也只会有赢得一半胜利的可能。所以，真正会打仗的统兵之将，他既能够做到掌握敌情和我情，又能够准确地掌握地情，(三种情况都能掌握)其军事行动又灵活机动、不落俗套，才能让敌人捉摸不透，而不断地赢得对敌胜利。所以说："只有既掌握了敌情，又掌握了我情而采取军事行动，才能在每一次作战中取得胜利；只有掌握了天情，又掌握了地情(而采取对我军有利的军事举措)，才能不断地赢得作战胜利。"

——如果能够仔细地琢磨、推敲一番以上《地形》篇中的第五段话，就会发现，孙子在这段话中所论述的，实际上是战争认识论问题；是统兵之将在战争中必须了解清楚构成战争的全部情况、总体情况(包括敌情、我情、天情、地情)的重要性；是统兵之将对战争的主观指导，必须符合战争的客观情况和客观规律。

毛泽东在《中国革命战争的战略问题》一文中曾经说过："为什么主观上会犯错误呢？就是因为战争或战斗的部署和指挥不适合当时当地的情况，主观的指导和客观的实在情况不相符合，不对头，或者叫做没有解决主观和客观之间的矛盾。人办一切事情都难免这种情形，有比较地会办和比较地不会办之分罢了。事情要求比较地会办，军事上就要求比较地多打胜仗，反面地说，要求比较少地打败仗。这里的关键，就在于把主观和客观二者之间好好地符合起来。"①

如果指挥员"摸熟了自己的部队（指挥员、战斗员、武器、给养等等及其总体）的脾气，又摸熟了敌人的部队（同样，指挥员、战斗员、武器、给养等等及其总体）的脾气，摸熟了一切和战争有关的其他的条件如政治、经济、地理、气候等等，这样的军人指导战争或作战，就比较地有把握，比较地能打胜仗。这是在长时间内认识了敌我双方的情况，找出了行动的规律，解决了主观和客观的矛盾的结果。这一认识过程是非常重要的，没有这一种长时间的经验，要了解和把握整个战争的规律是困难的。"②

而孙子在《地形》篇中，以论述在不同地形条件下的作战指导规律始，以统兵之将在战争中必须做到不但要"知彼知己"，而且要做到"知天知地"终，他始终强调的是主观指导战争必须符合战争的客观实际和客观规律，所以，他的一系列论述是相当深刻、正确的，他的朴素的战争指导理论的唯物主义色彩也很鲜明。

【《地形》篇内容提要】

综上所述，孙子在《孙子兵法》的第十篇《地形》中，先后论述了五个方面问题：①统兵之将遇到六种不同的地形时，应该

① 毛泽东：《中国革命战争的战略问题》，见《毛泽东选集》，合订一卷本，第163页。

② 毛泽东：《中国革命战争的战略问题》，见《毛泽东选集》，合订一卷本，第164～165页。

使用六种不同的作战指导规律；②军队在复杂的地形条件下，容易导致失败的六种规律；③尊重"战道"即战争的客观规律是统兵之将最高的行为准则；④统兵之将管理部下，必须使用"厚爱"和"惩治"两手；⑤统兵之将在战争中既要做到"知彼知己"，又要做到"知天知地"。

可以这样概括《地形》篇的内容：

"本篇论述了统兵之将在战争中遇到不同的地形时，应该使用的六种不同的战术指导规律，以及在治军、作战中，容易导致军队作战失败的六种规律；进而提出了统兵之将在战争中，应当把尊重战争的客观规律作为最高的行为准则，并且要求统兵之将在战争中既要做到'知彼知己'，又要做到'知天知地'。

"本篇充分表现出了孙子战争指导理论的唯物主义认识论色彩。"

第十一篇《九地》 军队由本国进入敌国途中的作战、治军原则

《九地》是《孙子兵法》后五篇中文字最多、段落最多、内容最重要的一篇，同时，也是整个一部《孙子兵法》中文字最多、段落最多，其内容最重要的一篇。如果说，《孙子兵法》十三篇中最重要、最值得我们仔细研究、认真研究的是第三篇《谋攻》和第四篇《形》的话（因为孙子在《谋攻》和《形》中，主要论述的内容是最高级别的"国家战略进攻"和"国家战略防御"），那么，**孙子在第十一篇《九地》中，所论述的主要内容，则是关系到一个国家、军队和民族生死存亡命运的、军事战略上的进攻问题和敌我两军的"决战"问题。**毛泽东在《中国革命战争的战略问题》中明确地说过："只有决战，才能解决两军之间谁胜谁败的问题"；"决战阶段的斗争，是全战争或全战役中最激烈、最复

杂、最变化多端的，也是最困难、最艰苦的，在指挥上说来，是最不容易的时节。”①

所以，如果说《孙子兵法》中最重要的内容是第三篇《谋攻》和第四篇《形》的话，那么，第十一篇《九地》的内容也很重要，也值得我们仔细研究、认真研究；实际上，《九地》篇的重要性并不亚于《谋攻》篇和《形》篇，甚至于可以这样说，《孙子兵法》中的第十一篇《九地》比第三篇《谋攻》和第四篇《形》更为重要。这是因为，孙子在《九地》篇中所论述的军事战略进攻和敌我两军的“决战”问题，其实，也就是西方近代军事学家克劳塞维茨在《战争论》中所说的“主力会战”问题。克劳塞维茨在《战争论》中明确地说过：“主力会战是双方主力之间的斗争……是为了争取一个真正的胜利而进行的全力以赴的斗争。”“所以，必须永远把主力会战看作是战争的真正的重心。”②“它体现着全部战争计划和一切措施以及对未来的一切遥远和朦胧的想象。对这个大胆的问题作出答案，是命运攸关的问题”③；“这样，在战争中就没有什么比主力会战更重要的了。因此，战略上最大的智慧就表现在为主力会战提供手段，巧妙地确定主力会战的时间、地点和使用兵力的方向，以及利用主力会战的结果”④；“因此，应该把主力会战看作是战争的集中表现，是整个战争或战局的重心，如同太阳光在凹镜的焦点上聚成太阳的完整的象迸发出极高的热度一样”。⑤

具体说来，孙子在《九地》篇中所论述的主要内容，所论述

---

① 毛泽东：《中国革命战争的战略问题》，见《毛泽东选集》，合订一卷本，第198、199页。

② （德）克劳塞维茨：《战争论》，第283页。

③ （德）克劳塞维茨：《战争论》，第291页。

④ （德）克劳塞维茨：《战争论》，第303页。

⑤ （德）克劳塞维茨：《战争论》，第298页。

的“九地”，并不是一般的九种地区或地形，而是指一支数目庞大（约有十万人左右）的远征军，从本国的国土出发，通过与邻近的其他诸侯国家的交界地区，再进一步开进敌国、开进敌国国内的深处，一路上进行大规模的战略进攻时，所经过的那些自然环境和社会环境都相当复杂、多变的“战略地区”。孙子把这些复杂、多变的“战略地区”划分为九大类，先后论述了统兵之将率领这支庞大的远征军通过这九类“战略地区”时，所必须遵循的一些重要的作战原则、治军原则、利用间谍破坏敌军内部团结的“待敌之法”、“全面战争”的原则。同时，也正是在《九地》篇中，孙子毫不掩饰、赤裸裸地阐述了他那著名的“愚兵之术”，特别是明确无误地阐明了他那著名的、通过武力威胁或武力兼并的手段吞并敌国的“霸王之兵”的政治、军事诉求和最高理想，以及在即将同敌国的军队展开一场生死存亡、不是你死就是我活的大决战之前，所必须采取的几个重大的战略性战术措施。

由于孙子在《九地》篇中论述的主要内容，乃是一支数目庞大的远征军从本国出发，途中经过多种复杂、多变的“战略地区”，最后进入敌国境内深处的全过程；一场大规模的暴力决战或“主力决战”就要发生；敌我两军已经处于“大决战”之前的最后关头；“大战争”已经达到了白热化的程度，所以，**孙子在论述《九地》篇的内容时，自始至终贯穿有一种非常紧张而恐怖的气氛，许多内容显得杀气腾腾，真可谓“图穷匕首见”，令人研读起来感到惊心动魄、不寒而栗——这，或许可以说，就是《九地》篇内容的一个突出的特点。**

如果能够认真而仔细地研读一遍《孙子兵法》中的第十一篇《九地》，我相信，绝大多数读者都不会同意我国当代某些《孙子兵法》研究者的这样一种研究意见——他们竟然说：孙子在《孙子兵法》中所阐述的战争和战略理论，并不是追求战争和战争的胜利，而是追求“善”“人道主义”“和平主义”和一个“和谐世界”①……

下面，我还是首先简单地讲一讲《九地》的篇名含义。

【篇名】

《孙子兵法》第十一篇《九地》中的“九”，与第八篇《九变》中九”的含义不同。《九变》中的“九”我已经说过，是“多”的意思，而《九地》中的“九”就是一个数目字，即“八”加“一”。所谓“九地”，指的就是九类不同的“地区”。

可是，孙子在《九地》篇里所说的九类“地区”，指的并不仅仅是他在《行军》篇里所说的山地、江河、沼泽地、平原等纯地理地区，也不仅仅是他在《地形》篇里所讲的地表、地貌、地势的高低起伏、广狭、险易，而是指外延更大、内容更复杂，包括“远近、险易、广狭、死生”等内容在内的，自然环境和社会环境统统在内的九类带有战略性的“人文地理”地区。孙子把这些“人文地理”地区从军事战略上划分为九大类，并且，从军事斗争的角度论述了统兵之将率领一支庞大的远征军通过这九类地区时，应该遵循的一系列作战、治军原则，以及“愚兵之术”和“霸王之兵”的战略性战术举措。

长期以来，有一些《孙子兵法》的研究者，认为孙子在《九地》篇中论述的地区、地形以及作战、治军的原则，与孙子在《行军》篇、《地形》篇甚至《九变》篇里所论述的“内容重复”。我认为，实则不然，并不“重复”。如果读者能够细心地研读，就会发现，孙子在《九地》篇中所论述的地区、地形特点，以及作战、治军的原则颇有新意，因为孙子在《九地》篇中所论述的、统兵之将在通过这九大类战略地区时所应遵循的作战、治军原则，已经包含有“大战争”和“大战略”的战术内容。

---

① 这些研究意见出现在2009年我国“第八届孙子兵法国际讨论会”上。感兴趣的读者，可以参见中国孙子兵法研究会编《孙子兵法与和谐世界》里的一些文章，北京，军事科学出版社，2010。

《九地》篇内的文字可以划分为七个段落，我便分七个小专题加以述评。

一、统兵之将在通过九类不同的地区时，应当掌握的九种不同的军事原则

【原文】 **孙子曰：用兵之法，有“散”地，有“轻”地，有“争”地，有“交”地，有“衢”地，有“重”地，有“圮”地，有“围”地，有“死”地。诸侯自战其地，为“散”地；入人之地不深者，为“轻”地；我得则利，彼得亦利者，为“争”地；我可以往，彼可以来者，为“交”地；诸侯之地三属①，先至而得天下之地者，为“衢”地；入人之地深，背城邑多者，为“重”地；行山林、险阻、沮泽，凡难行之道者，为“圮”地；所由入者隘，所从归者迂，彼寡可以击吾之众者，为“围”地；疾战则存，不疾战则亡者，为“死”地。是故“散”地则无战，“轻”地则无止，“争”地则无攻，“交”地则无绝②，“衢”地则合交，“重”地则掠③，“圮”地则行，“围”地则谋，“死”地则战。**

【注解】 ①诸侯之地三属：我国、其他国家和敌国三个国家国土交界的地区。②无绝：军队各部分之间的联系，不可被截断。③掠：掠夺、抢劫、夺取。

【述评】 以上所引《九地》篇第一段话的意思很清楚——

孙子说：统兵之将率领军队打仗，在通过九类不同的地区时，要掌握九种不同的军事原则，这九类地区就是“散”地、“轻”地、“争”地、“交”地、“衢”地、“重”地、“圮”地、“围”地、“死”地。

1. “散”地，就是军队在本国的国土上，(因为当时的多数士兵都是被强征入伍的，在本国国土上遇到危险时，往往会四散开来，逃回自己的家里，所以)，军队在“散”地不适合同敌人作战。

2. “轻”地就是在刚刚进入敌国境内不深的地区(因为这种地区离本国很近，士兵们也无心恋战，遇到危险也会轻易地逃

回本国，所以）军队进入“轻地”，不要多停留。

3. “争”地，是那种我军抢先争夺到，对我军有利，而敌人抢先争夺到，对敌人也有利的地区。如果敌人已经抢先占领了这种地区，我军就不要去攻取了。

4. “交”地是交通便利，我军容易开进去，敌人也容易开过来的地区。到了“交”地，我军要注意保持各部队之间的联系（防止一部分部队被敌人分割、包围）。

5. “衢”地是我国、其他国家和敌国三国国土的交界地。（因为敌我两军谁先到达这种地区，谁就可以获得第三国的帮助，所以）我军到了这种地区，要注意搞好军事外交、搞好同第三国的关系。

6. “重”地，乃是我军已经进入敌国、深入到敌国境内的深处，越过了敌人许多城邑的地区。到了这种“重”地，我军则要掠夺敌国的粮草物资（以解决我军的后勤补给问题）。

7. “圮”地是山林多、地势险，到处有沼泽地，道路难以通过的地区。遇到“圮”地，我军要迅速地通过（不要多停留）。

8. “围”地是我军开进去，道路狭窄，退出时，曲折难行，而敌人只用少量的兵力，就可以击败我军众多兵力的地区。到了“围”地，统兵之将必须多动脑筋，注意用智谋取胜于敌。

9. “死”地就是只有同敌人奋死一战，才有存活的可能，军队不同敌人奋战，容易被消灭的地区。一旦到了“死”地，我军就只能同敌人拼死一战了。

——由此看来，在《九地》篇的第一段话中，孙子对“九地”的特点和对应该使用的九种军事原则的论述，完全是从军事利害关系，从怎样通过这些地区对我军有利而不是有害的角度分析问题的。他所提出的九种通过这些地区时的军事原则，实际上既涉及统兵之将使用谋略、外交、军事、暴力等各种手段，涉及防御、进攻的作战形式，又涉及治理军队、管理军队，以及军事后勤等活动。读者如果能够细心地反复推敲一番孙子所论述的统兵之将通过这九类地区时，应该使用的军事原则，就很容易联想起他在《孙子兵法》第三篇《谋攻》中，已经说过的“上兵伐谋，其次伐交，其次伐兵，其下攻城”①，以及“十则围之，五则攻之，倍则分之，敌则能战之，少则能逃之，不若则能避之”等种种不同的战争手段和作战方法。

是的，我在以前讲过多次，《孙子兵法》里的一些概念、范畴和原理都是“大概念”“大范畴”“大原理”，它们既有整体性、综合性、多义性，又有模糊性和开放性，有些概念、范畴、原理不但适用于“大战争”“大战略”领域，也适用于“军事战略”甚至“战术”领域——从孙子在《九地》篇第一段话所论述的、统兵之将在通过“九地”时应该使用的不同的军事原则、作战手段、作战形式、作战方法，再次证明了这一点。而贯穿在孙子论述这种种不同的军事原则中的“灵魂”，则是统兵之将在率领军队通过这九类不同的地区时，必须具体问题具体分析，必须根据战略地区和敌我情况的不同，采取不同的对策和斗争方法。

再者，从孙子在这段话中对“九地”排列的先后顺序看，我们还可以发现，从“散”地、“轻”地、“争”地、“交”地、“衢”地，其后到“重”地、“圮”地、“围”地，一直到“死”地，孙子实际上勾画、描述了一支远征军怎样从本国的国土出发，再经过与其他国家、敌国国土的交界处，直至开进敌国、深入到敌国的腹地深处，马上就要“攻城”即在敌人的国都城下进行一场生死存亡的大血战的全过程——当统兵之将带领这支庞大的远征军终于抵达“九地”中的最后一个地区“死”地（即只有同敌人拼命一战，我军才有生存的可能；不同敌人拼死一战，我军只能失败，被消灭）的时候，这个时候，也正是孙子在《孙子兵法》的第三篇《谋攻》中所说的“全争”，即进入同敌国展开“大战争”最后的一个阶段斗争之时，这时，这个阶段，也正是整个“大战争”即将

① 孙子在《孙子兵法》第十一篇《九地》中，有两次论述到“死地”。在《九地》第一段话里，他说“死地则战”，在《九地》第五段话中，他说“死地，吾将示之以不活”。实际上，综观全部《孙子兵法》，可以发现，孙子在《九地》篇中所说的“死地”的作战方法，也就是他在《孙子兵法》第三篇《谋攻》中所说的“攻城”。

进入最艰难、最惨烈、敌我两军“不顾一切、不惜流血地使用暴力”①,战争暴力就要发挥到极致,不是你死就是我活的阶段,而在这个阶段,是根本谈不上我国当代一些《孙子兵法》的研究者,所说的什么“善”“人道主义”“和平主义”“和谐世界”的。

二、在战争中瓦解敌军、破坏敌军团结的“待敌之法”和“全面战争”的原则

【原文】 **所谓古之善用兵者,能使敌人前后不相及,众寡不相恃,贵贱不相救,上下不相收,卒离而不集,兵合不而齐。合于利而动,不合于利而止。敢问:“敌众整而将来,待之者何?”曰:“先夺其所爱,则听[①]矣。”兵之情主速,乘人之不及,由不虞之道[②],攻其所不戒也。**

【注解】 ①先夺其所爱,则听矣:首先攻取敌人的要害之处,则敌人就会听从我军的摆布。②由不虞之道:走敌人预料不到之路。

【述评】 以上所引《九地》篇中的第二段话的文字虽然不多,但是理论分量很重,内容非常重要!因为在这段话中,孙子实际上讲的是在战争中,如何瓦解敌军、破坏敌军内部团结的“待敌之法”,特别讲的是最后一定要“打垮敌人”的“全面战争”的战略性战术原则。

这段话包括有下述三层意思:

1. 孙子认为古代善于打仗的统兵之将,能够做到让敌人前面的部队和后面的部队失去联系;能够做到让敌人人数众多的部队和人数少的部队不能相互照顾;能够做到叫敌人的上级军官和下级军官以及士兵们不能相互救助;能够做到叫敌人的小军官们之间离心离德,不团结;能够做到叫敌军的将士们就是统统集合在一起,也是一盘散沙,没有战斗力(这些,都是善于打仗的人能够做到的)。凡是对我军有利的事,就都要去做;而

① (德)克劳塞维茨:《战争论》,第 24 页。

凡是对我军不利的事，都不能去做。

2.（当孙子说到这时）有人冒昧地问（孙子）：“那么，如果敌军的人数众多，又团结一致，齐心合力地前来对付我军，我军又应该怎么办呢?”（我孙子的）回答是：“那就应该首先攻击、夺取敌人的要害之处，敌人便会听从我军的摆布了。”

3. 用兵贵在神速，要乘敌人的行动还来不及的时机，走敌人意料之外的道路，进攻敌人不加戒备的地方。

——显然，孙子所说的第一层意思，就是在战争中要注意瓦解敌军，分割敌人的兵力，破坏敌军内部的团结，力争使敌人的组织系统全部瘫痪，失去战斗力。而要做到这些，仅仅靠统兵之将在作战中巧妙地使用兵力还不够，还要靠潜伏在敌人内部的我军间谍发挥出独特的作用，想方设法在敌军的内部制造各种各样的矛盾，离间敌人。也正因为如此，孙子才说，凡是对我军有利的事，就都要去做；凡是对我军不利的事，都不能去做，换句话说，就是为了削弱敌人的战斗力、战胜敌人，在战争中可以不惜使用一切手段。

由此可知，在中国古代战争中，打入敌国、敌军内部的间谍，不但要承担搜集敌人情报，对敌人散布我军制造的假情报的作用（孙子在《孙子兵法》的最后一篇《用间》中有所论述），而且，还要起到在敌人内部制造矛盾、破坏敌人内部团结的作用。而统兵之将在战争中的责任也不轻松，不但要打仗、治军的工作双肩挑，而且，还要抓好使用间谍、破坏敌军的内部团结，在想方设法增强自己军队战斗力的同时，不断地削弱敌军战斗力的作用。

孙子在上文的第二层意思所说的“先夺其所爱”，实际上说的就是统兵之将在战争中，必须善于抓住敌人的要害之处即“主要矛盾”，因为只有抓住了敌人的要害之处，集中力量解决了作战中的主要矛盾，战争中的其他次要矛盾才能迎刃而解。

至于孙子在上文第三层意思中所说的“兵之情主速”，其实，也就是在《孙子兵法》产生了两千多年以后，西方近代军事学家克劳塞维茨在《战争论》中所说的“打垮敌人”的“全面战争”的战略性战术原则。只不过，与克劳塞维茨所论述的“全面战争”的战术原则所不同的是，孙子认为，即使是在“打垮敌人”的“全面战争”中，统兵之将也要讲策略、行“诡道”，欺骗敌人，即“由不虞之道，攻其所不戒也”。

在《战争论》中，克劳塞维茨始终把战争的“最终目的”划分为两大类，一大类的“最终目的”并不是“打垮敌人”，并不是“消灭敌国”，而是以“仅仅占领敌国边境的一些地区为目的”，在这类战争中，敌我双方使用的暴力是有限度的，敌我两国的战争并不是你死我活的——克劳塞维茨所说的这一类战争，也就是今天我们常常讲的“局部战争”或者叫作“有限战争”①；而另一大类战争，克劳塞维茨称之为“以打垮敌人为目的的战争”，在“以打垮敌人为目的的战争”中，敌我双方在战争中所使用的暴力手段则是无限制的，其“最终目的”是消灭敌国，不是你死就是我活——克劳塞维茨所说的这一类战争，也就是今天我们常常讲的“全面战争”或者叫作“无限战争”②。克劳塞维茨曾经强调指出，军事统帅在指导上述这两类“最终目的”不同的战争时，必须使用不同的原则和方法。他特别强调指出：军事统帅在指导“全面战争”时的原则和方法，主要有三个，第一“所有力量的集中打击”必须指向敌人“整体所依赖的重心”③；第二“速战速决是进攻战的一个重要特点”；④第三“次要行动应该尽可能地保持在从属地位”。⑤

我们如果拿克劳塞维茨的以上论述与孙子在《九地》篇的第二段话中的有关论述相比较，那么，就可以发现，孙子所说的“先夺其所爱”，也就相当于克劳塞维茨所说的“全面战争”的第一个特点、第一个原则，即“所有力量的集中打击”必须指向“敌

① (德)克劳塞维茨：《战争论》，第 11 页。

② (德)克劳塞维茨：《战争论》，第 11 页。

③ (德)克劳塞维茨：《战争论》，第 879 页。

④ (德)克劳塞维茨：《战争论》，第 884 页。

⑤ (德)克劳塞维茨：《战争论》，第 923 页。

人整体所依赖的重心”；孙子所说的“兵之情主速”，则相当于克劳塞维茨所说的“全面战争”的第二个特点、第二个原则，即“速战速决是进攻战的一个重要特点”。由此可见，孙子在《九地》篇中所说的“先夺其所爱”和“兵之情主速”，正是克劳塞维茨在《战争论》中所说的要以“打垮敌人”“消灭敌国”为最终目的之“全面战争”的战略性战术方法和原则！从孙子在《九地》篇以后的一些论述，特别是在他在这一篇的第六段话和第七段话的论述中，我们还可以进一步看到，孙子认为，一支想吞并敌国的“霸王之兵”在讨伐敌国时使用的战争暴力也是没有限度的！

三、军队进入敌国以后出现的一些有规律的现象，以及统兵之将的治军原则

【原文】 **凡为客①之道，深入则专②，主人不克③；掠于饶野，三军足食；谨养而勿劳，并气积力；运兵计谋，为不可测。投之无所往，死且不北，死焉不得④，士人尽力。兵士甚陷则不惧，无所往则固，深入则拘⑤，不得已则斗。是故其兵不修而戒，不求而得，不约而亲，不令而信⑥。禁祥去疑⑦，至死无所之。吾士无余财，非恶货也；无余命，非恶寿也。令发之曰，士卒坐者涕沾襟，偃卧者涕交颐。投之无所往者，诸、刿⑧之勇也。故善用兵者，譬如“率然”。“率然”者，常山之蛇也。击其首则尾至，击其尾则首至，击其中则首尾俱至。敢问：“兵可使如‘率然’乎？”曰：“可。夫吴人与越人相恶也，当其同舟而济，遇风，其相救也如左右手。”是故方马埋轮⑨，未足恃也；齐勇若一，政之道⑩也；刚柔相得，地之理⑪也。故善用兵者，携手若使一人，不得已也。**

【注解】 ①为客：进入敌国的军队。②专：专心致志。③主人不克：敌国的军队无法战胜。④死焉不得：不怕死。⑤拘：受约束。⑥不令而信：不待下命令，就信守军纪。⑦禁祥去疑：禁止迷信活动，不准散布谣言。⑧诸、刿：中国春秋时期的勇士、刺客专诸、曹刿。⑨方马埋轮：把战马系在一起，把战车的轮子埋在地下。⑩政之道：正确

的管理方法。⑪刚柔相得，地之理：要想让强的部队和弱的部队都发挥出战斗作用，靠的是运用好地形、地势。

【述评】 孙子认为，当统兵之将带领一支庞大的远征军从本国出发，长途跋涉，经历了千辛万苦，终于进入了敌国之后，环境就会变得越来越险恶，一场大规模的流血决战不可避免，而敌我两军最后究竟谁胜谁败，毕竟取决于军事实力的大小高低。所以，进入敌国以后，为了削弱敌军的实力，同时保持和增强我军实力，一方面，统兵之将要切实领导好瓦解敌人军队、破坏敌军内部团结的工作，争取尽量削弱敌军的战斗力；另一方面，为了保持和增强我军的战斗力，又要切实抓好治理军队、管理好自己军队的工作，加强我军内部的团结，千万不可麻痹大意，要在加强部队的内部团结和增强部队战斗力问题上，采取一系列得力的措施。

在以上所引《九地》篇的第三段话中，孙子讲的就是当军队进入敌国以后，所出现的一些有规律的现象，以及统兵之将相应地要采取的治军原则和得力措施。在这段话中，孙子主要讲了三层意思：

1. 首先，孙子说：当军队进入敌国以后，因为将士们越是深入敌境就越发感到危险，所以，自然会专心致志、一心一意地作战，也就越难以被敌人战胜；又因为能够不断地掠夺敌国境内富饶的粮食物资，所以，全军将士们的给养需要都可以得到满足——这时，统兵之将就要注意，让将士们小心地保养身体，不要过分劳累，而要养精蓄锐，还要注意把兵力调动和作战计划的保密工作做好，不能让敌军探测到。

2. 其次，孙子说：当将士们深入敌国以后，除了拼死作战以外，已无其他路可走。既然死都不怕，还怕什么呢？所以，个个儿都尽职尽力。将士们愈是深陷敌国，就愈是不畏惧；愈是无他路可走，军心就愈是不涣散、军队团结一致，反正不得已时，无非是拼死一战罢了。因此，当军队深入敌国以后，就会出现不加督促就会加强戒备，不去要求就能完成任务，不必商议就会亲近团结，不下命令就会信守纪律的、有规律的现象——这时，统兵之将应该注意的则是，在军内禁止搞迷信活动，不准散布谣言（因为迷信活动和谣言会涣散军心，会破坏军队的团结，削弱军队的战斗力），而要让将战士们认识到，除了拼死一战，确实再无其他之路可走。

（也正是在这时，可以看到）将士们的身上都没有多余的财物——这并不是因为他们厌恶财物（而是因为，财物现在对他们来说，已毫无意义）；他们对自己的生命也不再留恋——这并不是因为他们厌恶长寿（而是因为，他们知道这时只有拼死一战，才有继续活命的机会。因此，可以看到）当决定生死存亡的战斗命令下达之日，（在军营里）凡是坐在地上的战士们，都痛哭流涕，泪水把胸前的衣襟打湿一片；凡是仰面躺着的战士们，也都在垂泪、泪流满面。正是因为知道除了拼死一战，已无其他之路可走，所以，这样的战士才能奋不顾身地投身于战斗中，个个儿都能够发挥出像刺客"专诸"和"曹刿"那样的勇敢。

3. 所以，孙子说：善于治理军队的统兵之将，能够把军队治理得像"率然"那样。

"率然"是常山里的一条蛇（这条蛇的身体在受到打击时，身体的各个部分能够相互救助），打它的头部时，它的尾部能转过来救蛇头；打它的尾部，它的头都会转过来救蛇尾；打它的蛇身中部，它的头和尾会一起救助蛇身。

（这时）有人冒昧地问道："那么治理军队，能够做到像'率然'那样，全军一致，齐心合力吗？"

（我孙子的）回答是："可以。（齐心合力是客观形势决定的）就像吴国人和越国人，原来相互之间总是彼此厌恶、不团结，可是，当他们一旦乘坐在同一条船上渡河，遇到大风大浪时，就能够在危急时刻相互帮助，如同生长在同一个人身上的左、右手。"

因此，要想把一支军队的军心稳定住，就是硬把军马全都用绳子拴绑到一起，把战车的轮子都埋在地下，也是办不到的。要想让一支军队真正地做到齐心合力，勇猛作战，像一个人那样行动,靠的是采用正确的治军规律;要想让战斗力强和战斗力弱的部队都发挥出战斗作用,靠的是根据不同的地形、地势,合理地调动使用兵力。(总之)善于治军、打仗的统兵之将,与全军共同作战,要做到像一个人同敌人打仗一样那样团结一致、齐心合力,这是不得已的战争客观形势和治军规律的要求。

克劳塞维茨曾经在《战争论》中提出一个很深刻的军事思想,他是这样说的:“在军事行动的过程中,军队不断遇到增强自己作战力量的因素和削弱自己作战力量的因素。因此,问题在于哪种因素占优势。交战双方中任何一方力量的削弱,都应该看作是另一方力量的增强。因此,无论在前进时还是在退却时,双方无疑都会遇到增强力量和削弱力量这两股洪流。”①

在《九地》篇的第三段话中,孙子论述的主要内容,就是为了在最后的大决战中赢得胜利,统兵之将必须一方面注意尽力破坏敌人的团结、削弱敌军的战斗力,另一方面又必须尽力治理好自己的军队,加强自己军队内部的团结,增强自己一方的军事实力。他认为,虽然军队进入敌国以后,客观形势对加强部队的团结、提高部队的军事实力有利,但是,要想让部队真正地团结一致,齐心合力,还离不开统兵之将的主观努力,采取一系列得力的治军措施。

四、统兵之将必须使用的“愚兵之术”

【原文】 **将军之事,静以幽,正以治。能愚士卒之耳目,使之无知。易其事,革其谋,使人无知;易其居,迂其途,使人不得虑。帅与之期**[①]**,如登高而去其梯。帅与之深入诸侯之地,而发其机,焚舟破釜,若驱群羊,驱而往,驱而来,莫知所之。聚三军之众,投之于险,此谓将军之事也。九地之变,屈伸之利,人情之理,不可不察。**

【注解】 ①帅与之期:将帅布置给士兵们的任务。

---

① (德)克劳塞维茨:《战争论》,第838页。

【述评】 今天看来，孙子在《孙子兵法》中提出的许多治理军队、管理军队的原则，都是正确的，值得我们肯定和借鉴，但是，他论述的有些治理军队、管理军队的原则和方法，却是错误的。在以上所引《九地》篇的第四段话中，他所提出的著名的“愚兵之术”，就是明显的封建军事理论糟粕。

在我国从奴隶制社会向封建社会大转变的春秋时期，广大的奴隶和农奴群众是军队的主体。他们在平时遭受奴隶主贵族和新兴地主阶级的残酷剥削、压迫，在战争时期，只不过是统兵之将手中任意使用的军事工具，在军队中并没有丝毫自由和民主权利。道家的创始人老子早就这样说过：“非以明民，将以愚之。”儒家的创始人孔子也明确地说过：“民可使由之，不可使知之。”与老子和孔子处于同一历史时期的孙子，则把这一套“愚民之术”搬用到了军事领域，在《孙子兵法》中，赤裸裸地提出了像使唤牲口那样使唤广大士兵群众的“愚兵之术”，在《九地》篇的第四段话里，明白无误地道出了“愚兵之术”的具体内容，他所说的意思是：

统兵之将自己在战争中要做到冷静、幽深，让将士们感到总是能正确地指挥作战和治理军队，要蒙蔽住下属和士兵们的眼睛和耳朵，不可以让他们了解到战争进展的真实情况；要不断地改变他们所承担的军事任务，不断地迫使他们改变自己的思路，让他们无法正常地思索问题。要不停地命令他们转移居住地，走更加曲折的道路，叫他们来不及考虑这样做是为什么。布置给他们完成的任务，要像让他们使用梯子爬到高处，又把梯子撤掉，使他们无法从高处下来那样，只能义无反顾去完成；率领他们深入到其他国家时，全军应该像一只发出的利箭，只能一往向前；一旦渡过了江河，就要把渡河的船只焚毁；只要吃过饭，就要把军锅摔破（要让他们知道，决无回头之路）。在战争中使用他们要像驱赶羊群，一会儿把他们往前赶，一会儿又把他们往后赶，让他们摸不到头脑，不知道要被赶到哪里去——所有这些，就是统兵之将集聚起全军、投身于战争这条凶险之路所应当做的事情。

（由此看来）军队在通过九类地区时军事原则的变化，怎样灵活地运用这些原则才对军队有利，怎样使用将士们才符合人情道理，乃是统兵之将不可以不认真考察、研究的事情。

——以上孙子所说的这些“愚兵之术”，无疑都是一些封建糟粕，决不能予以肯定，里面没有一点儿合理的因素和成分！

五、军队深入敌国境内以后，统兵之将遇到九种不同的作战地区时的注意事项

【原文】 **凡为客之道，深则专，浅则散。去国越境而师者，“绝”地①也：四达者，“衢”地也；入深者，“重”地也；入浅者，“轻”地也；背固前隘②者，“围”地也；无所往者，“死”地也。是故“散”地，吾将一其志；“轻”地，吾将使之属③；“争”地，吾将趋其后④；“交”地，吾将谨其守；“衢”地，吾将固其结⑤；“重”地，吾将继其食；“圮”地，吾将进其塗⑥；“围”地，吾将塞其阙⑦；“死”地，吾将示之以不活。故兵之情，围则谋，不得已则斗，过则从⑧。**

【注解】 ①“绝”地：指下列一支远征军进入敌国以后遇到的九种难以生存的地区。②背固前隘：背后地势险要，前面道路狭隘。③使之属：让各部队之间加强联系。④趋其后：争夺后，军队继续前进。⑤固其结：加强部队之间的联系。⑥进其塗：迅速通过。⑦塞其阙：堵住缺口。⑧过则从：《说文解字》释“过”为“度也”，释“从”为“随行也”，故“过则从”就是“战斗的结果听天由命，不可知”的意思。

【述评】 以上引文，是孙子在《九地》篇第五段话中讲的全部内容。

我国有些《孙子兵法》的研究者，认为孙子在《九地》篇中讲的这段话有问题。有人认为，这段话与孙子在《孙子兵法》第八篇《九变》篇中所讲的“‘圮’地无舍，‘衢’地交合，‘绝’地无留，‘围’地则谋，‘死’地则战”的内容重复；有人认为，孙子在这里讲的这段话，与孙子在《九地》篇本身的第一段中所讲的九种“用兵之法”的内容重复；还有人认为，这段话之所以看上去显

得零乱，是因为孙子的门徒们在记录孙子的话时，有所失误，或者，是后人在整理《孙子兵法》的竹简时，发生了“错简”导致的结果①。

可是，我经过多年对《孙子兵法》的研究和反反复复的推敲，却认为孙子讲的这段话，既和他在《九变》篇第一段话中所讲的内容不重复，也和他在《九地》篇第一段话中所讲的九种“用兵之法”的内容不重复。这是因为，孙子在说这段话时，有一个大前提，亦即他朗如白昼地首先说了五个字：“凡为客之道”，也就是说，他现在所讲的下述九种地区，全都是统兵之将率领军队“去国越境者”，即都是“为客”、已经进入了敌国以后所遇到的九种敌国境内的作战地区；他在这段话中所论述的内容，都是一支远征军已经开进敌国以后，遇到敌国境内九种不同的“作战地区”时的注意事项，因此，时过境迁，孙子在这段话中所说的军队通过这九种不同“作战地区”的注意事项，和他在《九变》篇第一段话和《九地》篇第一段话中所说的那些注意事项，也就全然不同了。

现在，就让我们看一看，孙子在《九地》篇的第五段话中都说了些什么。他在这段话中所说的意思是：

1. (当统兵之将率领)军队进入敌国的境内以后，进入敌国的境内越浅，军心就越不稳定、不恋战，而进入敌国的境内越深，军心就越稳定，军队就越团结，专心致志地作战(这是进入敌国境内的规律)。

2. 凡是离开本国、越出国境，而已经进入敌国的军队，在敌国国土上遇到的都是难以生存的“圮”地：其中 A. 道路四通八达的是“衢”地；B. 深入敌国境内的是“重”地；C. 进入敌境尚浅

① 可以参见李零著《兵以诈立——我读孙子》，第 295 页、第 314～315 页，北京，中华书局，2006。李零这样说：“《九地》篇，前半篇和后半篇，彼此重复。”他还说：“《九变》篇的内容，不过是《九地》篇的一部分。”“我很怀疑，《九地》是全书整理的尾巴，最后没有加工好。《九变》就是从《九地》割裂，用该篇草稿中的剩余资料拼凑而成。”

的是“轻”地;D.背后地势险要、前面道路狭窄、只有一个出口的是“围”地;E.无路可走的是“死”地。

3. 所以(统兵之将率领军队进入敌国国土以后,遇到九种不同的作战地区时,必须使用不同的作战方法和治军原则):

(1) 在刚刚进入敌国、军心还不稳定、军队还无心战斗的“散”地时,统兵之将要注意稳定军心,鼓动起将士们的作战士气和斗志;

(2) 在进入敌国境内较浅的“轻”地时,要注意加强各部队之间的组织联系;

(3) 当遇到敌我两军必须争夺的“争”地时,要注意我军迅速地去争夺,然后,率领我军继续前进;

(4) 到了交通便利的“交”地,我军要注意谨慎地防守;

(5) 到了道路四通八达的“衢”地,我军就要注意加紧部队各部分之间的联系;

(6) 进入敌境境内更深的“重”地时,统兵之将要注意解决好部队的吃饭问题(不能断了顿);

(7) 遇到山林多、地势险,难以生存的“圮”地时,要让部队迅速地通过(不要多停留);

(8) 到了背后地势险要、前面的道路狭窄,只有一个出口的“围”地时,要注意派人把守好那个出口;

(9) 到了无路可走的“死”地时,那就只能和敌军拼死一战,向敌人展示我军不怕死的决心了。

所以,军队进入敌国以后的作战指导规律是,越是被敌人包围,就越要奋死抵抗,万不得已时,只能同敌人进行拼死一战;至于同敌人拼死一战的最终结果如何,那就只能听天由命了。

——总而言之,孙子在《九地》篇第五段话中所说的上述九种地区,是一支远征军已经进入敌国国土以后的九种“作战地区”,而不再是孙子在《孙子兵法》的第八篇《九变》和《九地》篇一开始说的那些地区,也正因为如此,孙子在《九地》篇第五段话中,所论述的统兵之将率领军队进入敌国国土以后应该注意的事项，也就与他在以前论述过的那些作战、治军的内容大不相同了。

而在这段话中，特别值得我们注意的是，孙子说统兵之将率领军队进入敌国的第九种地区即最后一种地区，乃是“死地”；而一旦到了“死地”，孙子说，统兵之将的注意事项亦即作战指导规律，则是“吾将示之以不活”，也就是只能同敌人拼死一战，向敌人展示军队不怕死的决心。至于同敌人拼一死战的最后结果如何，孙子的回答则是：“过则从”，也就是只能听从命运的摆布，“随它去”，不可知——这就是一支庞大的远征军“去国越境而师”最后所面临的前景，同时，也就是整个一部《孙子兵法》之战争和战略理论的最后落脚点。**孙子的这些论述，说明在这位伟大的中国古代兵学理论家的思想中，还有一些值得我们注意的战争不可知论的成分和因素；在他的朴素的战争和战略理论中，还多多少少有一些战争“赌博”论的色彩。**

六、“霸王之兵”讨伐敌国的几个原则

【原文】 **是故不知诸侯之谋者，不能预①交；不知山林、险阻、沮泽之形者，不能行军；不用乡导者，不能得地利。四五者，不知其一，非霸王之兵也。夫霸王之兵，伐大国，则其众不得聚；威加于敌，则其交不得合。是故不争天下之交，不养天下之权②，信己之私③，威加于敌，故其城可拔，其国可隳。施无法之赏，悬无政之令，犯④三军之众，若使一人。犯之以事，勿告以言⑤；犯之以利，勿告以害。投之亡地然后存，陷之死地然后生。夫众陷于害，然后能为胜败。故为兵之事，在于顺详敌之意⑥，并敌一向⑦，千里杀将，此谓巧能成事者也。**

【注解】 ①预：与。②权：权势。③信己之私：只信靠自己的力量。④犯：使用。⑤犯之以事，勿告以言：只叫其做事，不告其做事的意图、目的。⑥顺祥敌之意：假装顺从敌人的意图。⑦并敌一向：集中我军兵力，指向敌军一点、要害之处。

【述评】 以上所引《九地》篇中的第六段话非常重要。在某种程度上,可以说正是在这段话中,孙子对整个一部《孙子兵法》中所论述的几个重点问题做了一次归纳和总结。

因为,当孙子在说到这段话时,整个一部《孙子兵法》已经接近了它的尾声,"图穷匕首见",孙子终于朗如白昼地道出了他在整个一部《孙子兵法》中,到底关注的是哪几个重点问题,同时,也道出了他的全部朴素的战争和战略理论之真正的政治、军事的诉求和最高理想——而孙子的真正的政治、军事诉求和最高理想,并不是什么"不战""和平主义""人道主义"和什么建立一个"和谐世界"(像我国当代某些《孙子兵法》的研究者所说的那样),而是通过"大战争""大战略"和最后使用暴力战争的手段,去兼并其他大国,以成就称王称霸的大国伟业。

中国儒家的代表人物孟子说过:"以力服人者霸,以德服人者王"(《孟子·公孙丑上》)。孙子在《九地》篇的第六段话中,所论述的实际上就是在春秋时期,一个一心一意决心在中国称王称霸、成就霸主伟业的大国军队,怎样去讨伐其他国家。在这段话中,孙子非常明确地讲了成就"霸王之兵"伟业的以下四个方面的原则和方法:

第一,必须在"大战争"中通过侦察、情报活动,了解清楚其他国家的全部情况。

孙子认为,不摸透所有诸侯国的国家战略,就不可以同它们打交道;不侦察、了解清楚这些国家国内的山林、险阻、沼泽地等各种地形、地势的情况,就不可以派军队去这些国家行军;不使用带路人即间谍带路,统兵之将率领军队进入这些国家以后,就不可能得到地形、地势的帮助,应该了解清楚的四、五类敌情,只要有一类没有了解清楚,就称不上是称王称霸的军队和战争(就不可能完成称王称霸的大国伟业)。

第二,必须凭借、依靠非常强大的国家综合实力和军事实力,使用综合手段,威吓、讨伐其他大国,并进一步毁灭、吞并敌国。

孙子认为,称王称霸的国家及其军队要想讨伐、毁灭、吞并其他大国，必须做到让这些国家的军民集聚不起来（本国形不成合力）；必须凭借、依靠强大的国力和军力威吓敌国，让其他的国家不敢也无法结交（也形不成国际合力）。而称王称霸的国家自己本身，却不必争抢着同其他国家结交，也不必通过同其他国家结交而试图发展壮大本国的国力、军力，而要做到只是凭借、依靠自己国家的努力，发展壮大了本国的国力、军力，用来威吓或实施于敌国，就能够获取敌国的国都，把敌国毁灭掉（从而吞并敌国）。

第三，对于本国的军队，在战争中必须使用与和平时期不一样的非常手段和“愚兵之术”，逼迫将士们拼死作战（以打垮敌人）。

孙子认为，为了让称王称霸大国的军队拼死作战，必须在军内实施超出常规军法之外的奖励制度，颁布打破常规的军事命令。只有使用非常手段，才能像使唤一个人那样，任意使唤全军将士。当命令将士们完成军事任务时，不能告诉他们完成军事任务的目的是什么；（而且）只告诉他们这样做，对他们如何如何有利，而不要告诉他们这样做，对他们有什么危害。只有把将士们推入死亡之地，他们反倒才有存活的可能；只有让他们陷入死亡之地，他们反倒才会有活命的机会；只有让他们落入有危害的境地以后（逼迫他们奋勇作战），他们在作战中才能取胜，打败、打垮敌人。

第四，同敌军作战必须讲究策略，行“诡道”，搞欺骗，集中优势兵力，才能取得胜利。

孙子认为，统兵之将率领军队同敌军作战时，一要注意假装顺从敌军的作战意图（欺骗、麻痹敌人，然后，再收拾敌人）；二要善于集中我军的兵力（“夺其所爱”），打击敌人的要害，解决作战中的主要矛盾，这样作战，即便我军行军千里作战，最后，也能够取得杀敌将、败其军的胜利结果，这就叫作只有巧战，才能成就“霸王之兵”的大事业啊！

——由此看来，孙子在《九地》篇的第六段话中，集中论述的是“什么是‘霸王之兵’”和“怎样做才能成就‘霸王之兵’以实现在天下称王称霸的伟业”这样的两个问题。换言之，**这种成就“霸王之兵”和在天下实现称王称霸的伟业，才是孙子真正的军事、政治理想！**

如果进一步分析一下孙子在这段话中所论述的“霸王之兵”讨伐大国或者敌国的四个方面的原则、方法，那么，我们可以发现，他实际上论述的是成就“霸王之兵”和实现在天下称王称霸伟业的以下四个条件：

第一，必须重视使用间谍的侦察活动，全面地了解清楚所有其他国家的全部情况。

第二，必须高度重视发展壮大本国的国力、军力问题，必须凭借、依靠本国强大的实力，实现称王称霸的伟业；而且，对付敌国必须使用多种斗争手段，主要又是使用战争暴力和军事威吓的两种手段，即如果“不战而屈之兵”那种理想不能实现的话，就要坚决地使用暴力决战的手段解决问题。

第三，一旦确定必须用军事暴力的手段解决问题，实现在天下称王称霸的最高理想，那么，一定要采取非常规的手段和“愚兵之术”，逼迫本国将士们拼死作战，以取胜于敌。

第四，必须同敌人巧战，而不是硬碰硬，也就是说统兵之将在战争中必须讲究作战的策略，行“诡道”，搞欺骗，还要善于集中优势兵力，“先夺其所爱”，解决战争中的主要矛盾，以便最后“打垮敌人”。

因此，**我认为孙子在《九地》篇的第六段话中关于“霸王之兵”的论述，有对整个一部《孙子兵法》的主要内容作一次归纳、总结、提炼的意思。**他一方面强调打仗必须首先要做到全面的“知彼”，不全面地“知彼”，就根本无法打仗；另一方面，他又强调要打“大战争”、打好一场“大战争”，自己的国家必须有强大的实力，和平时期不发展壮大本国的国力、军力不行；一方面，他十分强调在战争中必须要凭借强大的军力战胜敌人，还要讲策略，行“诡道”，搞欺骗，集中优势兵力，攻击敌军的要害之处，而最后，毕竟还是要使用暴力解决问题；而另一方面，对于自己一方的军队，他又要求统兵之将必须在战争中使用非常规的手段方法和“愚兵之术”，逼迫将士们拼命作战，打垮敌人，以成就“霸王之兵”和在天下称王称霸的伟业。由此可见，孙子关于“霸王之兵”的有关论述，他所提出的成就“霸王之兵”和在天下称霸称王的伟业的论述，都是他在《孙子兵法》全书里一直反复论述的几个重点问题。

虽然孙子在《九地》篇中有关“霸王之兵”的这些论述，在中国古代的春秋时期对中国的统一曾经具有积极意义，在当时的那种时代条件下有一定的进步性，在历史上也确实起到合理作用，但是，到了今天，现在，我们必须对这种“霸王之兵”理论采取分析的态度，其中有不少理论是应该予以否定的。**例如，在当今世界上，在现代的国际关系中，任何一个大国如果一心一意地想在世界上称霸称王，搞“霸王之兵”，则都是不合时宜的、反动的，也一定会碰得头破血流**！有关这个方面问题，已有许多论者阐述得很正确、充分而深刻，本书在此不赘述。

七、“霸王之兵”在两军决战的前夕，必须采取的几大举措和作战方针

【原文】 **是故政举之日[①]，夷关析符[②]，无通其使；厉于廊庙之上[③]，以诛[④]其事。敌人开阖[⑤]，必亟入之。先其所爱，微与之期[⑥]。践墨随敌[⑦]，以决战事。是故始如处女，敌人开户[⑧]；后如脱兔，敌不及拒。**

【注解】 ①政举之日：决战前夕，确定政治、军事举措的日子。②夷关折符：封锁住关口，废除来往的通行证。③厉于廊庙之上：在祖宗庙里反复地商议，制定计划。④诛：研究，确定。⑤敌人开阖：乘敌人的计划、行动出现差错。⑥微与之期：不必与其打招呼。⑦践墨随敌：随着敌情的变化而实施战争计划。⑧敌人开户：敌人的计划、行动出现漏洞。

【述评】 在《孙子兵法》中，孙子所说的“战争”和“大战争”的胜负，毕竟取决于敌对两国综合国力和军事实力的强弱大小，实

力大小决定了大决战的成败得失，其中，两军在决战之前所采取的政治、军事举措和制定的作战方针，又会对战争的结局起到重要的作用。孙子在以上所引的《九地》篇的第七段话亦即最后一段话中，讲的就是“霸王之兵”在一场生死存亡的大决战之前，要想称王称霸的国家及其军队必须采取的几大政治和军事上的举措和作战方针。孙子认为，一旦要同敌国、敌军展开大决战，必须采取下述几个方面的战略性战术举措：

第一，必须派军队封锁住所有通往敌国道路上的关口，废除所有的通行证（断绝同敌国的一切关系），杜绝与敌国使节的一切往来（让敌人侦察不到我国我军的一点儿消息）；

第二，在决定国家大事的祖宗庙里，统兵之将必须和国君、文武百官们反复地商讨作战计划，以确定下一步的作战方法和步骤；

第三，一旦发现敌人的计划、行动有漏洞、差错，就要马上利用并迅速地采取相应的行动；

第四，要首先抓主要矛盾，攻击敌人的要害之处，事先无须和敌人打招呼；

第五，作战方针，要随着敌情的变化而改变，调整我军的军事行动；

第六，所以（总的作战方针是），我军在决战的前夕，要像处女那样矜持、稳静，沉得住气，等候敌人的计划、行动出现差错；然后，一旦发现敌人那方面出现差错，我军就要像兔子急飞那样，迅速地采取军事行动，叫敌军反应不过来，无法应付。

——显然，孙子所说的这几大举措和作战方针，乃是“霸王之兵”讨伐敌国的几个方面原则在战略性战术方面的具体体现。

【《九地》篇内容提要】

综上所述，孙子在《九地》篇中论述了七个方面问题：①统兵之将在通过九类不同的地区时，应当掌握的九种不同的军事原则；②在战争中瓦解敌人、破坏敌军团结的“待敌之法”和“全面战争”的原则；③军队开进敌国以后出现的一些有规律的现象，以及统兵之将的治军原则；④统兵之将必须使用的“愚兵之术”；⑤军队深入敌国境内以后，统兵之将遇到敌人境内九种不同的作战地区时的注意事项；⑥“霸王之兵”讨伐敌国的几个原则；⑦“霸王之兵”在两军决战的前夕，必须采取的几大举措和作战方针。

以下是《九地》篇的内容提要：

“本篇论述了‘霸王之兵’从本国出发，进入敌国，进行战略进攻，通过九类不同的战略地区和九种不同的作战地区时，应该注意的一些治军、作战原则和注意事项，以及为将之道（‘先夺其所爱’‘兵之情主速’），还论述了讨伐敌国的几个原则和同敌军进行决战之前的几大举措和作战方针。

“孙子在本篇中论述的‘愚兵之术’和‘霸王之兵’里，有明显的理论糟粕。”

第十二篇《火攻》 用火器进攻敌军的方法

《火攻》和《用间》是《孙子兵法》十三篇中的最后两篇。这两篇的特点是内容简明扼要，都有相对的独立性，方法论的专题性比较强。在这两篇中，孙子分别论述了怎样使用“火”这种古代战争中的武器进攻敌军的方法，以及在战争中使用间谍，获取敌人情报的方法。

本节我先述评《火攻》篇。

孙子把《火攻》列为《孙子兵法》中的独立一篇，对“火攻”专题加以论述，说明了以下三个方面问题：

第一，他非常重视古代的军事技术和武器在战争中的作用。

因为在中国的古代战争中，“火”并不是一种单纯的自然物，而是一种先进而可怕的作战武器，对杀伤敌人最有效，敌人很难对付，而且，“火”这种武器在中国古代往往是在大规模的战斗、战役和“主力决战”中才使用的。过去，有些《孙子兵法》的研究者认为，《孙子兵法》的一个缺点是不大注意军事技术和武器在战争中的作用，《火攻》篇的内容，有力地驳斥了这种研究意见，说明孙子是非常重视军事技术和武器在战争的重要作用的。

第二，孙子在《孙子兵法》的第十一篇《九地》中，主要论述的内容是战略进攻和准备进行敌我两军的“主力决战”或者生死存亡的大决战问题，而紧接着第十一篇，他在第十二篇就论述“火攻”，而“火攻”则是古代战争中战争暴力的集中表现，是战斗、战役、“主力决战”的“实体”；从逻辑上看，从《九地》篇进展到《火攻》篇，说明孙子的战争和战略理论已经进入了战争的实质部分，即进入了战争的“实体”。

西方近代军事理论家克劳塞维茨不仅重视“战略”问题，而且非常重视“战斗”，在《战争论》的第四篇专门论述过“战斗”问题。他这样强调说：“战斗是真正的军事活动，战争中的一切活动都是为它[指‘战斗’]服务的。”①“在战略范围内，我们可以把一切军事活动都归结到战斗上”。② “战斗”是“整个战争的缩影”即战争的“实体”③。

而孙子在《孙子兵法》的前十一篇中，论述了有关战争中的许多战略问题和战术问题，但他始终没有专门论述过“战斗”，没有接触到战斗的“实体”问题，可是，到了《孙子兵法》的第十二篇，他终于开始专题论述“火攻”了——这就意味着他已经开始专门论述“火攻”型的“战斗”，意味着孙子的全部战争和战略理论，已经进入了战争和战斗的“实体”。

过去，有些《孙子兵法》的研究者，指责孙子不重视战争暴

① (德)克劳塞维茨：《战争论》，第 250 页。
② (德)克劳塞维茨：《战争论》，第 251 页。
③ (德)克劳塞维茨：《战争论》，第 265 页。

力，胡说孙子在《孙子兵法》中玩的是“花拳绣腿”。孙子在《火攻》篇中所论述的内容，也粉碎了这种偏见。

第三，孙子在《孙子兵法》的第一篇《计》中，曾经把“天”（“阴阳、寒暑、时制也”）列为构成整个战争的五大战略要素中的一大战略要素；他在第十篇《地形》里，还说过“知天知地，胜乃不穷”，表示他很重视“天”即气象条件在战争中的作用。然而，他在《孙子兵法》的前十一篇中，一直没有具体地论述过“天”的问题，但是，到了《孙子兵法》的第十二篇《火攻》，孙子终于论述了对敌军实施“火攻”时，必须要看“天”即气象条件，这就说明了孙子对“天”即军事气象学的高度重视，他实际上认为不仅“地形者，兵之助也”，“天”也可以成为“兵之助”。

【篇名】

《说文解字》把“火”诠释为“燬也”，即认为“火”有“烧毁”东西的作用，又把“攻”诠释为“击也”，故“火攻”二字联用，指的就是用“火”作为武器进攻敌人，烧毁、破坏敌军的战斗力。

《火攻》是《孙子兵法》中文字较少的一篇，全篇文字可以划分为四个段落。在第一段话中，孙子论述了“火攻”的对象即“火攻”的具体目标，以及实施“火攻”时的气象条件；在第二段话中，孙子论述了实施“火攻”的方法；在第三段话中，孙子论述了“火攻”优于“水攻”；在第四段话中，孙子论述了“战斗”“战役”一旦取得胜利，必须乘胜“追击”，扩大战斗的胜利成果，以及“慎战”（国君和统兵之将必须要慎重发动战争）的问题。

以下，我就分四个小专题，评述《火攻》篇的内容。

一、“火攻”的攻击目标和天气条件

【原文】 **孙子曰：凡火有五：一曰火人，二曰火积，三曰火辎①，四曰火库，五曰火队②。行火必有因③，烟火必素具④。发火有时，起火有日。时者，天之燥也；日者，月在箕、壁、翼、轸也，凡**

此四宿[⑤]者，风起之日也。

【注解】 ①火辎：用火进攻敌人的辎重物资。②火队：用火进攻敌人的运输队。③因：条件。④烟火必素具：平时就要准备好发动“火攻”的器具。⑤四宿：中国古代天文学中所说的四个星宿，即箕、壁、翼、轸。

【述评】 以上所引的《火攻》篇第一段的意思很清楚。

孙子说：用火攻击敌军有五个具体目标：一是用火攻击敌人的人马，二是用火攻击敌人积蓄起来的粮草，三是用火攻击敌人的辎重物资，四是用火攻击敌人的仓库，五是用火攻击敌人的运输队。

用火进攻敌军必须具备一些进攻的条件，（这些条件是）发火的器具必须在平时就准备好；对敌军发起火攻要选择好有利的时机；还要选择好有利于火攻的日子。有利于火攻的时机是天气干燥之时；有利于火攻的日子是夜空上的月亮运行到“箕”“壁”“翼”“轸”四个星宿的那些天，（因为）正是月亮运行到这四个星宿位置的那些天，才是大风刮起的日子（对火攻有利）。

——在以上这段话中，值得注意的是两个问题。第一，孙子说的是发动火攻时的具体攻击目标，即对敌军发动火攻型的战斗、战役要从攻击敌人的人马，或粮草，或辎重物资，或仓库，或运输队开始，他并没有论述火攻型战斗、战役的全部过程和全貌；实际上，火攻型战斗、战役的全过程和全貌十分残酷、十分惨烈，战争暴力会达到极端的地步。例如，公元208年三国时期著名的赤壁之战等。第二，孙子在这段话中所说的“天”是“自然之天”，是气象条件，而不是“天命”。孙子所说的“天”，毫无神秘主义的成分、色彩。

二、“火”只是一种武器，“火攻”型的战斗能否获得胜利，还要靠人、靠军队根据具体情况采取正确的军事行动

【原文】 **凡火攻，必因五火之变而应之[①]。火发于内，则早应之**

于外。火发兵静者，待而勿攻，极其火力[②]，可从而从之，不可从而止。火可发于外，无待于内，以时发之。火发上风，无攻下风。昼风久，夜风止。凡军必知有五火之变，以数守之。

【注解】 ①应之：根据不同的火攻情况，采取相应的不同军事行动。②极其火力：火势达到最旺盛的时候。

【述评】 这段话的意思是，孙子认为：

在“火攻”型的战斗中，无论是用火进攻敌人的人马、粮草、辎重物资、仓库还是运输队为具体目标，我军都要根据当时的具体情况采取不同的军事行动，具体的情况有五种：

1. 如果（我军派人去放火）火势从敌人的内部发作起来，我军必须及早从敌人的外部发动进攻；

2. 如果火势已经发作起来，而敌人的内部却安静不乱，我军要暂时等待一段时间，先不要攻击敌人，等到火势燃烧到最旺盛的时候，根据那时的具体情况，应该发起进攻就进攻，不应该发起进攻就不进攻；

3. 我军也可以从敌军的外部放火，不必考虑敌军内部发生了什么情况，只要时机成熟就可以放火；

4. （还要注意风向）当火势顺着上风冲向敌人时，我军不要在下风逆着火势向敌人发起进攻；

5. （还要注意）如果白天风刮得久了，到了夜间风往往就会停止（那时，我军就不要用火攻击敌人了）。

（总之）在“火攻”型的战斗中，必须根据五种不同的具体情况而采取不同的行动。

——值得注意的是，在以上孙子说的这段话中，包含有一种很可贵的军事思想，那就是孙子认为“火”只是一种武器，而武器要靠人来掌握。“火攻”并不是放一把火就完事大吉了，“火攻”型的战斗、战役、大决战能否获得成功、赢得大胜利，关键还要使用火的人，要靠军队根据“火攻”时的具体气候条件、风向、发起“火攻”的地点、敌人的不同反应，从而采取不同的正确的军事行动。

换言之，孙子这是认为在人和武器的关系中，关键性的、主导性的因素还是人，而不是武器，武器在战争中要由人来掌握，而人，才是战争中第一位的重要因素——孙子的这种思想，从此形成了中国古代兵学优秀的传统军事思想中的一部分有机的内容。毛泽东在中华人民共和国诞生前后，曾经多次阐述过战争中人和武器的关系。例如，毛泽东在《论持久战》中这样说：

“武器是战争的重要的因素，但不是决定的因素，决定的因素是人不是物。”①

三、“火攻”优于“水攻”

【原文】 **故以火佐攻者明①，以水佐功者强。水可以绝②，不可以夺③。**

【注解】 ①明：效果明显。②绝：隔绝、隔断人马。③夺：剥夺敌人的军事实力。

【述评】 这段话的意思是，孙子认为：

(“火”和“水”这两种武器，在战争中都是为了辅佐人力、发动进攻战而使用的，都是很重要的武器，但是，两相比较，还是“火”这种武器更厉害。这是因为)以“火”辅佐人力的“火攻”型战斗，杀伤敌人、破坏敌军战斗力的效果明显，而以“水”辅佐人力的“水攻”型战斗，冲击敌人的兵马、截断敌军的威力也很强大，(但是两相比较，还是“火攻”优于“水攻”，这是由于)用“水”只能冲击、分割、截断敌人的兵力，不像“火”那样，能够大量地杀伤敌人、剥夺敌人的抵抗力。

——由此可见，在中国的古代战争中，“火”和“水”这两种自然物都被人们当作了可怕的军事武器来使用，即都由自然物转化成为人们在战争中使用的可怕武器。

克劳塞维茨曾经在《战争论》中，比较正确地说明了什么是

① 见《毛泽东选集》，合订一卷本，第437页。

“军事”，什么是战争的“军事本质”，什么是“战斗目的”，他是这样说的：“同军队有关的一切，也就是同军队的建立、维持和使用有关的一切，都属于军事活动的范畴。”①而战争的“军事本质”，则是“消灭敌人军队”和“保存自己军队”；②“在战斗中，一切活动都是为了消灭敌人，或者更确切地说，是为了使敌人失去战斗能力。”③

而孙子之所以认为在中国古代战争中，“火攻”型的战斗、战役比“水攻”型的战斗、战役更厉害，就是因为他总结了古代战争中大量的经验教训，才得出了“火攻”与“水攻”相比，更能够大量地消灭敌人、使敌人失去战斗能力，所以“火攻”才优于“水攻”的正确结论。

四、军队赢得战斗胜利之后，必须乘胜追击——可是，国君和统兵之将在发动战争时一定要慎重

【原文】 **夫战胜攻取，而不修其功者凶①，命曰“费留”②。故曰明主虑之，良将修之。非利不动，非得不用，非危不战。主不可以怒而兴师，将不可以愠③而致战。合于利而动，不合于利而止。怒可以复喜，愠可以复悦，亡国不可以复存，死者不可以复生。故明君慎之，良将警之，此安国全军之道也。**

【注解】 ①不修其功者凶：战斗取得胜利后，不扩大胜利的成果危险。②费留：白费劲儿。③愠：恼怒。

【述评】 这是《火攻》篇里的第四段话，也是此篇的最后一段话。在这段话中，孙子讲了两层意思，一层是正面的积极意思，另一层是反面的警告意思，两层意思都很重要，也都带有为《孙子兵法》全书作一次总结的意思。

---

① (德)克劳塞维茨：《战争论》，第56页。

② (德)克劳塞维茨：《战争论》，第62页。

③ (德)克劳塞维茨：《战争论》，第57页。

1. 这段话的第一层意思是讲，军队在赢得一场战斗（战术上）的胜利以后，必须乘胜对敌人进行“追击”，以迅速扩大战斗（在战略上的）胜利成果。

孙子认为，当军队在一场进攻性的战斗中（例如“火攻”型的战斗中）取得战术胜利，达到了这场战斗预定的战斗目标之后，必须趁热打铁，对失败的敌军乘胜追击，以迅速扩大这场战斗在战略上的胜利成果。如果不乘胜追击敌人，军队的前景和命运是凶险的，那就叫作我军以前付出的努力和获得的成果“付之东流”（因为敌军虽然在这次战斗中失利了，可是，还保存有一定的军事实力，他们以后还可以东山再起）。所以说，明智的国君要认真地考虑这个问题，优秀的统兵之将必须处理好这个问题。

2. 这段话的第二层意思是讲，战争乃是国家的大事，国君和统兵之将在发动一场战争时一定要慎重。

孙子认为，（国君和统兵之将在处理战争问题时，要掌握三个原则）如果战争对国家不利，就不要发动；如果达不到预定的目的，就不要使用战争的手段；如果不到最危险的时候，就不要开战。国君不可以只因为一时的恼怒，就发动战争；统兵之将也不可以一发火，就开战，（因为）发动战争是为了国家的利益，只有对国家有利，才发动战争，对国家不利时，战争必须停止，而国君一时恼怒之后，过一会可能转怒为喜；统兵之将发火之后，过一会可能会高兴起来（然而，战争一旦发动起来）国家一旦在战争中灭亡，就不可能存在了，将士们一旦战死，就不可能生还了。因此，明智的国君一定要慎重地考虑这些问题，优秀的统兵之将一定要警惕这些问题，（因为）这些问题都是关系到一个国家和军队安全的关键问题啊！

由此看来，孙子讲的这段话，第一层意思确实是正面的、积极的。他讲的是，军队在赢得一场战斗，尤其是一场大规模的“火攻”型的战斗或战役、取得胜利以后，必须乘胜追击，迅速扩大胜利的成果，把战争进行到底，争取完全、彻底地消灭敌人及其军事实力，不留后患，就像毛泽东诗词说的那样：“宜将剩勇追穷寇，不可沽名学霸王。”

可是，孙子讲的这段话中的第二层意思，就不然了。他从战斗和战争取得的结果，反过来追溯到发动战争之初，严重警告国君和统兵之将说：打仗既有利，也有弊；战争一旦发动起来，并不是只有赢得战争胜利的一种可能，还有失败和亡国亡军的另一种危险！所以，一国之君和统兵之将必须要对战争采取非常严肃而慎重的态度，一定要始终从整个国家、将士和民众的根本利益出发，审慎地思考和对待战争问题，切不可以只凭一时的感情冲动而随便发动战争。

显然，孙子在《火攻》篇中说的最后一段话，带有为整个一部《孙子兵法》作一次总结的意思。**这段话与孙子在《孙子兵法》第一篇《计》中所讲的第一段话“兵者，国之大事，死生之地，存亡之道，不可不察也”遥相呼应，表达了“重战”“慎战”“重智”“重计”的思想。**

这种遥相呼应，说明孙子及其门徒们在著述《孙子兵法》时颇有匠心，考虑问题周密而深刻，理论和逻辑上能够做到自圆，无可挑剔。我们今天对《孙子兵法》这部中国乃至世界上最早出现的兵学经典著作的理论深度和理论价值，绝对不可以轻视和低估！

当然，我已多次说过，“重战”“慎战”“重智”“重计”自孙子以后，已经成为中国兵学包括现代中国战争和战略理论的优良传统。

【《火攻》篇内容提要】

总而言之，孙子在《孙子兵法》的第十二篇《火攻》中，先后论述了四个方面问题：①“火攻”的攻击目标和天气条件；②“火”只是一种武器，“火攻”型的战斗能否获得胜利，还要靠人，靠军队根据具体情况采取正确的军事行动；③“火攻”优于“水攻”；④军队赢得战斗胜利之后，必须乘胜追击——可是，国君和统兵之将在发动战争时一定要慎重。

我想用下面的话概括《火攻》篇的内容：

“‘火’是古代战争中的一种先进武器。用火进攻敌人是中国古代战争中最残酷的作战手段，是战争暴力的突出和集中表现。‘火攻’型战斗的发生，一般意味着敌我双方发生了大规模的战斗、战役。

“孙子在本篇中论述了‘火攻’的五个具体目标；军队用‘火’作为武器进攻敌人的实施条件和作战方法；进而论述了在战斗取得胜利以后，必须乘胜追击，最后，还提出了‘非利不动，非得不动，非危不战’的‘慎战’理论。

“‘慎战’是中国兵学的优良传统。”

第十三篇《用间》 使用间谍，全面掌握敌情的方法

《用间》是《孙子兵法》十三篇中的最后一篇。作为《孙子兵法》里的“压轴戏”，孙子在《用间》篇中，较为系统地论述了使用间谍、全面掌握敌情对于赢得“大战争”胜利的重要性，以及使用间谍的方法。

有些《孙子兵法》的研究者发表过这样的一种研究意见，他们说，孙子把国君、统兵之将使用间谍、掌握敌情的问题，放在《孙子兵法》的最后一篇，专题加以论述，说明孙子及其门徒们在著述《孙子兵法》时颇具匠心，讲究古代兵法理论的内在逻辑，能够做到自圆其说——因为《孙子兵法》的第一篇《计》和最后一篇《用间》，在内容上有深刻的内在逻辑联系。这种内在联系是：一方面，《计》篇论述的主要内容是“庙算”即制定战争计划的问题，没有制定出一个符合敌我双方实际情况的战争计划，就无法取得战争的胜利；而另一方面，《用间》篇论述的内容是使用间谍、全面掌握敌情的重要性和方法，如果做不到全面掌握敌情，又如何能够制定出一个符合敌我双方实际情况的战

争计划呢？由此可见，孙子在《孙子兵法》最后一篇所论述的使用间谍、全面掌握敌情的内容主题，恰恰构成了他在《孙子兵法》第一篇《计》中所论述的“庙算”即制定战争计划的内容前提，等等。

我本人也同意这些研究者的意见，但我同时认为，孙子在《孙子兵法》的最后一篇，之所以专题论述使用间谍、全面掌握敌情的问题，绝不是仅仅与他在《计》篇中所论述的“庙算”、制定一个正确的战争计划有内在的逻辑关系，而是和他在《孙子兵法》前十二篇中所论述的几乎全部内容，都有深刻的、内在的逻辑联系！这是因为，孙子在《用间》篇中所论述的使用间谍、全面掌握敌情的问题，实际上，就是要解决在战争中“知彼知己，百战不殆”中的“知彼”问题；而孙子在《孙子兵法》中所说的“知彼”，绝不是只指在进行“庙算”、制定战争计划时必须首先要做到“知彼”，而是指无论在“国家战略”“军事战略”“作战战略”还是在“战术”等各个领域，为了赢得战争的胜利，全都要无一例外地必须首先了解敌情，做到“知彼”。在孙子的心目中，必须首先做到掌握敌情，真可谓在“大战争”中，采取每一步战略战术行动之前的最为重要的前提条件。

例如，在《孙子兵法》的第一篇《计》中，不“知彼”就无法进行“庙算”，无法制定出一个正确的战争计划；

在《孙子兵法》的第三篇《谋攻》中，不“知彼”，就无法“伐谋”“伐交”“伐兵”“攻城”，就无法做到“不战而屈人之兵”或者“百战百胜”，就无法“全争于天下”。

在《孙子兵法》的第六篇《虚实》中，更是不“知彼”，就不可能做到“攻而必取者，攻其所不守”“守而必固者，守其所不攻”。这是因为，事先不侦察清楚敌情，怎么能知道敌军不想好好地防守呢？事先不侦察清楚，又怎么能知道敌军不想好好地进攻呢？

在《孙子兵法》的第七篇《军争》中，孙子明明白白地说道："不知诸侯之谋者，不能豫交；不知山林、险阻、阻泽之形者，不能行军；不用乡导者，不能得地利。"

在《孙子兵法》的第十篇《地形》中，孙子也说过："料敌制胜"乃是"上将之道"，只有做到"知彼知己"，才能做到"胜乃不殆"。

在《孙子兵法》的第十一篇《九地》里，孙子更加明确地说："四五者，不知其一，非霸王之兵也。"

由此看来，孙子非常非常重视全面而系统地掌握敌情的问题。必须首先了解清楚敌情，才能进一步采取相应的行动的思想，早已像一条红线那样，贯穿在《孙子兵法》前十二篇的始终；而到了《孙子兵法》的第十三篇即最后一篇，孙子又把使用间谍、全面掌握敌情的问题再一次提出来，特别作为一个专题加以论述，这就充分说明，他对情报工作、掌握敌情的问题、对于信息战是何等重视！

《孙子兵法》的最后一篇《用间》，也是很有特点的。

在《用间》篇中，虽然表面上看来，孙子只是一般性地论述掌握敌情的重要性和使用间谍的方法，但实际上，他在这一篇中是陆续地"提示"或者"暗示"，在使用间谍、掌握敌情的情报活动中，要特别注意下述几个方面问题：

其一，为了真正做到全面地了解、掌握敌情，必须使用各种各样的间谍，避免情报工作有片面性。

其二，侦察和反侦察的情报活动是一种非常特殊的工作，对于搞情报工作的间谍，既要善待他们，又要叫他们非常严格地遵守保密工作的纪律，决不可以掉以轻心，出现漏洞——如果情报工作一旦失密，间谍就有被杀头的危险。

其三，具体领导间谍、搜集敌方情报工作的人，必须具有极高的素质和过人的才智，绝不是一般的平庸之辈！

其四，搜集敌人的情报，必须形成一个从大到小、从高到低，从“国家战略”“军事战略”甚至到“作战战略”和“战术”的大网络，这个庞大的网络应该是立体式的、动态的，而这个立体式的、动态的大网络，最后都要集中在一国之君那里，要由国君亲自掌握住。

其五，在各种各样的间谍中，“反间”即由敌人那方面打入我国、我军，却被我国、我军反间谍工作机关捕获、策反、收买、利用，反过来命令他们为我国、我军服务来对付敌国、敌军的间谍，最重要；而在各种各样的间谍中，对一个国家及其军队来说，最最重要的间谍，乃是那种深藏在敌国的国君身旁，已经成为敌国国君的左膀右臂，全面地掌握敌国的国情和军情，实际上却能够为我国、我军服务的“国家战略”大间谍。如果我国的国君和统兵之将能够得到这样的大间谍的帮助，使用好这样的间谍，实乃我国、我三军之幸！

下面，我还是从《用间》篇的篇名开始述评。

【篇名】

《说文解字》释“用”为“可施行也”；释“间”为“隙”也，即“缝隙”“漏洞”，转义为“间谍”“奸细”。所以，“用间”就是使用间谍、搜集和获取敌人情报的意思。

在《用间》篇中，孙子首先论述了使用间谍、掌握敌情的重要性；接着，他把间谍大体上划分为五类，论述了使用间谍的方法；最后，论述了使用好“反间”、特别是使用好“国家战略”大间谍的极其重要性。

《用间》篇里的文字不多，可以划分为四段话，我分四个小专题加以述评。

一、使用间谍、了解敌情的重要性

【原文】 **孙子曰：凡兴师十万，出征千里，百姓之费，公家之**

奉[①],日费千金;内外骚动,怠[②]于道路,不得操事者,七十万家。相守数年,以争一日之胜。而爱爵禄[③]百金,不知敌之情者,不仁之至也!非人之将也,非主之佐也!非胜之主也!故明君贤将,所以动而胜人[④]、成功出于众者,先知也。先知者,不可取于鬼神,不可象于事[⑤],不可验于度[⑥],必取于人,知敌之情者也。

【注解】 ①奉:费用。②怠:懈怠、消磨精力。③爱爵禄:贪爱爵位、利禄。④动而胜人:每采取一个行动,就能胜过敌人。⑤不可象于事:不可以使用象数推理。⑥不可验于度:不可以靠占卜吉凶。

【述评】 这段话的意思是:

孙子说:只要发动一场战争,就要出动军队十万人,长途征战一千里,全国老百姓付出的费用,加上国家的开支,每天高达一千金。战争扰乱了国内外民众的正常生活,使得服徭役、为军队服务的大批民众的精力,消耗在了道路上,涉及不能正常劳动、生活的家庭七十万个。战争双方要相持几年之久,只为了在一天之内取得胜利。而那种只知道贪图个人爵位、利禄百金,却不懂得重用间谍、了解敌情的人,都是一些缺乏仁爱之心的人啊!不懂得使用间谍、了解敌情的统兵之将,就不配做统兵之将、不能够辅佐国君!不懂得重用间谍、了解敌情的国君,就是不能够领导军民赢得战争胜利的国君!所以说,由英明的国君和优秀的统兵之将领导的军队,之所以采取每一步行动,都能够胜过敌人,获得成功,成功超出一般的国家及其军队,就是因为在每采取一步行动之前,都能做到预先掌握了敌情。而要做到预先掌握敌情,并不是靠鬼神,不是靠象数推理,不是靠占卜吉凶,而必须依靠人,依靠了解敌情的间谍们。

——由这段话可知,孙子把使用间谍、了解敌情这件事看得十分重要,认为这件事非同小可,是一国之君和统兵之将合格不合格、有没有仁爱之心,能不能领导军民赢得战争取得胜利的大问题。他所说的“爱爵禄百金,不知敌情者,不仁之至也”这句话,在中国古代社会里,其实是一句充满了愤怒、咒骂人的狠话。所谓“不仁之至也”,也就相当于今天我们骂人时,所说的“这种人简直就不是人”或者“这种人根本就不配做人！”

为什么不懂得使用间谍而了解敌情的统兵之将，甚至这样的国君，在孙子看来，则是不合格的统兵之将和一国之君呢？原来，是因为一场战争的花销太大了，劳民伤财，使得国内外的民众长期得不到安宁，扰乱了民众的正常生产和生活，大大地损害了民众的切身利益；而不懂得使用间谍、了解敌情，不“知彼”，又必然会导致持续数年之久，日费千金的战争遭到失败；一场战争的失败，又有亡国、亡军、灭国、灭种的危险……因此，孙子实际上是把能否使用好间谍、全面掌握敌情的情报工作，提高到“国之大事”的战略高度加以看待的！

高度重视情报工作不但是孙子在《孙子兵法》中表达过的一贯思想，也是中国古代兵学的优良传统，是整个中国兵学的民族特色；这种传统和特色，一直保持到两千多年后的中国革命战争和当代中国的政治军事实践中。

再者，孙子在这段话里关于“先知者，不可取于鬼神，不可象于事，不可验人度，必取于人”的论述，非常明显，乃是这位伟大的中国古代军事思想家军事思想中的朴素唯物主义认识论和无神论的表现——由于历代《孙子兵法》的研究者们，已经就此发表过不少肯定、赞美的意见，我就不再在这里进一步评说了。

二、间谍有五类，五类间谍都是国君的手中“宝”，也都要充分发动起来使用

【原文】 **故用间有五：有“因间”，有“内间”，有“反间”，有“死间”，有“生间”。五间俱起，莫知其道①，是谓“神纪”②，人君之宝也。“因间”者，因其乡人③而用之。“内间”者，因其官人④而用之。“反间”者，因其敌间而用之。“死间”者，为诳事于外⑤，令吾间知之，而传于敌间也。“生间”者，反报⑥也。**

【注解】 ①五间俱起，莫知其道：五类间谍都发动起来使用，敌人就摸不到其中的门道。②神纪：神秘莫测之道。③乡人：普通的人。

④官人：敌国的官吏。⑤诳事于外：故意向外面散布假情报。⑥反报：到敌人那里刺探情报，又能返回的人。

【述评】 这段话的意思是，孙子说：

可供使用的间谍有五类：一类是“因间”，一类是“内间”，一类是“反间”，一类是“死间”，一类是“生间”。这五类间谍，如果都能被发动起来，充分发挥出他们搜集敌人情报的作用，那么，敌人就不会知道自己国家的情况是怎么被我国掌握的，摸不到其中的门道——这就叫作“神秘莫测之道”——而这五类间谍和“神秘莫测之道”，正是我国国君手中掌握的宝贝。

所谓“因间”，是就地取材，把生活在敌国国内的普通人吸收过来，为我国服务的间谍；

所谓“内间”，是敌国国内的（一部分）官吏，这些官吏却为我国服务；

“反间”，本来是敌人派到我国来的间谍，却后来为我国策反，不再为敌国服务，而为我国服务；

“死间”，是让我国隐藏在敌国里的间谍，把我国制造的假情报散发到敌人那里，而敌人一旦发现收到的情报是假的，就要把散发我国假情报的人处死的间谍；

“生间”，则是派往敌国搜集情况，他们又能活着回国，报告敌情的间谍。

——在以上这段话中，孙子所论述和强调的重点内容，并不是间谍有五类和五类间谍的来源及情报工作的特点，而是“五间俱起”，也就是必须把这五类间谍都发动起来，充分地使用，以便形成一个立体式的、动态的情报大网络，以便让我国国君，能够随时随地、全面地掌握敌国国家机器的运转情况、敌国的国内外战略计划的变动，直至了解到敌国国内普通老百姓的日常生活的动态；另一方面，又利用潜伏在敌人内部的我国间谍，向敌人那边散布假情报，把我国、我军的真实情况封锁起来，让敌国、敌军摸不到头脑，无法对我国、我军实施正确的决策，无法对我国、我军采取正确的行动。

毛泽东在《中国革命战争的战略问题》中，曾经这样论述过侦察工作和全面地搜集情报、分析情报的重要性："指挥员的正确的部署来源于正确的决心，正确的决心来源于正确的判断，正确的判断来源于周到的和必要的侦察，和对于各种侦察材料的连贯起来的思索。"①

在以上所引的这段话中，毛泽东实际上论述的是指导战争的唯物主义认识论和方法论的问题；是指挥作战的正确的逻辑思维程序；是侦察工作、搜集情报和综合分析情报材料的极端重要性。从某种意义上说，如果侦察和反侦察的情报战搞不好，就无法赢得战争或"大战争"的胜利！

同样，在中国的古代战争中，只有首先使用好各种类型的间谍，对敌国、敌军各方面的情况进行周到的、必要的侦察，才能了解到敌国的政治、经济、外交、军事和文化等各方面的真实情况，再经过对侦察材料进行综合分析，从而做出正确的判断，制定出正确的计划并且实施正确的作战步骤，最后赢得战争胜利。因此，孙子在《用间》篇里，把使用好五类间谍、掌握好敌情说成为"神纪"和国君的手中"宝"，这是完全正确的，并不是夸张之语！

再者，读者还应该注意到，由一国之君亲自领导国家的间谍情报工作、亲自掌握国家的庞大情报网络活动，也是我国历代国家中央集权制集中权力的一方面重要表现。我在这里不再赘述。

三、使用间谍的方法

【原文】 **故三军之事，莫亲于间，赏莫厚于间，事莫密于间。非圣智①不能用间，非仁义不能使间，非微妙不能得间之实②。微哉！微哉！无所不用间也！间事未发，而先闻者，间与所告者**

① 毛泽东：《中国革命战争的战略问题》，见《毛泽东选集》，合订一卷本，第163页。

皆死。凡军之所欲击，城之所欲攻，人之所欲杀，必先知其守将、左右、谒者③、门者、舍人之姓名，令吾间必索知之。

【注解】 ①圣智：才智极高的人。②得间之实：从间谍的口里，得到真实的情报。③谒者：接待人员。

【述评】 孙子在前面《用间》篇的第一段话中，讲的是使用间谍，掌握敌情的重要性；在第二段话中，讲的是间谍分五类，要把五类间谍都发动起来，充分使用；而在以上所引的第三段话中，是讲统兵之将使用间谍的特殊态度、方法，以及在军队中具体领导情报活动的人应当具备什么样的素质——当然，孙子认为在军事领域使用间谍的态度和方法，在军事以外的其他情报工作的领域，也普遍适用。

因此，以上所引《用间》篇的第三段话，孙子说的意思是：

在军队的所有人事工作中，没有比间谍更亲密的人员了；没有比间谍更应当给予优厚待遇的人了；没有比使用间谍、搞情报活动更应该加以保密的事情了。

才智不是极高的人，就不可能从事使用间谍的工作；没有仁义之心的人，就无法使用好间谍；待人处事不灵活、不细心的人，就不可能从间谍们的口中得到真实的情报。

真是微妙啊！微妙啊！凡是关系到战争所有的事情，都离不开间谍们(所提供的情报)！

而凡是根据间谍们所提供的情报，要采取的军事行动在没有实施之前，如果行动计划就被泄露出去，那么，那些提供情报的间谍和泄露情报的人，则必须都要一律处死！

凡是我军计划要进攻的目标，要攻取的城池，要杀死的人，在采取军事行动之前，必须命令间谍们前去侦察清楚敌军的守将姓名、其身边亲信的姓名、办事接待人员的姓名、守门人和其幕僚的姓名(把他们的情况都一一侦察清楚)，然后才能采取相应的行动。

——由此可见，孙子认为对待间谍的方法，必须使用“厚奖”和“严惩”两手，既要用非同一般的仁爱之心厚待他们，又要用非同一般的特殊的纪律手段，从严要求他们；因为间谍们从事的都是非常重要、细致、危险，需要高度保密的特殊工作。

四、在所有类型的间谍中，最有用的是被我国策反过来的"反间"

【原文】 **必索敌人之间来间我者，因而利之，导而舍之[①]，故"反间"可得而用也。因是而知之[②]，故"乡间""内间"可得而使也。因是而知之，故"死间"为诳事，可使告敌。因是而知之，故"生间"可使如期。五间之事，主必知之，知之必在于"反间"，故"反间"不可不厚也。**

【注解】 ①导而舍之：诱导、收买他，又布置给他任务，让他回去完成任务。②因是而知之：因为从"反间"那里知道了有关情报。

【述评】 在以上所引《用间》篇的第四段话中，孙子是在强调指出：（在所有不同类型的间谍之中，最有用的间谍是被我国策反过来，为我国所用的、原来为敌国服务的"反间"），我国的间谍情报机关必须清查出敌人派到我国的那些敌国的间谍，然后做他们的策反工作，收买他们，给他们以优厚的待遇，布置给他们回到敌国所要完成的任务，这样，敌国的间谍就会成为"反间"而为我国服务了。

正因为"反间"回到敌国之后，向我国提供了有关情报，所以，我国就可以收买、吸收敌国的普通人和官吏，成为为我国服务的"乡间""内间"。

正因为"反间"提供了有关情报，我国就可以制作有关我国情况的假情报，通过潜伏在敌国的"死间"散发出去而欺骗敌人（向敌人封锁我国、我军的真实情报，让敌人无法正常地决策）。

也正是因为"反间"提供了有关情报，才使得我国派往敌国、搜集敌国情报的"生间"，得以获得情报之后如期得以生还。

（所以，虽然"因间""内间""反间""死间""生间"这）五类间谍的活动情况，国君都必须了解、掌握，（但是）了解和掌握的关键还在于“反间”的情况，因此，对于“反间”，不可不给予特殊优厚的待遇。

——孙子在这段话里所说的“反间”，实际上就是中国古代社会中的“双面间谍”和“多面间谍”，这种类型的间谍在间谍群中的确是出类拔萃之辈，在情报战中能够起到特殊的作用，最重要，也最危险！就是到了今天，在现代国际关系中和当代战争中，这种“双面间谍”和“多面间谍”也在起着特殊作用。

五、使用好“国家战略”间谍的极其重要性

【原文】 **昔殷①之兴也，伊挚②在夏③；周④之兴也，吕牙⑤在殷。故惟明君贤将，能以上智⑥为间者，必成大功。此兵之要，三军之所恃而动⑦也！**

【注解】 ①殷：中国古代的商朝。②伊挚：即伊尹，做过夏桀的大臣。③夏：夏启建立的王朝。④周：即周朝。⑤吕牙：即姜太公、姜子牙，做过商汤的大臣。⑥上智：智谋高超的人。⑦所恃而动：依靠“国家战略”间谍提供的情报，采取相应的行动。

【述评】 在《用间》篇，同时也是整个一部《孙子兵法》的最后一段话中，孙子的战争和战略理论又返回到了具有最大战略全局性的“国家战略”的层面，再一次强调了唯物主义战争认识论和“知彼”的重要性。他总结了历史经验，强调了使用好隐藏在敌国国家的领导集团的核心内部，掌握了敌国的“国家战略”和“军事战略”的绝密情报，但是，却为我国服务的“国家战略”大间谍的极其重要性。孙子所说的意思是：

历史上，中国的商王朝之所以兴起，取代了夏王朝，是因为商王朝的国君“商汤”，重用过为商王朝提供了夏王朝“国家战略”情报的、商王朝中的重臣“伊尹”；后来，周王朝之所以又兴起，取代了商王朝，是因为“周武王”重用了为“周武王”提供了商王朝“国家战略”情报的“姜子牙”。所以，能够使用好像“伊尹”“姜子牙”这样的智谋高超的“国家战略”大间谍，必然会成

就一番大事业。这才是赢得“大战争”胜利的关键。全军都必须根据这样的间谍所提供的情报而采取相应的军事行动啊！

——以论述“国家战略”始，又以论述“国家战略”终，高度重视战争的认识论和从事战争实践的方法论，自始至终坚持朴素的唯物主义和原始的辩证法，应该说是《孙子兵法》十三篇的几个突出特点。

【《用间》篇内容提要】

综上所述，孙子在《用间》篇中论述了五个问题：①使用间谍、了解敌情的重要性；②间谍有五类，五类间谍都是国君的手中“宝”，也都要充分发动起来使用；③使用间谍的方法；④在所有类型的间谍中，最有用的是被我国策反过来的“反间”；⑤使用好“国家战略”间谍的极其重要性。

可以这样概括《用间》篇的内容：

“本篇首先论述了使用间谍、了解敌情的重要性；接着，把间谍划分为五类，强调国君必须把这五类间谍都发动起来，充分地使用，亲自掌握起全局性的侦察、反侦察的情报大网络；还论述了使用间谍的方法；最后，强调了使用‘反间’，特别是使用好‘国家战略’大间谍对于赢得‘大战争’胜利的极其重要性。

“从‘国家战略’的高度始，又以‘国家战略’的高度结束，是孙子在《孙子兵法》中论述战争和战略理论的最大特点。”

参 考 文 献

《马克思恩格斯选集》,第一～四卷,北京,人民出版社,1966。

列宁《哲学笔记》,《列宁全集》第38卷,北京,人民出版社,1974。

《毛泽东选集》,合订一卷本,北京,人民出版社,1991。

《十一家注孙子》,曹操等注,杨丙安校理,北京,中华书局,2012。

《武经七书》,骈宇骞等注,北京,中华书局,2007。

《孙子集成》,谢祥皓等辑,济南,齐鲁书社,1993。

(德)克劳塞维茨著,中国人民解放军军事科学院译:《战争论》,北京,商务印书馆,1978。

(英)利德尔·哈特著,中国人民解放军军事科学院译:《战略论》,北京,战士出版社,1981。

(苏)米尔施泰因等著,黄良羽等译:《论资产阶级军事科学》,北京,军事科学出版社,1985。

(美)约翰·柯林斯著,中国人民解放军军事科学院译:《大战略》,北京,战士出版社,1978。

(美)保罗·肯尼迪著,王保存等译:《大国的兴衰》,北京,求实出版社,1988。

李浴日编:《东西兵学代表作之研究》,桂林,世界兵学编译社,1943。

冯友兰著,涂友光译:《中国哲学简史》,北京,北京大学出版社,1996。

吴如嵩:《徜徉兵学长河》,北京,解放军出版社,2002。

《孙子兵法新注》,中国人民解放军军事科学院战争理论研究部《孙子》注释小组,北京,中华书局,2005。

李零:《兵以诈立　我读〈孙子〉》,北京,中华书局,2006。

薛国安:《世界兵学双璧　〈孙子兵法〉与〈战争论〉比较》,北京,解放军出版社,2017。

谢龙编:《中西哲学与文化比较新论——北京大学名教授演讲录》,北京,人民出版社,1995。

后　记

这本《孙子兵法新诠》，只是我在北京大学举办的“西方战略与《孙子兵法》”讲座里的一部分内容。

从2002年5月到2019年10月，在这17年间，我应北京大学哲学系李中华教授和冀建中教授的邀请，在北京大学“中国哲学暨文化研究所”里的“文科教室”和“乾元国学教室”，举办了三十多次“西方战略与《孙子兵法》”讲座，每次讲课大约持续两三天的时间。

《孙子兵法新诠》这本书，就是我根据多年来的讲课稿和讲课录音而整理、修改成的。在整理、修改时，我割舍了原来讲稿和录音中的“西方战略”部分，只保留了《孙子兵法》部分，集中精力，简明扼要地诠释了《孙子兵法》十三篇里每一篇的内容、篇与篇在内容上的内在联系，以及《孙子兵法》全书的特点和逻辑体系，力图让没有听过我讲座的更多的读者，能够比较准确地了解《孙子兵法》的战争和战略理论真相，掌握住这部中国古代最好的兵书的精神实质。

现在，我就把这本《孙子兵法新诠》完整地奉献给读者。

西方最著名的军事理论家和战略学家克劳塞维茨，曾经这样地表达过他撰写《战争论》时的抱负，他说：“在这本书中，我还是要绝对避免写那些人人都知道的、谈论过千百遍的，并已为大家接受的泛泛的东西，因为我的抱负是要写一部不是两三年后就会被人遗忘，而是对此有兴趣的人经常翻阅的书。”①

---

① (德)克劳塞维茨：《战争论》，第7页。

眼下我撰写的这本《孙子兵法新诠》，当然不能够和克劳塞维茨撰写的《战争论》相提并论，但是，我也希望我写的这本小册子，能够成为对《孙子兵法》感兴趣的读者经常翻阅的一本书。至于究竟能不能如愿以偿，那就只能让读者们去评判了。

感谢历代研究和注释《孙子兵法》的学者，尤其是生活在我国民国时期研究《孙子兵法》的先辈们，我从他们的研究成果中，汲取了许多学术营养。

感谢听过我讲座的历届学员们，是这些学员在课后进行讨论时，提出的许多问题，不断地启发、开拓了我研究《孙子兵法》的思路。

还要感谢本书的责任编辑、清华大学出版社马庆洲博士对本书出版予以的大力帮助。

本书中的不妥之处，希望学界同仁和读者们批评指正。

吴　琼

2020年春节于北京胜古家园